Stiftungen

Rupert Graf Strachwitz, M.A., war 12 Jahre haupt- und ehrenamtlich im Management einer internationalen gemeinnützigen Organisation tätig. 1989 gründete er die Maecenata Management GmbH, ein auf Beratungen im gemeinnützigen Bereich und speziell im Stiftungswesen spezialisiertes Unternehmen. Vorstandsmitglied mehrerer Stiftungen. Drei Buchveröffentlichungen, zuletzt (zusammen mit Stefan Toepler herausgegeben) *Kulturförderung, Mehr als Sponsoring* (Wiesbaden 1992).

Rupert Graf Strachwitz

Stiftungen

– nutzen, führen und errichten: ein Handbuch

Campus Verlag
Frankfurt/New York

Die Deutsche Bibliothek – CIP-Einheitsaufnahme

Strachwitz, Rupert Graf:
Stiftungen : nutzen, führen und errichten ; ein Handbuch /
Rupert Graf Strachwitz. – Frankfurt/Main ; New York :
Campus Verlag, 1994
ISBN 3-593-35071-8

Umschlaggestaltung: Atelier Warminski, Büdingen
Satz: Norbert Czermak, Geisenhausen
Druck und Bindung: Friedrich Pustet, Regensburg
Gedruckt auf säurefreiem und chlorfrei gebleichtem Papier.
Printed in Germany

Inhalt

Tabellenverzeichnis

Einleitung

Stiftungen gehören zu den ältesten Instrumenten bürgerschaftlichen Handelns, die wir in der Geschichte kennen. Seit Jahrtausenden tun Menschen das, was wir heute stiften nennen. Sie geben für einen Zweck, den sie für wichtig halten, Vermögen hin und bestimmen, daß es auf Dauer nur für diesen Zweck verwendet werden darf. Bereits die alten Kulturen der Assyrer, Ägypter, Perser und Inder sollen Stiftungen oder Protostiftungen gekannt haben. Im römischen Recht war das Stiftungswesen ursprünglich als »pia causa« verankert. Später hat schon das römische Recht die Gestaltung in der Form der »universitas rerum« weiterentwickelt. Eine Stiftung konnte »inter vivos«, d.h., wie wir auch heute noch sagen, »unter Lebenden« oder »von Todes wegen« errichtet werden. Über die Stiftungsverwaltung gab es bereits Bestimmungen. Im kanonischen, d.h. kirchlichen Recht finden wir den Begriff der idealen oder moralischen Person. Die Errichtung von Stiftungen ist dort im einzelnen geregelt.

Unterschiedlich sind die Formen, in die sich dieser Vorgang kleidet, unterschiedlich sind die Motive, unterschiedlich ist die Art der Organisation, und sehr unterschiedlich ist natürlich der Zweck. Aber die Palette der Zwecke und der Grundsatz als solcher haben sich kaum verändert. Schon immer haben Künstler ihre Mitbürger davon überzeugen können, daß sie einen sehr wichtigen Dienst verrichten, daß künstlerisches Schaffen für jede menschliche Gesellschaft wesentlich ist. Schon immer herrschte breiter Konsens darüber, daß es wichtig ist, junge Menschen auszubilden und dafür zu sorgen, daß sie für die Gesellschaft arbeiten können. Wissenschaft ist von jeher ein Thema, über dessen Bedeutung ein breiter Konsens unter den Bürgern herrscht. Und zumindest mit der Ausbreitung des Christentums breitete sich auch die Erkenntnis aus, daß die Sorge für die Mitmenschen, die unter Nachteilen zu leiden haben, unverzichtbarer Bestandteil menschlichen Lebens ist.

Alle diese Ziele lassen sich natürlich auf vielfältige Weise verwirklichen. Aber daß Bürger, aus welchen Gründen auch immer, eigenes Vermögen einsetzen, und dies gerade auch dafür, solche der Allgemeinheit dienenden Ziele zu verwirklichen, erscheint nicht verwunderlich. Ebensowenig kann es erstaunen, daß, wer die Chance hat, solchem Handeln Dauer zu verleihen, nach solcher Chance gerne greift. Etwas zu tun, was das eigene Leben überschreitet, ist ein in der Natur des Menschen liegendes Bedürfnis. Der bewußte Kinderwunsch ist ebenso ein Ausdruck davon wie der Bau eines Hauses, das länger stehen wird, als der Erbauer lebt, die Errichtung von Grabdenkmälern auf Friedhöfen oder eben die Errichtung einer Stiftung, von der gehofft wird, daß sie den Errichter lange überleben und lange an ihn erinnern wird.

Von alldem soll in diesem Buch die Rede sein. Das Buch soll all denen Informationen vermitteln, die vielleicht selbst daran denken, eine Stiftung zu errichten. Mehr noch, es soll sie dazu anregen und ihnen Anhaltspunkte für eine Entscheidung bieten. (Siehe etwa Kapitel 2.3, 2.4 und 3.4)

Indem Voraussetzungen und Ziele von Stiftungen dargelegt werden, soll ihre Arbeitsweise auch denen deutlich gemacht werden, die auf die Hilfe einer Stiftung warten, um eine eigene Idee in die Tat umzusetzen.

Ferner soll all denen, die in Stiftungen oder für Stiftungen arbeiten, ein Überblick gegeben werden, der es ihnen ermöglicht, eigenes Handeln zu überprüfen und möglicherweise zu optimieren.

Schließlich ist dieses Buch auch für eine breitere Öffentlichkeit bestimmt. Denn angesichts der Tatsache, daß noch heute viele Stifter nach dem Grundsatz handeln: »Tue Gutes, aber rede nicht darüber!«, sind Stiftungen selbst traditionell verschwiegen. Das Stiftungswesen ist insgesamt zuwenig bekannt und spielt eine zu geringe Rolle in unserer Gesellschaft. Die Literatur ist nach wie vor spärlich. Das Stiftungswesen wird nur gelegentlich zum Thema von Fach- und Sachbüchern gemacht. Eine öffentliche Diskussion darüber findet kaum statt. Selbst vor Gericht treten nur selten Stiftungen auf, und die Berichterstattung über Stiftungen in der Presse beschränkt sich zu einem ganz großen Teil auf Reportagen in der Lokalpresse über einzelne Stiftungen, wenn diese ein Jubiläum haben oder eine Veranstaltung durchführen.

Dies ist rundum zu bedauern und wird dem Gegenstand nicht gerecht. Ziel dieses Buches ist daher zusammenfassend, das Stiftungswesen verstärkt zu einem Gegenstand der öffentlichen Diskussion zu machen.

Denn letztlich ist es mit dem Stiftungswesen nicht anders als mit jedem anderen Gegenstand des öffentlichen Interesses. Nur eine permanente Diskussion über den Gegenstand als solchen macht ihn zu einem Teil des gesellschaftlichen Prozesses und bewirkt, daß der Teil sich fortentwickelt und seinen Beitrag zur Fortentwicklung des Ganzen leistet. Davon sind unsere Stiftungen, im Gegensatz etwa zu den amerikanischen, noch zu weit entfernt. Noch entziehen sie sich dieser intellektuellen Auseinandersetzung.

So gelten bis heute beispielsweise die Stiftungen als Hort des Konservativismus – zu Unrecht. Zwar legen ihnen die Verpflichtungen zu langfristigem Vermögenserhalt und langfristiger Zweckerfüllung zweifellos eine gewisse Konservativität in ihrem Handeln nahe. Keineswegs vertreten sie jedoch im allgemeinpolitischen Spektrum alle ausgeprägt konservative Meinungen. Zu Beginn dieses Jahrhunderts in Deutschland und ganz massiv in den 60er Jahren in den USA wurde ihnen im Gegenteil vorgeworfen, sie seien nicht konservativ genug. Sie wurden pauschal als zu ›links‹ verleumdet. Die Wahrheit ist, daß sie anders sind. Sie ordnen sich nicht so ohne weiteres der Meinung der jeweils Herrschenden unter und leiten aus ihrem Vermögen und Auftrag ein eigenes Selbstbewußtsein ab. Schon König Ludwig XV von Frankreich und Kaiser Joseph II sagten aus diesem Grund den Stiftungen den Kampf an. Es ist ihnen gelungen, in ihrem Herrschaftsbereich das Stiftungswesen stark zu beeinträchtigen; auf die Dauer konnten sie aber nicht verhindern, daß neue Stiftungen entstanden sind. In der freien Gesellschaft haben die Stiftungen ihren Platz; sie tragen zur Pluralität der Gesellschaft bei.

Ein wesentlicher Schritt zur Befruchtung des Stiftungswesens wurde in den letzten Jahren durch den Versuch getan, alle deutschen Stiftungen erstmals zu erfassen. An dieser Erfassung war ich als Geschäftsführer des damit beauftragten Unternehmens wesentlich beteiligt. Die Herausgabe des ersten Verzeichnisses der deutschen Stiftungen (1991) durch den Bundesverband Deutscher Stiftungen, für die wir die Redaktionsarbeit leisteten, war ein Ergebnis dieser Erfassung. Ein anderes war der Aufbau von Stiftungsdatenbanken, sowohl beim Bundesverband als auch, verbunden mit einem ständigen wachsenden Archiv, bei Maecenata Management GmbH. Von diesem Archiv profitieren inzwischen häufig Wissenschaftler, Stiftungen usw. Dieses Archiv mit Datenbank ist im europäischen Stiftungswesen führend und kann weltweit einen beachtlichen zweiten Platz einnehmen.

Das dritte Ergebnis der Erfassungsarbeit, die Möglichkeit nämlich, über das deutsche Stiftungswesen umfassend und auf der Grundlage empirischer Erkenntnisse zu berichten, ist dagegen bisher noch kaum genutzt worden. Daher wird in diesem Buch erstmals der Versuch unternommen, einerseits die Entstehungsgeschichte der Datenbank der Öffentlichkeit vorzustellen, andererseits in größerem Umfang statistische Aussagen nach sehr unterschiedlichen Gesichtspunkten und Fragestellungen zu treffen und dem Leser dadurch einen ganz neuen Zugang zu diesem Spezialgebiet zu eröffnen. Keineswegs sind die Möglichkeiten der Datenbank damit erschöpfend dargestellt; vielmehr sollen durch diese Präsentation weitere Autoren zu einer kritischen Beschäftigung mit dem Stiftungswesen angeregt werden.

Im Oktober 1993 hat in Paris ein internationales wissenschaftliches Symposion zum Thema Stiftungswesen stattgefunden. Diese von der Fachzeitschrift *Voluntas* organisierte Veranstaltung brachte erstmals Fachleute zu diesem Thema aus der ganzen Welt zusammen. U.a. wurde bei dieser Gelegenheit ein statistischer Vergleich des Stiftungswesens in USA und Deutschland vorgestellt. Interessant war dabei zunächst, daß dieser Vergleich nur mit Deutschland und nur aufgrund der Angaben aus dem Stiftungsarchiv angestellt werden konnte. Zudem zeigte sich, daß nach den USA, auf deren führende Rolle noch mehrfach in diesem Buch eingegangen wird, Deutschland mit diesem Archiv weltweit führend ist, wo es um die Präsentation aussagekräftiger empirischer Daten über das Stiftungswesen geht.

Die Auswertungen sind ebenso wie die Erfassungs- und Fortschreibungsarbeit an der Datenbank weitgehend das Werk meiner Kollegin Elisabeth Brummer, der ich an dieser Stelle meinen herzlichen Dank ausdrücken möchte. Mein Dank gilt ebenso meiner Kollegin Sylvia Schweikl für ihre Mitarbeit an diesem Buch. Schließlich gilt mein Dank vielen Freunden aus Stiftungen und Stiftungsverwaltungen, beratenden Fachleuten und anderen Kollegen, ohne deren Anregungen bei vielen Gesprächen und Diskussionen und nicht zuletzt ohne deren praktische Mithilfe bei den Vorbereitungsarbeiten dieses Buch so nicht möglich geworden wäre. Alle Fehler, die der Text enthalten mag, gehen freilich allein auf mein Konto und harren der, wie ich hoffe, wohlwollenden Richtigstellung.

Pommersfelden, im Oktober 1993
Rupert Graf Strachwitz

1. Deutsche Stiftungen im Überblick

1.1 Die Stiftung – das unbekannte Wesen

Die älteste noch arbeitende deutsche Stiftung, die Hospital-Stiftung in Wemding im bayerischen Regierungsbezirk Schwaben, wurde vor 950 n. Chr. gegründet. Dank einer soliden Vermögensausstattung mit eigenem Forstbesitz ist es ihr gelungen, alle Wechselfälle der Geschichte zu überstehen und ihren Zweck, ein Pflegeheim zu betreiben, bis heute zu erfüllen. Noch eine zweite noch existierende Stiftung stammt aus dem 10. Jahrhundert. Fast 250 Stiftungen sind älter als 500 Jahre. Die berühmten und altehrwürdigen Fuggerschen Stiftungen, die häufig als die ältesten deutschen Stiftungen angesehen werden, sind also eigentlich relativ jung. Die bekannteste, die Fuggerei-Stiftung, stammt aus dem Jahr 1521. Die Statistik zeigt aber auch, daß fast die Hälfte der heute erfaßten Stiftungen jünger als 50 Jahre ist.

Tabellen 1 und 2 geben Auskunft über das Alter aller deutschen Stiftungen:

Tabelle 1: Errichtungsjahre der Stiftungen

900 – 950	2
951 – 1000	0
1001 – 1050	0
1051 – 1100	3
1101 – 1150	2
1151 – 1200	5
1201 – 1250	17
1251 – 1300	22
1301 – 1350	29
1351 – 1400	42
1401 – 1450	20
1451 – 1500	42
1501 – 1550	40
1551 – 1600	57
1601 – 1650	45
1651 – 1700	36
1701 – 1750	54
1751 – 1800	68
1801 – 1850	174
1851 – 1900	439
1901 – 1950	760
1951 – 1990	2.554
1991 –1993 (Juli)	252

Tabelle 2: Errichtungsjahre der Stiftungen seit 1951

1951	27	1952	26	1953	31
1954	30	1955	13	1956	29
1957	29	1958	32	1959	27
1960	35	1961	37	1962	38
1963	40	1964	47	1965	44
1966	48	1967	50	1968	43
1969	46	1970	57	1971	48
1972	65	1973	50	1974	53
1975	48	1976	62	1977	50
1978	77	1979	78	1980	66
1981	76	1982	94	1983	108
1984	103	1985	135	1986	167
1987	151	1988	182	1989	126
1990	86	1991	70	1992	133
1993 (bis Juli)	47				

Diese Tabellen geben Hinweise darauf, daß die Errichtung neuer Stiftungen in Beziehung zur Gesellschaft der jeweiligen Zeit steht. Wohlstand ist nur einer der dafür maßgeblichen Faktoren, aber ein sehr wichtiger. Die Tabellen zeugen auch von der ungebrochenen Aktualität und vom langfristigen Charakter der Stiftungen. Schließlich kann schon aus dieser Tabelle auf die beträchtliche Zahl der Stiftungen in Deutschland geschlossen werden. Dennoch ist bis heute der Wissensstand über sie spärlich. Stiftungswesen gilt als Randgebiet, als Luxusgegenstand, als vernachlässigbare Arabeske.

Erstaunlicherweise gibt es in Deutschland bis heute kein allgemeines amtliches Stiftungsregister. Das Stiftungswesen ist in Deutschland bis vor ganz kurzem nie Gegenstand einer allgemeinen Erfassung oder gar einer statistischen Auswertung gewesen. Versuche der Bundesregierung zu Beginn der 80er Jahre, auf Bundesebene ein Stiftungsregister einzurichten, scheiterten am entschiedenen Widerstand der Länder, da das Stiftungswesen zum Bereich der konkurrierenden Gesetzgebung gehört.

Zwar bedürfen Stiftungen, die im Sinne des Bürgerlichen Gesetzbuches rechtsfähig sein wollen, hierzu einer staatlichen Genehmigung. Diese Genehmigung ist daran geknüpft, daß die staatliche Verwaltung eine Rechtsaufsicht über die Stiftungen ausübt (siehe Kapitel 2.1).

Aus diesem Grund sind die rechtsfähigen Stiftungen durchweg bei Verwaltungsbehörden des Landes registriert. Die Art dieser Registrierung ist jedoch höchst unterschiedlich, und nur ein einziges Bundesland

(Bayern) veröffentlicht regelmäßig ein Amtliches Verzeichnis der im Bayerischen Stiftungsgesetz so genannten Öffentlichen Stiftungen, d.h. der Stiftungen, die eine Wirkung in die Allgemeinheit entfalten. Eine Publizitätspflicht der Stiftungen selbst hat in Deutschland, im Gegensatz zu anderen Ländern, noch niemals bestanden.

Der Stifterverband für die Deutsche Wissenschaft, ein gemeinnütziger Verein, der private finanzielle Unterstützung insbesondere aus der Wirtschaft für wissenschaftliche Zwecke sammelt und verteilt, bemühte sich schon seit längerem, wenigstens die bedeutendsten deutschen Stiftungen in zusammengefaßter Form der Öffentlichkeit vorzustellen. Das vom Stifterverband in mehreren Auflagen herausgegebene Stiftungshandbuch mit zuletzt 400 aufgenommenen Stiftungen war praktisch die einzige Quelle, deren sich die interessierte Öffentlichkeit bedienen konnte.

Es erstaunt bei dieser Sachlage nicht, daß über Stiftungen in der Öffentlichkeit wenig bekannt ist und daß zum Teil seltsame Vorstellungen über sie kursieren. Obwohl sich Quantität, Qualität und Wirksamkeit deutscher Stiftungen gerade auch im internationalen Vergleich (siehe Kapitel 6.1) sehr wohl sehen lassen können, ist die gesellschaftliche Relevanz etwa in den USA erheblich höher. Es wird oft gesagt, daß dies an den in den USA sehr viel besseren steuerlichen Rahmenbedingungen liegt, so daß Stiftungen häufiger entstehen, besser ausgestattet sind, seltener im Wettbewerb zu staatlichem Handeln stehen und prozentual mehr Geld für die Aufgaben des allgemeinen Wohls zur Verfügung stellen. Diese Feststellung ist ohne Zweifel richtig.

Aber die steuerlichen Rahmenbedingungen sind in Deutschland auch nicht so schlecht, und zu Recht wird denen, die eine Verbesserung wünschen, von seiten der Finanzverwaltung immer wieder entgegengehalten, daß die vorhandenen Möglichkeiten bei weitem nicht ausgeschöpft werden.

Es muß also noch an etwas anderem liegen, daß die deutschen Stiftungen so sehr im verborgenen blühen. Sie machen mit wenigen Ausnahmen kaum auf ihre Arbeit aufmerksam und mischen sich mit noch weniger Ausnahmen nicht in den gesellschaftlichen Prozeß ein. Sie werden als selbstverständliche Zutat akzeptiert, aber in ihrer traditionellen Bescheidenheit und Zurückhaltung auch oft vergessen. Es kann kein Zweifel daran bestehen, daß mehr Wissen über Stiftungen zu mehr Neuerrichtungen anregen würde, ihre Bedeutung sichtbarer machen würde, die Durchsetzung ihrer Anliegen erleichtern und auch in den Stiftungen selbst mehr Transparenz und einen gewiß wünschenswerten Reformdruck erzeugen würde.

1.2 Die Informationspolitik amerikanischer Stiftungen

Interessanterweise verfolgen die USA seit Jahrzehnten eine ganz andere Politik. Eine Reihe großer Stiftungen begründete 1960 das Foundation Center, eine unabhängige gemeinnützige Einrichtung mit dem Auftrag, so viele Informationen als möglich über Stiftungen zu sammeln, statistisch auszuwerten, in geeigneter Form zu publizieren und für Forschungszwecke zur Verfügung zu halten.

Das Foundation Center operiert völlig getrennt von dem Verband der amerikanischen Stiftungen. Der Grund dafür ist die mögliche Interessenkollision, denn das Center ist für die Öffentlichkeit da, der Verband hingegen für seine Mitglieder. Das Center gibt eine ganze Reihe von Publikationen heraus, darunter ein allgemeines Stiftungsverzeichnis, detailliertere Verzeichnisse der großen Stiftungen, regionale Stiftungsverzeichnisse, ein Verzeichnis unternehmerischer Fördertätigkeit sowie eine ganze Reihe von Handbüchern für die Praxis des Stiftungswesens und Stiftungsmanagements (siehe Bibliographie). Neben der Zentrale in New York werden zwei weitere große Beratungsstellen in Washington und San Francisco unterhalten, die mit öffentlich zugänglichen Leseräumen ausgestattet sind, und über 200 öffentliche Bibliotheken werden ständig mit aktualisiertem Material versorgt.

Die Arbeit des amerikanischen Foundation Center wird ohne Zweifel dadurch wesentlich erleichtert, daß die amerikanischen Steuergesetze die öffentliche Verfügbarkeit der jährlich abzugebenden Steuererklärungen aller gemeinnützigen Organisationen vorsehen. Auf dieser Basis konnte das Foundation Center schon vor langer Zeit mit dem amerikanischen Finanzministerium eine Vereinbarung schließen, nach der das Foundation Center sämtliche Steuererklärungen von Stiftungen zur Verfügung gestellt bekommt. Das Finanzministerium hat diese Möglichkeit, ihrem gesetzlichen Veröffentlichungsauftrag gerecht zu werden, ausdrücklich begrüßt.

Das Foundation Center bezieht aber seine Informationen keineswegs nur aus diesen Steuerunterlagen. Regelmäßig werden alle Stiftungen angeschrieben. Viele senden ungefragt gedruckte Jahresberichte und sonstige Veröffentlichungen sowie Bilanzen ein, und die Zahl derer, die Angaben über ihre Tätigkeit oder über ihre finanziellen Verhältnisse verweigern, die zu Beginn der Arbeit des Foundation Center vor 30 Jahren noch relativ hoch war, ist im Laufe der Jahrzehnte praktisch auf Null zurückgegangen.

Das Foundation Center steht ausdrücklich auch denen offen, die hoffen, von Stiftungen irgendeine Form von Unterstützung zu erhalten. Besucher des Foundation Center werden bei ihrer Suche nach eventuellen Fördermöglichkeiten sogar beraten, bis hin zur Form der Antragstellung und anderen Einzelheiten. Den rund 70 Mitarbeitern des Foundation Center stehen hierfür alle notwendigen Unterlagen der Förderstiftungen zur Verfügung. Das Foundation Center finanziert sich durch seine Publikationen und aus Beiträgen einer Reihe großer Stiftungen.

Diese Offenheit leistet einen Beitrag zur Objektivierung des Förderverfahrens. Die Möglichkeit für jedermann, sich über geeignete Fördermöglichkeiten zu informieren, führt zwangsläufig dazu, daß die Zahl qualifizierter Anträge zunimmt, während Anträge, die von vornherein keinerlei Aussicht auf Erfolg haben, nicht gestellt werden. Darüber hinaus können die entscheidungsbefugten Gremien mit einem höheren Grad an Sicherheit den geeigneten Antragsteller auswählen und sind weniger oft dem Vorwurf ausgesetzt, sie würden Anträge ohne geregeltes Verfahren und ohne hinreichende Beurteilungskriterien oder gar aus sachfremden Beweggründen ablehnen oder befürworten.

Zum zweiten hat schon vor langem ein intensiver Austausch zwischen den Stiftungen eingesetzt. Dieser Austausch hat einerseits dazu geführt, daß Überschneidungen abgebaut wurden und Qualitätsstandards angeglichen werden konnten. Stiftungen konnten und können voneinander lernen. Noch wichtiger, und zwar besonders für die operativ tätigen Stiftungen, war aber, daß diese sich zur Vertretung gemeinsamer Anliegen zusammenschließen und daher Veränderungen wirksamer durchsetzen konnten als durch eine bloße allgemeine Verbandstätigkeit.

Der größte und wichtigste Erfolg dieser langen, konsequenten Öffentlichkeitsarbeit ist jedoch, daß das ohnehin recht positive Stiftungsklima in den USA weiter entscheidend verbessert wurde. Die Gesamtzahl von 32 000 Stiftungen ist vielleicht noch nicht aussagekräftig genug. Noch interessanter ist der Trend, der auf immer mehr Neuerrichtungen hindeutet, sind die Größenordnungen amerikanischer Stiftungen, die unsere wesentlich übersteigen, und die Wirksamkeit bei der Verfolgung ihrer Ziele. Die bedeutendsten amerikanischen Universitäten, z.B. Harvard, sind ebenso Stiftungskonglomerate wie große Museen, Kliniken usw. Nicht nur uramerikanische Traditionen, sondern auch die Offenheit der Selbstdarstellung stacheln immer wieder bedeutende Vermögensinhaber an, neue Stiftungen zu errichten. Die freiwillige und staatsunabhängige Vergesellschaftung von privatem Vermögen erscheint nachahmenswert richtig oder, wie es das englische Modewort ausdrückt, »politically correct« (vergleiche auch Kapitel 6.1).

1.3 Das Projekt »Verzeichnis der deutschen Stiftungen«

Die Bedeutung der Initiative des Bundesverbandes Deutscher Stiftungen (damals noch Arbeitsgemeinschaft deutscher Stiftungen) unter seinem damaligen Vorsitzenden Dr. Rolf Hauer, nach dem Scheitern der Initiative der Bundesregierung erstmals aus eigener Kraft und auf freiwilliger Basis ein Verzeichnis der deutschen Stiftungen zu erstellen und zu publizieren, kann angesichts der Vorgeschichte in Deutschland und des Vergleichs mit den USA, aber auch mit anderen Ländern kaum hoch genug bewertet werden. Nach Jahrhunderten des Blühens im verborgenen, nach Jahrzehnten der mehr oder minder unsystematischen Versuche war es sicher mehr als nur ein wissenschaftliches Petitum, erstmals den systematischen Versuch zu unternehmen, verläßliche Daten über das deutsche Stiftungswesen insgesamt zu sammeln und auszuwerten.

Der Bundesverband hatte ein Grundkonzept für die Erarbeitung des Verzeichnisses erarbeitet und mit Hilfe einer Reihe großer Stiftungen für die notwendige Finanzierung des Projekts gesorgt. Aus einer Reihe von Gründen sah er sich jedoch nicht in der Lage, das Vorhaben selbst durchzuführen. Er beauftragte daher Maecenata Management GmbH mit der Durchführung der Arbeiten.

Mehrere Widrigkeiten mußten in Kauf genommen werden:

Der Bundesverband Deutscher Stiftungen bezeichnet sich zwar als die Verbandsvertretung aller deutschen Stiftungen, und in der Tat war und ist er der einzige Zusammenschluß deutscher Stiftungen auf Bundesebene, der unabhängig von den Zwecken der einzelnen Stiftungen das Ziel verfolgt, gemeinsame Interessen zu vertreten und den Informationsaustausch zu fördern. Dem Bundesverband gehören alle bedeutenden deutschen Stiftungen und die meisten größeren Stiftungsverwaltungen (z.B. Stiftungsämter von Städten, Kirchen und Universitäten sowie der Stifterverband für die Deutsche Wissenschaft) an. Aber selbst unter Einrechnung aller von solchen Stiftungsverwaltungen vertretenen Stiftungen ist allenfalls ein Drittel der tatsächlich in Deutschland bestehenden Stiftungen Mitglied des Bundesverbandes. Dies ist nicht verwunderlich, denn die Mitgliedschaft ist, im Gegensatz zu der von Wirtschaftsunternehmen bei Industrie- und Handelskammern, der Freiberufler bei den Verbänden der freien Berufe oder anderen, vollkommen freiwillig. Außerdem besaß der Bundesverband mangels ebensolcher Verzeichnisse keine Möglichkeit, an neuerrichtete Stiftungen heranzutreten und sie zur Mitgliedschaft aufzufordern. Nur wenige Stiftungsaufsichtsbehörden gaben dem Bundesverband von sich aus die Genehmigung neuer Stiftungen bekannt. Es erschien aus diesem Grund höchst fraglich, ob insbesondere die Nichtmitglieder einer Aufforderung, für das Verzeichnis entsprechende Daten und Unterlagen zur Verfügung zu stellen, in hinreichender Zahl Folge leisten würden, denn auch die Mitarbeit an dem Projekt erfolgte ausschließlich auf freiwilliger Grundlage.

In einigen Bundesländern waren die bei den Aufsichtsbehörden geführten Unterlagen so unvollständig, veraltet, ungeordnet oder auf andere Weise mit Fehlern behaftet, daß es von vornherein als aussichtslos erscheinen mußte, die Anschriften aller Stiftungen zu erhalten. In einigen Ländern wurde die Herausgabe der Anschriften aus datenschutzrechtlichen Gründen abgelehnt. (Die Behörden in Bremen lehnten sogar die Herausgabe der Namen ab.) Daß in den Ländern, in denen die Aufsichtsbehörden wegen der entsprechenden Landesdatenschutzgesetze die Versendung der Erfassungsbogen übernehmen mußten, dies ungewöhnlich lange dauerte und zum Teil sehr hohe Gebühren kostete, sei nur am Rande vermerkt.

Eine große Schwierigkeit bestand ferner darin, daß bei den Stiftungsaufsichtsbehörden nur die Stiftungen des bürgerlichen Rechts geführt werden. Der Begriff Stiftung ist aber keineswegs auf diese Form beschränkt (siehe Kapitel 2).

Da es bei dem zu erstellenden Verzeichnis wesentlich auf die inhaltlichen Übereinstimmungen und nicht auf das formale Gerüst ankam, mußte daher der Versuch unternommen werden, alle Rechtsformen einzubeziehen, die mit dem Wort Stiftung in Verbindung gebracht werden. Es ergab sich, wie nachfolgende Tabelle zeigt, ein interessantes und differenziertes Bild.

Die Tabelle zeigt recht eindrucksvoll, wie unvollkommen das zur Verfügung stehende Datenmaterial vielfach noch ist. Die Arbeit steht also gewiß immer noch am Anfang.

Tabelle 3: Rechtsformen der Stiftungen in den Bundesländern

	GES	BR	OR	GM	EV	NRS	NRO	NRK	KSO	KSP	SAR	NB
Baden-Württemberg	841	566	129	15	5	5	19	1	27	20		54
Bayern	1.533	1.196	157	8	9	7	61	2	38	17	9	29
Berlin	263	228	8	2		1	11		2			11
Brandenburg	15	8			1	2						4
Bremen	45	37			1		2		1	1	1	2
Hamburg	537	521	1		3	1					1	10
Hessen	558	357	21	12	3	19	18	1	8	3	3	119
Mecklenburg-Vorpommern	8	4	1									3
Niedersachsen	602	457	12		1	15	22		7	14	2	72
Nordrhein-Westfalen	1.042	487	9	11	23	148	38	15	15	87	4	205
Rheinland-Pfalz	163	65	26	2		2	20	1	8	3	3	33
Saarland	44	38	3	1			1					1
Sachsen	18	4	1		1							12
Sachsen-Anhalt	33	3	1		2				3	20		4
Schleswig-Holstein	228	141	13		1	2	2				2	67
Thüringen	155	7	1				1					146
BL NB	648	105	7	10	21	13	3	1	6	9	1	---
Gesamt	6.733	4.224	390	61	71	215	198	21	115	174	26	---

GES Gesamt
OR Rechtsfähige Stiftung des öffentlichen Rechts
BR Rechtsfähige Stiftung des bürgerlichen Rechts
GM Stiftung GmbH
EV Stiftung e.V.
NRS Nicht rechtsfähige Stiftung in privater Trägerschaft
NRO Nicht rechtsfähige Stiftungen in öffentlicher Trägerschaft
NRK Nicht rechtsfähige Stiftung in kirchlicher Trägerschaft
KSO Kirchliche Stiftung des öffentlichen Rechts
KSP Kirchliche Stiftung des privaten Rechts
SAR Stiftungen in anderer Rechtsform
NB Rechtsform nicht bekannt
BL NB Bundesland nicht bekannt

Die Annahme, daß Stiftungen des bürgerlichen Rechts die überwiegende Mehrzahl darstellen, erwies sich als richtig. Die Zahlen dokumentieren eindrucksvoll, daß es berechtigt ist, diese Form der Stiftung als Regelform zu bezeichnen und Aussagen und Untersuchungen auf diesen Typus abzustellen (Siehe Kapitel 2.2).

Ob die Stiftungen in der Rechtsform der GmbH auch nur annähernd vollständig zu erfassen sind, mußte zu Beginn der Arbeit als völlig offen angesehen werden, da diese sich nur durch das Wort Stiftung im Namen als stiftungsähnliche Gebilde ausweisen und es ganz unmöglich wäre, sie aus den zigtausend GmbHs herauszufiltern. Es zeigte sich aber, daß kurz zuvor zwei junge Wissenschaftler unabhängig voneinander gerade über dieses Thema gearbeitet hatten, so daß tatsächlich durch Vergleich dieser beiden Untersuchungen mit eigenen Recherchen ein ziemlich vollständiger Überblick gewonnen werden konnte (siehe Kapitel 2.3).

Als sehr viel problematischer erwies sich die Erfassung der Stiftungen öffentlichen Rechts und der nicht rechtsfähigen Stiftungen (siehe Kapitel 2.3).

Stiftungen des öffentlichen Rechts werden durch Gesetz oder Verwaltungsakt des Bundes oder eines Landes errichtet. Diese Stiftungen werden in der Regel bei den Stiftungsaufsichtsbehörden nicht erfaßt, sondern in der überwiegenden Zahl der Fälle in irgendeiner Behörde des Bundes oder des Landes verwaltet. Es war daher ein Zufall, wenn die entsprechende Behörde von der Arbeit an dem Verzeichnis erfuhr. Die meisten Stiftungen öffentlichen Rechts zeigten sich darüber hinaus unkooperativ und lehnten eine Aufnahme überdurchschnittlich häufig ab. Besonders kraß war der Fall einer bedeutenden Stiftung des öffentlichen Rechts, die sich mit dem sachlich völlig unzutreffenden Hinweis, sie sei eigentlich keine Stiftung, jeder Zusammenarbeit verweigerte.

Ähnlich schwierig und letztlich auch nur teilweise erfolgreich war die Aufnahme der nicht rechtsfähigen (= unselbständigen) Stiftungen (siehe Kapitel 2.3). Bei diesen kam als zusätzliche Schwierigkeit hinzu, daß sie zum Teil so klein sind, daß man tatsächlich vernünftigerweise fragen konnte, ob es Sinn macht, sie in einem Gesamtverzeichnis aller Stiftungen aufzuführen. Auch diese Stiftungen unterliegen nicht der Stiftungsaufsicht, sondern werden von einem Rechtsträger verwaltet. Als Rechtsträger kommt praktisch jede juristische Person, im Extremfall sogar natürliche Person, in Betracht. Während privatrechtliche Träger, sofern sie von der Aktion erfuhren, in der Regel zumindest teilweise kooperationsbereit waren und wenigstens den Namen und den Zweck der Stiftung bekanntgaben, waren auch hier öffentlich-rechtliche Träger besonders schwierige Partner. Die Stiftungsämter von Kommunen und staatlichen Universitäten, die sicherlich die Mehrzahl der nicht rechtsfähigen Stiftungen verwalten, beantworteten nur teilweise die entsprechenden Anfragen, lehnten zum Teil unter Hinweis auf Arbeitsüberlastung eine Mitarbeit ausdrücklich ab oder entzogen sich durch Nichtbeantwortung trotz Anmahnung der Mitwirkung.

Die These, daß das Stiftungswesen von seinem Grundsatz her ursächlich dem Privatbereich der Bürger und nicht dem öffentlich-rechtlichen, also staatlichen, Bereich zugerechnet werden muß, hat auf diese Weise durch die praktische Arbeit an dem Stiftungsverzeichnis eine äußerst interessante Bestätigung gefunden. Es kann unterstellt werden, daß viele dieser Verwaltungen eine Scheu davor hatten, ihre Nachlässigkeit und Unprofessionalität in der Verwaltung der ihnen anvertrauten Stiftungen auf diese Weise offenbar werden zu lassen.

Andererseits haben fast alle Stiftungsaufsichtsbehörden sehr konstruktiv an den Erfassungsarbeiten und bei der Fortschreibung mitgewirkt. Auch eine Reihe anderer öffentlicher Verwaltungen war hilfsbereit und entgegenkommend.

Ein Sonderproblem stellten die sogenannten Familienstiftungen dar (siehe Kapitel 2.5). Diese, durchweg Stiftungen bürgerlichen Rechts, bilden insofern eine Ausnahme, als ihr Zweck nicht ein in die Öffentlichkeit wirkender, sondern die Unterstützung von Familienangehörigen ist. Daß einer solchen Stiftung die steuerrechtliche Qualität der Gemeinnützigkeit nicht zuerkannt werden kann, ist klar. Einen Teil des deutschen Stiftungswesens bilden sie jedoch allemal. Solche Familienstiftungen wirken naturgemäß weitgehend im verborgenen. Sie bedürfen der Publizität in der Tat nicht, und die Gründe für mehr Publizität treffen auf sie nicht zu. Außer mit dem Anspruch systematischer Vollständigkeit war es daher gegenüber solchen Stiftungen nicht zu begründen, warum sie Informationen für eine Publikation preisgeben sollten. Daß manche, vor allem kleinere Familienstiftungen sich einer Aufnahme widersetzt haben, ist verständlich. Um so mehr ist es zu begrüßen, daß die überwiegende Mehrheit zur Mitwirkung bereit war.

Ähnliches galt für eine Reihe von Stiftungen mit satzungsmäßig festgelegtem Destinatär, also Empfänger von Stiftungsleistungen. Sie sahen, wie auch manche Anstaltsträgerstiftungen (siehe Kapitel 5.1), keinen Grund, mit der Öffentlichkeit zu kommunizieren, und befürchteten, künftig von Förderanträgen überschwemmt zu werden, auf die sie notwendigerweise stets negativ antworten müssen. Der Wert der Arbeiten für das Stiftungswesen an sich war dieser Gruppe besonders schwer begreiflich zu machen.

Schließlich war noch die Kirchenstiftung gesondert zu betrachten. Diese ist keineswegs mit der kirchlichen Stiftung gleichzusetzen (siehe Kapitel 2.3). Der Ausdruck »Kirchliche Stiftung« besagt, daß die Stiftung nicht primär der staatlichen, sondern der kirchlichen Aufsicht unterliegt, aber sehr wohl eine Außenwirkung entfaltet. Diese kirchlichen Stiftungen haben fast durchweg soziale Zwecksetzungen. Es war ein besonderes Anliegen, diese Stiftungen in das Verzeichnis aufzunehmen. Sowohl die Katholische Deutsche Bischofskonferenz als auch der Rat der Evangelischen Kirchen in Deutschland waren zur Mitarbeit grundsätzlich bereit; sie behielten sich lediglich vor, die entsprechenden Erfassungsbogen über ihre eigenen Kanäle zu verteilen und wieder einzusammeln, was mit einigen Abstrichen auch funktionierte.

Die Kirchenstiftungen hingegen sind nicht mehr als die Rechtsträger fast aller evangelischer und katholischer deutscher Pfarrkirchen. Ihre sehr große Zahl (schätzungsweise je 50 000 evangelische und katholische Kirchenstiftungen) und ihr mangelnder Zusammenhang mit der Arbeit der übrigen Stiftungen ließen es angezeigt erscheinen, auf die Aufnahme der Kirchenstiftungen ganz zu verzichten. Dies entspricht im übrigen der Praxis bei den Verzeichnissen in anderen europäischen Ländern.

Zum Abschluß der Schilderung der Einschränkungen und Beschränkungen der Erfassungsarbeit sollte noch darauf hingewiesen werden, daß eine Quelle nicht verwendet werden konnte, die viele Aufschlüsse hätte geben können. Bei den Finanzämtern sind natürlich alle rechtlich selbständigen gemeinnützigen Stiftungen und alle nicht rechtsfähigen gemeinnützigen Stiftungen erfaßt, ebenso die gemeinnützigen Stiftungen in anderer Rechtsform. Im Gegensatz zu der geschilderten amerikanischen Praxis verbietet jedoch die deutsche Steuergesetzgebung die Herausgabe von entsprechenden Daten. Da eine Anfrage von vornherein aussichtslos erschien, wurden die Finanzämter daher in keiner Weise in die Recherchen einbezogen.

1.4 Die Erfassung der Daten

Erster Schritt der Datenerfassung war die Erarbeitung eines Fragebogens, der allen Stiftungen zur Beantwortung übersandt werden mußte. Die Entwicklung war eine besonders verantwortungsvolle Aufgabe, da durch ihn langfristig die Grundstruktur der Datenbank festgeschrieben wurde. Während einige Rubriken unstrittig waren oder nur akademische Diskussionen auslösten, war die Einteilung der Stiftungen nach ihren Zwecken ein zentrales, ausführlich erörtertes Problem.

Schließlich wurde eine Einteilung in 12 Gruppen vorgenommen:

SA	Soziale Aufgaben
POL	Politik
WV	Wirtschaft/Verbraucher
BAE	Bildung/Ausbildung/Erziehung
REL	Religion
SS	Familie/Unternehmen
WF	Wissenschaft/Forschung
GH	Gesundheit
ULN	Umwelt-/Landschafts-/Naturschutz
VV	Völkerverständigung
KK	Kunst/Kultur
SO	Sonstiges

Diese Einteilung mußte auf bereits bestehende und zum Teil wenig systematische Einteilungen, etwa in der Abgabenordnung (vgl. Kapitel 2.5), Rücksicht nehmen. Auf Untergruppen wurde zugunsten einer Wiedergabe des tatsächlichen Zwecks im Wortlaut verzichtet, da vor Beginn der Arbeiten befürchtet werden mußte, daß nicht jede in der Praxis vorhandene Möglichkeit theoretisch vorhergesagt werden könne (siehe Kapitel 1.6). Diese Annahme erwies sich als richtig.

Die Entwicklung ähnlicher Fragebogen in anderen Ländern hat inzwischen gezeigt, daß diese, unabhängig entwickelt, recht ähnlich aufgebaut sind. (Siehe Anhang 5: Musterfragebogen)

Analog zu dem Fragebogen war auch ein Datenbankprogramm zu entwickeln, das zumindest auf mittlere Frist den Anforderungen genügen würde.

Während der Fragebogen zwar von Maecenata Management entworfen, aber gemeinsam mit dem Vorstand des Bundesverbandes und mit fachkundigen Vertretern einiger größerer Stiftungen ausführlich diskutiert und mit Änderungen und Ergänzungen schließlich in die endgültige Form gebracht wurde, war das durchführende Unternehmen für die Entwicklung der EDV-Software allein verantwortlich. Es bediente sich für die Aufgabe eines im Grundsatz bekannten und bewährten Programms – LARS –, das vielfach, insbesondere bei Bibliotheken, Anwendung findet, das aber für diesen Zweck von Spezialisten der Herstellerfirma erweitert und ganz speziell zugeschnitten wurde. Der äußerst enge Finanzrahmen machte es notwendig, das gesamte Programm nur für einen PC-Arbeitsplatz einzurichten.

Der Versand der siebenseitigen Fragebogen erfolgte im Januar 1990. Um den Stiftungsverwaltungen die Arbeit zu erleichtern und ihnen einen Anreiz zur Mitarbeit zu geben, wurden alle aufgrund der Recherchen bereits bekannten Angaben schon vor dem Versand in den Fragebogen eingetragen. Hierzu half auch das bei Maecenata bereits vorhandene Archiv, zu dem u.a. ein schon seit einigen Jahren von der Schweisfurth-Stiftung zur Verfügung gestellter Zeitungsausschnittsdienst gehörte.

Zum Auftakt der Aktion hielt der Vorstand des Bundesverbandes Deutscher Stiftungen in Bonn eine Pressekonferenz ab, auf der die Ziele des Projekts und die Vorgehensweise ausführlich erläutert wurden. Gleichzeitig wurden alle zuständigen Landesbehörden und Stiftungsaufsichtsbehörden, die kirchlichen Stiftungsbehörden, die kommunalen Spitzenverbände, die größeren Kommunen je einzeln, die Universitätsverwaltungen und eine Vielzahl weiterer für nützlich erachteter Stellen unmittelbar informiert. Eine Anzeige in der *Frankfurter Allgemeinen Zeitung* diente der öffentlichen Dokumentation. Alle Stiftungen, von denen aufgrund ihrer Mitgliedschaft im Bundesverband, aufgrund von Listen, die von Stiftungsaufsichtsbehörden zur Verfügung gestellt wurden, oder aufgrund eigener Recherchen Adressen vorhanden waren, erhielten gleichzeitig kurz darauf ihre Fragebogen. Einigen Stiftungsaufsichtsbehörden mußten die Fragebogen zur Weiterleitung übersandt werden, für die kirchlichen Stiftungen übernahmen die kirchlichen Behörden den Versand.

Die Reaktionen reichten von ausdrücklicher, zum Teil begeisterter Zustimmung bis zu völliger Ablehnung. Während etwa der Vorstand einer sehr bedeutenden Stiftung bekannte, der Fragebogen sei ihm ein willkommener Anlaß, eine Fülle von Einzelheiten zu der von ihm verwalteten Stiftung, insbesondere zu dem Wert des Stiftungsvermögens, auch für eigene Zwecke zu ermitteln, verwahrten sich andere Vorstände zunächst erbost gegen die angebliche Einmischung in innere Angelegenheiten der Stiftung und lehnten es ab, Informationen zu übermitteln.

Der zunächst schleppende Eingang der ausgefüllten Fragebogen ließ es angezeigt erscheinen, nach einiger Zeit einen Erinnerungsbrief zu versenden, der eine starke Wirkung hatte. Insgesamt kann es als großer Erfolg bewertet werden, daß bis zum Ablauf der Frist am 1. November 1990 oder bis kurz danach fast 50 % aller angeschriebenen Stiftungsverwaltungen den Fragebogen mit zusätzlichen Angaben zurücksandten. Freilich waren nicht alle bereit, sämtliche Fragen zu beantworten. Damit diese Stiftungen nicht auf die Rücksendung überhaupt verzichteten, war es ihnen im Begleitbrief ausdrücklich zugebilligt worden, Antworten auf Fragen, die sie nicht beantworten wollten, auszulassen.

Unter Einbeziehung der aus vielen anderen Quellen recherchierten Informationen konnten rund 200 000 einzelne Daten eingegeben werden, ein Ergebnis, das angesichts der Erstmaligkeit der Aktion weit über den Erwartungen lag.

Eine Reihe von Stiftungen fügte, wie erbeten, dem Fragebogen weitere Unterlagen bei, etwa Jahresabschlüsse und Bilanzen, Satzungen, veröffentlichte oder nicht veröffentlichte Tätigkeitsberichte sowie Publikationen unterschiedlichster Art. Diese Berichte erwiesen sich schon für die Komplettierung und gelegentlich auch Verifizierung der gemachten Angaben als sehr wertvoll. Darüber hinaus bereicherten sie das Archiv, das die Datenbank ergänzen und stützen sollte.

Nach Abschluß der Erfassungsarbeiten war klar, daß der Herausgabe eines gedruckten Verzeichnisses der Deutschen Stiftungen nichts im Wege stand. Analog zu den Vorbildern aus anderen Ländern konnte der Öffentlichkeit erstmals eine Publikation präsentiert werden, die annähernd den Anspruch erheben konnte, über die deutschen Stiftungen Auskunft zu geben. Natürlich wurden bei weitem nicht alle Angaben aus den Fragebogen für das Verzeichnis benötigt. Auf der Grundlage vergleichender Studien und des tatsächlichen Rücklaufs wurde ein Standard für den Eintrag festgelegt. Dieser umfaßte insgesamt 180 000 Einzeldaten, von denen 70 000 tatsächlich veröffentlicht werden konnten. Alle Stiftungen, von denen mindestens der Name und eine weitere Angabe bekannt waren, wurden zur Veröffentlichung vorgesehen.

Von damals rund 6000 bekannten deutschen Stiftungen erhielten knapp 5000 einen Eintrag im Verzeichnis. Bei den übrigen war entweder die Datenlage zu dürftig, oder sie hatten eine Aufnahme ausdrücklich untersagt und die Verwendung der Daten nur für statistische Zwecke gestattet.

Eine zu Beginn der Arbeiten noch nicht voraussehbare Zusatzaufgabe ergab sich aus dem Prozeß der deutschen Einigung. In den neuen Bundesländern gab es 1990 noch keine Stiftungsaufsichtsbehörden; ebensowenig gab es aktuelle Verzeichnisse von Stiftungen. Aber obwohl naturgemäß Stiftungen in keiner Weise in das System des sozialistischen Staates paßten, hatten durchaus einige Stiftungen, vor allem im kirchlichen Bereich, überlebt. Bei anderen war eine Wiedergründung infolge noch vorhandener Vermögenswerte denkbar, und schließlich war es auch bereits zu Neugründungen gekommen. Daher war es notwendig und natürlich auch ein Anliegen aller Beteiligten, besondere Anstrengungen zu unternehmen, um das Gebiet der neuen Bundesländer in das Projekt einzubeziehen und dabei in Kauf zu nehmen, daß der Datenbestand besondere Lücken aufwies.

Alle Stiftungen erhielten vorab den für die Veröffentlichung vorgesehenen Eintrag mit der Bitte um Korrektur, zugleich auch mit der Bitte um datenschutzrechtliche Genehmigung. Der Rücklauf der Korrekturbogen erbrachte nochmals eine Fülle von Ergänzungen und Änderungen, von denen die Mehrzahl nicht die Verbesserungen von Fehlern betraf, die sich naturgemäß eingeschlichen hatten, sondern entweder Änderungen durch den Zeitablauf oder echte Ergänzungen waren. Interessanterweise wurden manche Daten, deren Angabe im ursprünglichen Fragebogen ausdrücklich und manchmal begleitet von ausführlichen Stellungnahmen abgelehnt worden war, jetzt kommentarlos ergänzt. Es zeigte sich die Richtigkeit der Vermutung, daß das Verständnis und die Mitarbeit der einzelnen Stiftungsverwaltungen auch als pädagogischer Prozeß zu begreifen waren. Daran knüpfte sich die berechtigte Hoffnung, daß es bei kontinuierlicher Weiterarbeit an der Datenbank in absehbarer Zeit gelingen würde, den Bestand an Einzeldaten und damit auch die Qualität der Datenbank insgesamt noch wesentlich zu steigern. Wenn man berücksichtigt, daß manche Stiftung in ihrer mehrhundertjährigen Geschichte zum ersten Mal überhaupt an die Öffentlichkeit trat, kann es nicht erstaunen, daß dieser Schritt in manchen Fällen mit einigem Zögern erfolgte. Dies entspricht im übrigen auch den amerikanischen Erfahrungen. Dort hat es eine ganze Generation gedauert, bis die aktive Mitarbeit an den Veröffentlichungen des Foundation Center ausnahmslos zur Selbstverständlichkeit geworden ist.

Das Verzeichnis der Deutschen Stiftungen erschien im Dezember 1991 im Verlag Hoppenstedt in einer Auflage von 2 600 Exemplaren. Die Auflage war nach wenigen Monaten vergriffen. Im wesentlichen aufgrund eines Computerfehlers hatten sich in den Band einige zum Teil unangenehme Fehler eingeschlichen. Ihr Auftreten wurde von der Redaktion lebhaft bedauert. Mit ganz geringen Ausnahmen zeigten die betroffenen Stiftungen Verständnis für diese Kinderkrankheiten. Die Fehlerquote lag übrigens, bezogen auf die veröffentlichten Daten, unter 1 %. Die Fehler wurden in einem Nachtrag, der im März 1992 erschien, berichtigt.

Trotz der Fehler und mancher weiterer Unzulänglichkeiten, die in einer solchen Erstauflage unvermeidlich sind, hat sich das Buch als wichtige Informationsquelle und Ratgeber durchgesetzt. Zu den Käufern und Benutzern gehörten wissenschaftliche Bibliotheken und Einrichtungen, Stiftungsverwaltungen, Industrieunternehmen, gemeinnützige Organisationen und interessierte Privatbürger. Während für die wissenschaftlichen und sonstigen gemeinnützigen Einrichtungen vielfach die Suche nach Fördermöglichkeiten im Vordergrund steht, haben die Stiftungen eifrig von der Möglichkeit Gebrauch gemacht, andere Stiftungen mit ähnlicher Zielsetzung zu entdecken und Verbindung zu diesen aufzunehmen. Industrieunternehmen und Privatpersonen haben sich durch das Studium der vorhandenen Stiftungen bei Überlegungen zu eigenen Stiftungserrichtungen anregen lassen.

Die Priorität der Systematik und Vollständigkeit ließ allerdings andere Kategorien notwendigerweise in den Hintergrund treten. Künftig muß der Bestand des Archivs auch für die Herausgabe spezialisierter Teilverzeichnisse genutzt werden, etwa der bedeutendsten Förderstiftungen oder der Stiftungen mit bestimmter Zielsetzung, oder für die Zusammenstellung regionaler oder lokaler Ausgaben.

1.5 Das Stiftungsarchiv

Die erstmalige Veröffentlichung eines Stiftungsverzeichnisses ließ gelegentlich den Eindruck aufkommen, als sei dies der wesentliche Zweck der Erfassungsaktion gewesen. Tatsächlich aber stellt die Datenbank als solche weit über das Verzeichnis hinaus den Kern der Arbeit dar. Unabhängig von den Arbeitsergebnissen, die nach Veröffentlichung des Verzeichnisses an die Geschäftsstelle des Bundesverbandes übergeben wurden, hat sich Maecenata unablässig bemüht, die Datenbank ständig fortzuschreiben und für Anfragen verfügbar zu halten. Während aus mehreren Gründen die aktive Suche nach weiteren Informationen nicht im gleichen

Maße fortgeführt werden konnte, wurde doch jede freiwillig übersandte Information registriert und verarbeitet. Hierzu dienten sowohl weiterhin die Presseausschnitte als auch Mitteilungen von Stiftungsaufsichtsbehörden, von den Stiftungen selbst sowie von dritter Seite. Alle schriftlichen Unterlagen werden dem Archiv eingefügt, dessen Informationsgehalt den der Datenbank noch wesentlich übersteigt. Der Informationsstand ist daher heute längst über den des Jahres 1991 hinausgewachsen. Neue Stiftungen sind hinzugekommen, Fakten haben sich verändert, zusätzliche Informationen sind verfügbar geworden usw.

Der wichtigste Rechercheauftrag, der im Auftrag des Bundesverbandes Deutscher Stiftungen durch das Stiftungsarchiv von Maecenata betreut wird, ist der der Johns Hopkins University, Baltimore, USA. Zur Durchführung dieses Projekts hat die Universität praktisch den gesamten Datenbestand erhalten, mit Erläuterungen und späteren Änderungen. Ein Zwischenbericht, der speziell dem deutschen Stiftungswesen aus dortiger Sicht gewidmet sein soll, ist 1994 zu erwarten (siehe Kapitel 6.1).

Neben diesem Auftrag konnten auch andere Anfragen beantwortet werden. So ließ z.B. die Herbert-Quandt-Stiftung alle Stiftungen ermitteln, die sich im südlichen Afrika, sowie die, die sich in den USA engagieren. Zweck war in beiden Fällen die Einrichtung von Arbeitskreisen, die sich inzwischen erfolgreich als ständige Einrichtungen etabliert haben.

Die Vater-und-Sohn-Eiselen-Stiftung, die das Deutsche Brotmuseum betreibt, hat sich die Anschriften aller rund 50 Stiftungen geben lassen, die ebenfalls Museen betreiben. Sie will selektiert mit diesen in Kontakt treten, um gemeinsame Anliegen und Probleme besprechen zu können.

Die Körber-Stiftung, die zur Zeit an einer Neustrukturierung ihres Programms arbeitet und dabei einen neuen Arbeitsschwerpunkt Mittel- und Osteuropa einrichten will, hat Informationen zu allen Stiftungen, die ausschließlich in Mittel- und Osteuropa arbeiten, erbeten und erhalten, um sich gegebenenfalls mit diesen abstimmen zu können.

Der Kulturkreis der Deutschen Wirtschaft im Bundesverband der Deutschen Industrie hat Angaben über alle Stiftungen erhalten, die Ziele aus dem Bereich Kunst und Kultur verfolgen. Diese Angaben wurden in einer gemeinsamen Sitzung ausgewertet mit dem Ziel, die Stiftungen aus diesem Bereich herauszufiltern, die aufgrund ihrer Größe, der dort arbeitenden Personen oder aus anderen Gründen eine besondere Rolle in unserem kulturellen Leben spielen. Daraus soll mittelfristig eine Tagung entstehen, bei der gemeinsam interessierende Fragen besprochen werden sollen.

All diese Bemühungen verfolgen letztlich den Zweck, das deutsche Stiftungswesen weiterzuentwickeln. Der Einsatz der Stiftungsmittel für den Stiftungszweck nach Gutdünken des Vorstands genügt heute, zumindest für die größeren Stiftungen, nicht mehr. Sie müssen die Frage beantworten können, ob sie durch die Art, die sie gewählt haben, durch den Förderantrag, den sie positiv beschieden haben, durch das Projekt, das sie aufgegriffen haben, den Stifterwillen tatsächlich optimal erfüllen.

Aus diesem Grund führt die gelegentlich, insbesondere von den Verwaltungen kleinerer Stiftungen, geäußerte Kritik, die Veröffentlichung von Angaben würde zu einer Flut von Anfragen und Förderanträgen führen, ins Leere. Eigene Erfahrungen bei der Verwaltung einer ganzen Reihe von Stiftungen zeigen, daß die Anfragen, die offensichtlich aufgrund dieser Veröffentlichungen bei den Stiftungen eingehen, sich unterhalb einer Grenze bewegen, die ohne wesentlichen zusätzlichen Mehraufwand zu leisten ist. Besondere Benutzerhinweise im Verzeichnis weisen überdies eindringlich auf die Notwendigkeit hin, sich vor Kontaktaufnahme mit einer Stiftung darüber zu informieren, ob diese Stiftung überhaupt fördernd tätig ist, und wenn ja, ob Antrag und Zweck zueinander passen (siehe Kapitel 5.2). Durch Anfragen wird jedoch insbesondere für die Förderstiftungen das Verfahren der Mittelvergabe objektiviert. Den Vorständen wird die Möglichkeit eröffnet, getroffene Entscheidungen mit Hinweis auf qualitativ unterlegene Alternativen nach objektiven Kriterien zu begründen.

Gerade Antragsteller, die sich an das Archiv wandten, konnten dahingehend beraten werden, daß eine breitgestreute Versendung von Förderanträgen sinnlos ist. Richtig ist vielmehr eine gezielte Suche nach einschlägigen Möglichkeiten. Gerade die sehr großen und in der Öffentlichkeit durchaus bekannten Stiftungen mögen es daher als Entlastung empfinden, wenn sich Antragsteller vorab informieren, ob ein Förderantrag Aussicht auf Erfolg hat.

1.6 Stiftungen im statistischen Überblick

Die systematische Bearbeitung und statistische Auswertung der gesammelten Daten als empirische Grundlage für die Erforschung des Gegenstandes ›Stiftungswesen‹ im allgemeinen oder von Einzelaspekten hat leider bisher noch kaum eingesetzt. Einige junge Wissenschaftler sind zu Arbeiten angeregt worden, die vor der Datenerhebung nicht möglich gewesen wären, aber eine wissenschaftliche Gesamtdarstellung steht noch aus. Die nachfolgende, in diesem Umfang erstmalige Veröffentlichung zusammengefaßter Ergebnisse aus der Datenbank kann dafür sicher keinen Ersatz bieten, sondern nur einen Einblick vermitteln.

Diese statistischen Angaben geben den Stand vom 1. November 1993 wieder, sind also auch hinsichtlich der wenigen im Verzeichnis der Deutschen Stiftungen abgedruckten Tabellen, die auf dem Stand vom 1. August 1991 basieren, in erheblichem Umfang fortgeschrieben. Allein die Zahl der überhaupt erfaßten Stiftungen ist seitdem von 5 933 auf 6 733, also um mehr als 10 % gestiegen.

Tabelle 4 zeigt die Datenlage und den Erhebungsstand zum Stichtag:

Tabelle 4: Stand der Datenbank

Datum (für alle Angaben)	1. November 1993
1. Datensätze (= erfaßte Stiftungen)	6.733
2. Mögliche abfragbare Daten pro Satz	256
3. Insgesamt mögliche Daten	1.680.128[1]
4. Insgesamt anzugebende Daten	255.845[2]
5. Gespeicherte Daten	213.189
6. Prozent 5 aus 4	83,33 %

1 Diese Zahl berücksichtigt nicht, daß pro Feld nur eine Antwort von mehreren möglich ist, z. B. eine von zehn Rechtsformen.

2 Diese Zahl gibt an, wie viele Daten tatsächlich vorhanden sein könnten.

In Anbetracht der landesrechtlichen Zuständigkeit für das Stiftungswesen ist es von Interesse zu sehen, wie sich die Gesamtzahl auf die Bundesländer verteilt (Tabelle 5).

Es erstaunt nicht, daß historisch gewachsene Länder wie Bayern und die Freie und Hansestadt Hamburg mit einer starken und traditionsreichen Bürgerkultur eine besonders hohe Stiftungsdichte aufweisen, während beispielsweise das Saarland, das immer wieder französischem

Tabelle 5: Stiftungen in den Bundesländern

Baden-Württemberg	841
Bayern	1 533
Berlin	263
Brandenburg	15
Bremen	45
Hamburg	537
Hessen	548
Mecklenburg-Vorpommern	8
Niedersachsen	602
Nordrhein-Westfalen	1 042
Rheinland-Pfalz	163
Saarland	44
Sachsen	18
Sachsen-Anhalt	33
Schleswig-Holstein	228
Thüringen	155
Bundesland nicht feststellbar	648
Gesamt	6 733

Einfluß unterlag, von dort auch zumindest seit 1792 offensichtlich eine größere Skepsis gegenüber dem Instrument Stiftung übernommen hat.

Zur Erläuterung der besonders großen Zahl nicht rechtsfähiger Stiftungen in Nordrhein-Westfalen sei bemerkt, daß sich hier die Verwaltungstätigkeit des Stifterverbandes für die Deutsche Wissenschaft statistisch niederschlägt, der besonders viele nicht rechtsfähige Stiftungen in seiner Trägerschaft hat.

Stets von besonderem Interesse für Wissenschaft und Öffentlichkeit war die Frage nach der zahlenmäßigen Bedeutung der einzelnen Stiftungszwecke. Hierzu hat die Erstellung der Datenbank grundlegend neue Erkenntnisse gebracht. Während vorher geschätzt wurde, daß zwei Drittel aller Stiftungen soziale Zwecke verfolgen, erwies sich diese Schätzung nach Auswertung der Daten als weit übertrieben. Gerade ein Drittel verfolgt tatsächlich diese Ziele, wie Tabelle 6 zeigt.

Tabelle 7 (S. 34) zeigt, wie sich die Stiftungszwecke auf die Bundesländer verteilen.

Besonders interessant erscheint es, die Stiftungszwecke in ein Verhältnis zu dem Errichtungsjahr zu setzen, um daraus Erkenntnisse über Trends im Stiftungswesen zu gewinnen. Das Ergebnis zeigt Tabelle 8 (S. 35). Ob und inwieweit, historisch gesehen, diese Trends mit bestimmten

Tabelle 6: Stiftungszwecke

Bildung/Ausbildung/Erziehung	1.998	20,58 %
Familie/Unternehmen	335	3,45 %
Gesundheit	612	6,30 %
Kunst/Kultur	1.003	10,33 %
Politik	57	0,60 %
Religion	323	3,33 %
Soziale Aufgaben	3.142	32,37 %
Umwelt/Landschaft/Natur	268	2,76 %
Völkerverständigung	198	2,04 %
Wirtschaft/Verbraucher	65	0,67 %
Wissenschaft/Forschung/Lehre	1.129	11,63 %
Sonstiges	577	5,94 %
Gesamt	9.707	100,00 %

Mehrfachnennungen sind möglich, da viele Stiftungen in mehreren Rubriken tätig sind.

gesellschaftlichen Bedürfnissen einerseits und finanziellen Möglichkeiten andererseits korrespondieren, würde eine lohnende Forschungsaufgabe darstellen. Allerdings ist diese historische Trendübersicht mit der Unsicherheit behaftet, daß die Zahlen durch den wohl kaum als kongruent anzunehmenden Faktor der aus vielerlei Gründen untergegangenen Stiftungen tangiert sind. Was den zeitgenössischen Trend angeht, so bedürfen die hier zu treffenden Aussagen naturgemäß einer gewissen Relativierung, die durch den Zeitablauf zwischen Absicht und tatsächlicher Errichtung, Errichtung und Genehmigung sowie Genehmigung und Aufnahme in die Datenbank entsteht. Dieser Zeitraum kann insgesamt ohne weiteres zwei bis drei Jahre betragen. Die Statistik zeigt, daß die starke Hinwendung der Jahre 1951–1990 zu den Bereichen Wissenschaft und Ausbildung in jüngster Zeit abnimmt, während der Bereich Kultur häufiger auftritt. Heute werden offensichtlich die Bereiche Kultur, Ausbildung, Wissenschaft und Soziale Aufgaben fast gleichrangig zum Ziel von Stiftungsneuerrichtungen gemacht.

Der Phantasie des Stifters und seiner Berater sind bei der Formulierung des Stiftungszwecks sehr weite Grenzen gesteckt, sofern nur ganz klar wird, was tatsächlich geschehen soll. Alte Stiftungen haben naturgemäß ihren Zweck in der Sprache ihrer Errichtungszeit formuliert und häufig schon aus Traditionsgründen nie verändert. Daher ist die Einrichtung von Untergruppen, die eine genauere Klassifikation ermöglichen, wenig sinnvoll. Bei der Anlage der Datenbank wurde den Stiftungen die Mög-

Tabelle 7: Stiftungszwecke in den Bundesländern

	BAE	SS	GH	KK	POL	REL	SA	ULN	VV	WV	WF	SO
Baden-Württemberg	261	81	89	153	8	51	418	43	35	6	162	62
Bayern	583	120	132	220	10	85	953	60	34	12	225	141
Berlin	71	3	24	53	3	11	127	7	18	3	59	48
Brandenburg	3			6			3	1			2	3
Bremen	13	1	6	11		2	29	1	2	1	11	8
Hamburg	194	6	39	78	6	31	350	17	21	4	103	50
Hessen	166	5	53	89	3	16	204	29	17	10	115	45
Mecklenburg-Vorpommern	2			5		1	2		1	1		1
Nieder-sachsen	217	72	82	97	5	51	407	36	9	3	71	81
Nordrhein-Westfalen	277	27	128	133	10	48	367	36	34	13	248	78
Rheinland-Pfalz	52	3	15	26		9	75	5	8	2	28	14
Saarland	15	1	4	10	1	1	20	2	2		10	16
Sachsen	2			7			3	3			1	1
Sachsen-Anhalt	8	1	1	2	1	2	19	1				1
Schleswig-Holstein	46	11	8	35	3	3	91	9	4	2	23	12
Thüringen	2			4			3			1		
NB	76	4	31	74	7	12	71	18	13	7	71	19
Gesamt	1988	335	612	1003	57	323	3142	268	198	65	1129	577

BAE = Bildung/Ausbildung/Erziehung
SS = Familie/Unternehmen
GH = Gesundheit
KK = Kunst/Kultur
POL = Politik
REL = Religion
SA = Soziale Aufgaben
ULN = Umwelt/Landschaft/Natur
VV = Völkerverständigung
WV = Wirtschaft/Verbraucher
WF = Wissenschaft und Forschung
SO = Sonstiges

Tabelle 8: Stiftungszwecke nach Errichtungsjahren

EJ	BAE	SS	GH	KK	POL	REL	SA	ULN	VV	WV	WF	SO
900– 950							2					
951–1000												
1001–1050												
1051–1100	1						3					
1101–1150							2					
1151–1200	1						5					
1201–1250	1		3	1		1	17					
1251–1300	2		2	1		2	20					2
1301–1350	3		2	1		1	27					
1351–1400	8	1	8	2		3	37					2
1401–1450		1	2	1		1	19					1
1451–1500	10	3	1			2	38					1
1501–1550	6	3	2	5		4	36				1	2
1551–1600	24	5	3	4		5	42				5	2
1601–1650	19	4	1	1		5	35				1	1
1651–1700	21	7	2	4		7	23				1	3
1701–1750	23	13				2	48					1
1751–1800	26	9	2	2		3	54				3	
1801–1850	82	21	21	4		18	142	1	1	2	2	12
1851–1900	158	55	73	28		35	352	2	1	1	17	17
1901–1950	254	64	59	82	2	34	542	14	14	7	96	48
1951–1990	992	83	283	639	43	134	1108	188	145	38	769	335
1991–Juli 1993	75	1	25	70	2	17	69	19	17	5	64	26
unbekannt	281	65	123	158	10	49	521	44	20	12	170	124
GES	1998	335	612	1003	57	323	3142	268	198	65	1129	577

EJ = Errichtungsjahr GES = Gesamtzahl der Stiftungen

lichkeit eröffnet, ihren Zweck im (zum Teil verkürzten) Wortlaut anzugeben. Aus diesen Angaben lassen sich durch besondere Abfragen Tabellen erstellen, die einzelne Kernbegriffe mit ihrer Häufigkeit auflisten. Daraus können sehr gute Hinweise über präzise Stiftungszwecke entnommen werden. Solche Wortabfragen sind hier beispielhaft für die Hauptkategorien

- Kunst und Kultur (Tabelle 9)
- Soziale Aufgaben (Tabelle 10)
- Wissenschaft und Forschung (Tabelle 11)
- Umwelt-, Landschafts- und Naturschutz (Tabelle 12), S. 38

wiedergegeben.

Tabelle 9: Häufigkeit der Nennung von Begriffen im Stiftungszweck im Bereich Kunst/Kultur (sehr ähnliche Begriffe sind zusammengefaßt):

Alltagskultur	1	Galerie ...	4
Architektur	17	Gemälde ...	7
Autor ...	5	gestalten ...	21
Baudenkmal ...	14	Graphik	3
Bibliothek	17	Heimat	137
bildend ...	50	Instrumente	6
Bilder	2	Kunst ...	284
Bildhauer ...	11	Kultur ...	419
Buch ...	14	Literatur ...	33
Bücher	21	Museen	52
Chor	7	Musik ...	101
Denkmal ...	96	Oper	6
Design ...	3	Orchester ...	4
Dichter ...	9	Orgel	2
Fernsehen	3	Theater ...	21
Film ...	24		

Ein besonders interessantes Thema ist immer wieder die Art der Zweckverwirklichung einzelner Stiftungen. Es ist ja ein großes und weitverbreitetes Mißverständnis, daß Stiftungen heute ausnahmslos fördernd tätig sind. Vielmehr ist ein hoher Prozentsatz operativ tätig, wobei hier wieder zwischen Anstaltsträgerstiftungen und Projektstiftungen zu unterscheiden ist. Förderstiftungen fördern auf sehr unterschiedliche Weise (siehe Kapitel 5.1 und 5.2).

Tabelle 10: Häufigkeit der Nennung von Begriffen im Stiftungszweck im Bereich Soziale Aufgaben (sehr ähnliche Begriffe sind zusammengefaßt):

Ältere	104	Lebens . . ./-abend	38
Alleinerziehend . . .	7	Mildtätig . . .	93
Alte	175	Minderbemittelt . . .	40
Arme, ärmere, . . .	190	Mitbürger . . .	17
Arme	15	Mitmensch . . .	7
Asyl . . .	2	Mütter . . .	25
Bedürftig . . .	371	Nachbar . . .	6
Behindert . . .	196	Nichtseßhaft . . ., Obdachlos	9
Betreuen	199	Not . . ./-lage . . ./-leiden	77
Blinde . . .	76	Rentner . . .	11
Caritative . . .	49	Resozialisierung	2
Erholung . . .	50	Rettungs . . .	9
Hilfsbedürftig	278	Schwerbehindert . . .	7
Hinterbliebene . . .	71	Seelsorge	11
Hörbehindert/-geschädigt . . .	8	Seemannsbetreuung	3
Human . . . (ohne Medizin)	15	Sehbehindert	7
Hungernd	1	Selbsthilfe	12
Integration . . .	7	Seniorenbetreuung etc.	9
Invalide . . .	11	Sozial . . .	48
Juden . . .	32	Studenten . . ./-wohnheim . . .	23
Katastrophen . . .	12	Taubstumme	6
Kleinrentner	1	Unterstützungsbedürftig . . .	11
Kontakt . . .	6	Verwaist	11
Körper . . ./-behindert	126	Wohlfahrts . . .	42
Kriegs . . .	50	Wohltätig	33

Tabelle 11: Häufigkeit der Nennung von Begriffen im Stiftungszweck im Bereich Wissenschaft und Forschung (sehr ähnliche Begriffe sind zusammengefaßt):

Archäologen	5
Blut . . .	7
Chemie . . .	40
Elektrizität, Elektronik	19
Forscher	4
Forschung	675
Grundlagenforschung	15
Hochschulen	77
Medizin . . .	127
. . . Wissenschaft . . .	745

Tabelle 12: Häufigkeit der Nennung von Begriffen im Stiftungszweck im Bereich Umwelt/Landschaft/Naturschutz (sehr ähnliche Begriffe sind zusammengefaßt):

Abfall	2
Abwassertechnik	1
Artenschutz, -erhaltung	4
Entsorgung	2
Fisch . . .	8
Forst . . .	12
Garten . . .	11
Natur	141
Tier . . .	113

Die nachfolgenden Tabellen 13, 14 und 15 sollen die Art der Verwirklichung exemplifizieren.

Tabelle 13: Art der Verwirklichung in den Stiftungszwecken

	F	O	F/O
Bildung/Ausbildung/Erziehung	1.389	344	183
Familie/Unternehmen	262	30	26
Gesundheit	329	211	52
Kunst/Kultur	653	162	129
Politik	33	10	12
Religion	188	66	48
Soziale Aufgaben	1.949	824	265
Umwelt/Landschaft/Natur	200	28	28
Völkerverständigung	136	30	24
Wirtschaft/Verbraucher	46	8	6
Wissenschaft und Forschung	844	120	107
Sonstiges	407	75	67

F = fördernde Stiftungen
O = operative Stiftungen
F/O = fördernde und operative Stiftungen

Tabelle 14: Tätigkeit der Stiftungen im In- und Ausland in den Stiftungszwecken

	INL	AUS	++
Bildung/Ausbildung/Erziehung	1.600	12	177
Familie/Unternehmen	299	1	14
Gesundheit	478	5	52
Kunst/Kultur	729	1	117
Politik	25	1	21
Religion	247		31
Soziale Aufgaben	2.741	9	129
Umwelt/Landschaft/Natur	204	1	29
Völkerverständigung	62	9	106
Wirtschaft/Verbraucher	36	2	16
Wissenschaft und Forschung	753	8	193
Sonstiges	440	3	69

INL = nur Inland AUS = nur Ausland ++ = In- und Ausland

Tabelle 15: Art der Verwirklichung von fördernden Stiftungen in den Stiftungszwecken

	PJ	INST	PS	PR
Bildung/Ausbildung/Erziehung	586	387	1.135	141
Familie/Unternehmen	34	14	273	
Gesundheit	242	119	189	61
Kunst/Kultur	487	200	326	143
Politik	28	7	16	12
Religion	116	84	137	9
Soziale Aufgaben	596	516	1.763	63
Umwelt/Landschaft/Natur	192	66	70	32
Völkerverständigung	113	36	76	30
Wirtschaft/Verbraucher	33	14	19	12
Wissenschaft und Forschung	628	242	400	213
Sonstiges	300	132	247	54

PJ = Projektförderung PS = Personenförderung
INST = Institutionelle Förderung PR = Preis

Mehrfachnennungen sind möglich, da viele Stiftungen in mehreren Rubriken tätig sind.

Es würde den Rahmen dieser Übersicht sprengen, die Tabellen im einzelnen zu kommentieren und zu bewerten. Sie sollen die vielfältigen Möglichkeiten der Datenbank dokumentieren, empirische Erkenntnisse vermitteln, einen Einblick in die Welt der Stiftungen eröffnen und Vergleiche ermöglichen. Das dazugehörige Archivmaterial reichert die Informationen an.

Zusammen können Archiv und Datenbank, obwohl noch am Anfang stehend, den Schleier des Geheimnisvollen lüften, der noch immer über dem Stiftungswesen liegt. Wenn nachfolgend Begriffe erläutert, Grundsätze festgestellt und Forderungen erhoben werden können, so gibt es dafür argumentativ und empirisch feste Grundlagen.

2. Die Stiftung

2.1 Der Zweck einer Stiftung

Stiften heißt, ein Vermögen auf Dauer einem bestimmten Zweck zu widmen. Sehen wir einmal von der Sonderform der Familienstiftung ab, so sind die Zwecke durchweg gemeinnützig. Das bedeutet: Eine Stiftung übernimmt aus eigenem Antrieb, auf der Basis privaten Engagements und völlig freiwillig Aufgaben zum Wohle aller.

Diese Übernahme von Aufgaben geschieht vom inhaltlichen Ansatz her unter drei Voraussetzungen:

1. Ein Stifter will sein Engagement für einen bestimmten, von ihm bereits als wichtig erkannten Zweck langfristig sichern,

oder

2. ein Stifter sucht nach einem sinnvollen Zweck, dem er sein Vermögen langfristig widmen kann,

oder

3. der Stifter sucht nach einer Organisationsform, um einen bestimmten Zweck zu erfüllen oder aus mehreren Komponenten eine sinnvolle Struktur zu machen.

Unter diesen Voraussetzungen kommt es darauf an, Ziele zu identifizieren, auf die zwei Merkmale gleichermaßen zutreffen:

1. Das Ziel soll emotional dem Stifter nahe sein. Zumindest sollte er sich vorstellen können, daß er sich für dieses Ziel mit seiner ganzen Persönlichkeit engagieren kann. Die Stiftung lebt vom Willen des Stifters. Die Festlegung des Stiftungszwecks ist daher letztlich eine sehr persönliche

Entscheidung. Dies gilt auch, wenn Stifter ein Unternehmen oder eine öffentliche Körperschaft ist.

2. Die gemeinnützige Stiftung ist von ihrem Wesen her darauf angelegt, in die Öffentlichkeit zu wirken. Verfolgenswert ist daher nur ein Ziel, das, wenngleich in einem sehr weiten Sinn, für eine Öffentlichkeit auch Bedeutung hat. Positiv formuliert bedeutet dies, daß eine Stiftung dann erfolgreich wirken wird, wenn sie eine wesentliche, vielleicht gar eine brennende Frage unserer Gesellschaft aufgreift und durch ihre Arbeit Lösungsansätze aufzeigt. Jede Generation kennt solche Herausforderungen, manche bleiben über viele Generationen gleich; manche stellen sich in jeder Generation neu; manche tauchen in einer Generation erst ganz neu auf. Sich einer solchen Herausforderung zu stellen ist vornehmste Aufgabe einer Stiftung.

Gerade weil die Arbeit einer Stiftung ganz eigenen Regeln folgt, weil Entscheidungsprozesse ganz anders ablaufen und Anstöße ganz anders realisiert werden können, gerade weil sie in jeder Hinsicht deutlich abgetrennt ist von der Arbeit unserer Gebietskörperschaften, ist die Stiftung einer der wichtigsten und für unsere Gesellschaft ganz und gar unverzichtbaren Impulsgeber und Motoren. Hinzu kommt noch, daß wegen der langfristigen Anlage eines Stiftungskonzepts und wegen der immer unverzichtbaren Rückbesinnung auf den Willen des Stifters Tradition und Innovation in der Stiftung eine unvergleichliche Symbiose eingehen.

Die Frage, welchen Herausforderungen sich gerade unsere Generation gegenübersieht, wird von Bürgern, Unternehmen, Parlamentariern usw. sehr unterschiedlich beantwortet werden. Herkommen, Bildung, persönliche Interessenlage, Lebenserfahrung und emotionale Bindungen werden hier sicher einen stark diversifizierten Katalog entstehen lassen. Unbestreitbar ist, daß einige Themen in besonderem Maße und auch sicher in einem breiten Konsens als besondere Herausforderungen unserer Zeit zu sehen sind. Beispiele sind:

Umwelt

Daß die Welt, in der wir leben, akuten Gefährdungen ausgesetzt ist, die dazu führen könnten, daß das Leben in dieser Welt immer schlechter möglich ist, wird heute vielfach erkannt. Die von unseren Vorvätern ererbte Umwelt zu pflegen und intakt weiterzuvererben ist heute keine besonders radikale Forderung mehr. Es gibt eine Fülle von Ansätzen, die nach konkreten Lösungen oder Verbesserungen suchen; aber es sind noch nicht genug. Hier kann eine Stiftung segensreich wirken, sei es dadurch, daß sie bestehende Initiativen unterstützt, sei es dadurch, daß sie neue Projekte fördert.

Kultur

Kultur im weitesten Sinne spielt in unserem Bewußtsein eine immer größere Rolle. Nachdem es gelungen ist, in unserem Land die Grundbedürfnisse weitgehend zu sichern, wird dem kulturellen Bereich als unverzichtbarem zentralen Aspekt des Lebens immer stärkere Aufmerksamkeit gewidmet. Erfreulicherweise gibt es zahlreiche und sehr unterschiedliche Initiativen. Sie reichen von der Pflege unserer überkommenen Kulturtradition, etwa in der Denkmalpflege oder der Pflege alter Kunst, bis zu Kulturzeugnissen, die vordenkend den auf uns zukommenden Herausforderungen Ausdruck verleihen. Viele dieser Initiativen sind auf Förderung und Unterstützung zwingend angewiesen, um in dem für unsere Zeit typischen Kommunikationsüberangebot ihr Publikum erreichen zu können.

Politik und Gesellschaft

Wir alle sind von der Demokratie als einer im Prinzip guten Staatsform überzeugt. Aber wir alle erkennen auch Defizite, die zum Teil drückende negative Folgen haben. So findet beispielsweise der offene Dialog zwischen den im engeren Sinn politisch Tätigen und allen Gruppen der Bevölkerung, zumal aber denen, die als Arbeitgeber unmittelbar Verantwortung tragen, kaum statt. So finden wir in unseren politischen Gremien immer weniger ein Spektrum an Erfahrungshintergrund und immer mehr Berufspolitiker.

Die großen gesellschaftlichen Veränderungen scheinen immer weniger von der politischen Führung, immer stärker dagegen von ganz neuen politischen Kristallisationszentren auszugehen. Hier aus der Unabhängigkeit der Stiftung heraus Signale zu setzen ist von großer Bedeutung. Hinzu kommt die Bewährungsprobe Deutschlands in Europa, für die wir sicher noch nicht genügend gerüstet sind. Die globale Verantwortung und die Freude an dem Kontakt mit anderen Völkern können wichtige Impulse geben.

Bildung und Wissenschaft

In Bildung und Wissenschaft, der Schülerausbildung ebenso wie in der Forschung auf Hochschulniveau, scheint der Abstand zwischen Wirklichkeit und wünschenwertem Ziel ständig zu wachsen. Hochbegabte Schüler z.B. werden durch unser traditionelles Schulsystem in keiner Weise gefördert. Wir tun fast nichts dafür, künftige Führungskräfte, die wir in Gesellschaft, Wirtschaft, Wissenschaft usw. dringend benötigen, frühzeitig in ihren Begabungen zu erkennen und systematisch zu fördern. Ebensowenig beschäftigen wir uns mit sinnvollen Alternativen zu unserem derzeitigen staatlichen Universitätsbetrieb oder nutzen das Fortbildungspotential von Erwachsenen aus. Hier kann eine Stiftung bestimmende Akzente setzen.

Sport

Sport nimmt in unserer Gesellschaft einen immer breiteren Raum ein. Mediziner und Psychologen haben längst erkannt, daß eine aktive sportliche Betätigung einen wesentlichen Ausgleich zum Berufsleben darstellt und das körperliche und geistige Wohlbefinden jedes Menschen entscheidend fördert. Gerade Sport darf aber nicht oder zumindest nicht allein staatlicher Planung überlassen werden. Vielmehr ist private Initiative von großer Bedeutung. Eine Stiftung kann hier wesentliche Anregungen geben.

Diese Aufzählung soll keineswegs vollständig sein, sondern nur einige denkbare Zwecke anreißen. Natürlich ist auch die Versorgung von Familienangehörigen, selbst wenn die Stiftung dadurch nicht im steuerlichen Sinn gemeinnützig werden kann, ein legitimer Stiftungszweck. Angesichts der Tatsache, daß in der Praxis nur ein sehr kleiner Teil der Stiftungen tatsächlich für diesen Zweck errichtet wird oder besteht, ist es aber angebracht, darauf hinzuweisen, welch überragende Bedeutung die in die Allgemeinheit hineinwirkenden Stiftungszwecke besitzen. Es ist nicht übertrieben zu sagen, daß die Errichtung einer Stiftung für einen solchen

Zweck ein durch die Menschenrechtskonvention der Vereinten Nationen geschütztes Recht jedes Bürgers darstellt. In Deutschland findet zusätzlich das Subsidiaritätsprinzip des Grundgesetzes Anwendung. Unabhängig davon, daß aus praktischen Gründen die Mitwirkung des Staates bei der Stiftungserrichtung sinnvoll ist, ist daher die Absicht, mit eigenen Mitteln einen selbst als wichtig erkannten Zweck, der dem gemeinen Wohl dient, zu verfolgen, vom Prinzip her nicht von einer staatlichen Genehmigung abhängig. Der freiheitliche Rechtsstaat hat nicht die Aufgabe, gemeinnütziges Handeln seiner Bürger zu beschneiden oder gar nach Gutdünken festzulegen, ob solches Handeln stattfinden kann oder nicht. Dieser Grundsatz gilt gleichermaßen, wenn der Stifter keine natürliche, sondern eine juristische Person, etwa ein Wirtschaftsunternehmen darstellt. Die Verfolgung ähnlicher Zwecke durch Stiftungen, die vom Staat selbst errichtet werden, stellt, wie noch zu zeigen sein wird, eine echte Privatisierung dar, muß aber dennoch stets als Grenzfall angesehen werden.

2.2 Die Stiftung des bürgerlichen Rechts

Das Wort Stiftung ist rechtlich nicht geschützt, es gehört zum allgemeinen Sprachgebrauch, und es wäre heute gar nicht mehr möglich, es auf eine präzise Definition einzuengen. Wir sprechen im Alltag davon, jemandem ein Essen zu stiften, eine Parkbank zu stiften, einem Museum ein Kunstwerk zu stiften usw., ohne damit zu meinen, daß dadurch eine Stiftung im Rechtssinne entsteht.

Es wurde ferner schon darauf hingewiesen, daß die Stiftungen im engeren Sinne mehrere rechtliche Formen annehmen können. Regelform ist die rechtsfähige Stiftung des bürgerlichen Rechts, deren Grundlagen im folgenden dargestellt werden. Vieles hier Ausgeführte gilt für Stiftungen in anderer Rechtsform gleichermaßen.

Die Stiftung des bürgerlichen Rechts ist definiert als eine auf Dauer zweckgewidmete Vermögensmasse, die aufgrund besonderer gesetzlicher Bestimmungen eine eigenständige juristische Person des Privat- oder Zivilrechts darstellt. Diese juristische Person zeichnet sich dadurch aus, daß sie keine außenstehenden Eigentümer oder Mitglieder kennt, sondern sich selbst gehört. Sie kommt durch den Willen eines oder mehrerer Stifter zustande. Der Stifterwille muß mindestens in folgenden Punkten unmißverständlich niedergelegt werden:

1. Name
2. Sitz
3. Zweck
4. Vermögen
5. Organisation

Fehlt zu einem dieser Punkte eine Festlegung, kann die Stiftung nicht entstehen.

Zur Entstehung einer Stiftung als selbständige juristische Person ist ferner eine staatliche Genehmigung erforderlich. Solange diese fehlt, ist die Stiftung zwar vorhanden, aber nicht rechtsfähig. Eine große Zahl vor allem kleiner Stiftungen existiert vorübergehend, nämlich bis zur Erlangung der Rechtsfähigkeit, oder von vornherein auf Dauer als nicht rechtsfähige oder unselbständige Stiftung (siehe Kapitel 2.3).

Die Stiftung ist von ihrem Stifter unabhängig. Dieser kann sich zwar weitgehende Mitwirkungsmöglichkeiten in der Stiftungsorganisation vorbehalten, über das Stiftungsvermögen kann er jedoch nicht mehr verfügen. Mit der Erlangung der Rechtsfähigkeit hat die Stiftung einen Anspruch gegen den Stifter auf Herausgabe des zugesagten Vermögens. Diesen Anspruch kann sie notfalls unter Ausschöpfung aller rechtlichen Möglichkeiten durchsetzen. Der Übergang des Vermögens vom Stifter auf die Stiftung stellt eine echte Vermögensentäußerung in Form einer Schenkung dar. Diese kann mit Bedingungen, z.B. der Einräumung eines Wohnrechts, verbunden werden.

Eine Stiftung wird grundsätzlich auf unbegrenzte Dauer errichtet. Das deutsche Stiftungsrecht sieht die Errichtung von Stiftungen mit begrenzter Lebensdauer nicht vor. Auch wenn jede moderne Stiftungssatzung vorsorglich Bestimmungen für das Ende der Stiftung enthalten muß, kann dieses nur aus zwei Gründen eintreten:

1. Der Stiftungszweck ist erfüllt, oder
2. die Stiftung kann mangels Vermögen ihren Zweck nicht mehr erfüllen.

Auch wenn jeder Stifter gehalten ist, einer Stiftung einen Zweck zu geben, der langfristig erfüllt werden kann, so kann er doch zukünftige Entwicklungen nicht immer voraussehen. So hatten etwa einige in den letzten Jahrzehnten errichtete Stiftungen den Zweck, die Wiederherstellung der staatlichen Einheit Deutschlands zu fördern. Wenn die Satzung nicht zusätzliche Aufgaben vorsieht, könnte hier nunmehr der Fall eintreten, daß der Zweck erfüllt ist.

Der Verlust des Vermögens kann trotz vorsichtiger und risikoarmer Vermögensverwaltung prinzipiell eintreten, etwa durch unvorhersehbare Ereignisse, z.B. wenn eine stiftungseigene Kunstsammlung durch Feuer zerstört wird. In besonderem Maße haben jedoch die Inflation des Jahres 1923 und die politischen und wirtschaftlichen Umwälzungen der Jahre 1945 bis 1948 ein großes Stiftungssterben verursacht, da Vermögenswerte vollständig entwertet oder enteignet wurden (siehe Kapitel 4.3).

Der Stifter artikuliert seinen Willen in einer schriftlichen Willenserklärung, meist Stiftungsurkunde oder Stiftungsgeschäft genannt, sowie in einer Satzung, in der er die Einzelheiten regelt. Ergänzend kann der Stifterwille auch in weiteren Dokumenten oder in einer Präambel festgehalten werden. Die Stiftungsurkunde bedarf der Schriftform. Sie muß jedoch, entgegen einer weitverbreiteten Ansicht, nicht öffentlich beurkundet werden und bedarf auch nicht der Annahme durch einen »Vertragspartner« oder etwa durch den Staat. Sie stellt vielmehr eine einseitige Willenserklärung dar, die man auch durch letztwillige Verfügung abgeben kann. Die Stiftung kann also unter Lebenden und von Todes wegen errichtet werden. Im letzteren Fall obliegt es dem Testamentsvollstrecker oder Erben, anhand des niedergelegten oder auch sonst bekannten Willens des Stifters die Einzelheiten in einer Satzung zu regeln, sofern nicht der Erblasser seinem Testament schon eine Satzung beigegeben hat.

Diese Grundsätze sind in ihren wesentlichen Teilen viele Jahrhunderte alt. Für die heutige Rechtsordnung finden sie ihren Niederschlag im Bürgerlichen Gesetzbuch (§§ 80–88: siehe Anhang 1) sowie in den Stiftungsgesetzen der Länder. Nach dem Zweiten Weltkrieg haben in Westdeutschland alle Bundesländer nach und nach, beginnend mit Bayern, Stiftungsgesetze erlassen. In der DDR fanden Stiftungen, die naturgemäß nicht zum politischen System der DDR paßten, nur ganz kurz und summarisch im Zivilgesetzbuch Erwähnung. Im September 1990 hat jedoch die Volkskammer der DDR ein Stiftungsgesetz verabschiedet (siehe Anhang 2). Bei der Formulierung des Gesetzestextes haben viele Fachleute des Stiftungswesens Hilfestellung geleistet und viele Erfahrungen mit den Stiftungsgesetzen der westdeutschen Bundesländer eingebracht. Es kann als besonders gelungen und modern bezeichnet werden.

Dieses Gesetz, das am 24. September 1990 in Kraft trat, sollte sicherstellen, daß die fünf neuen Bundesländer von Anfang an über ein gültiges Stiftungsrecht verfügten, um alten Stiftungen einen Neuanfang zu ermöglichen und neue Stiftungen für den Wiederaufbau einsetzen zu können. Durch die Zusatzvereinbarung zum Einigungsvertrag wurde daher die Übernahme des DDR-Stiftungsgesetzes als gültiges Recht für die fünf neuen Bundesländer bis zum Erlaß je eigener Stiftungsgesetze festgelegt. Nur Mecklenburg-Vorpommern hat bisher ein eigenes Stiftungsgesetz beschlossen.

Das Stiftungsrecht ist daher in Deutschland in 13 unterschiedlichen Stiftungsgesetzen geregelt, die in formalen und inhaltlichen Punkten zum Teil nicht unwesentlich voneinander abweichen. So nennt etwa das hessische Stiftungsgesetz als einziges das Grunddokument einer Stiftung die Verfassung, während alle übrigen Stiftungsgesetze, wie auch der allgemeine Sprachgebrauch, von der Satzung sprechen. Das bayerische Stiftungsgesetz enthält Beschränkungen bei der Auswahl von Vermögensanlagen (es erhebt die mündelsichere Anlage zur Regel für das liquide Vermögen) und kennt als einziges den Begriff der öffentlichen Stiftung des bürgerlichen Rechts, der immer wieder zu Verwechslungen mit Stiftungen des öffentlichen Rechts führt. Einige Stiftungsgesetze kennen für kleine Stiftungen, die einen nur örtlichen Wirkungskreis haben, den Begriff der örtlichen Stiftung.

Im Mittelpunkt aller Stiftungsgesetze der Länder stehen Regelungen über die Stiftungsaufsicht. Schon von alters her war es der Wille jedes Stifters, daß die Stiftung auch nach seinem Tod von einer anerkannten Autorität beaufsichtigt würde. Da diese Autoritäten, früher im wesentlichen Landesherren, Städte und Kirchen, sich begreiflicherweise nur dann dazu in der Lage sahen, wenn sie sich zu Beginn davon überzeugt hatten, daß der Wille des Stifters tatsächlich vollziehbar war, entwickelte sich der Grundsatz, daß die Stiftung ihre Rechtsfähigkeit durch eine staatliche Genehmigung erlangt und daß sie nach bestimmten Grundsätzen der Aufsicht des Staates unterliegt. Im 19. Jahrhundert versuchte der Staat sein Macht- und Regelungsmonopol gegenüber den Stiftungen dadurch durchzusetzen, daß er sie zum Gegenstand einer staatlichen Konzession machte. Ganz gelungen ist dies nie, und heute beobachten wir Anfänge eines gegenläufigen Trends.

Bei der Stiftungsaufsicht handelt es sich um eine reine Rechtsaufsicht. Die in allen Bundesländern eingerichteten Stiftungsaufsichtsbehörden sollen darüber wachen, daß die Stiftungen nach dem Willen ihres Stifters und nach ihrer eigenen Satzung handeln und bestimmte Grundsätze der Stiftungsverwaltung beachten. Die Stiftungsaufsichtsbehörden haben hingegen nicht das Recht und auch gar nicht die Möglichkeit, eine Fachaufsicht auszuüben, d.h. die Entscheidungen der Stiftungsorgane nachzuprüfen.

In jedem Bundesland ist die Stiftungsaufsicht etwas anders geregelt. Meist erfolgt die Genehmigung einer Stiftung durch das jeweilige Innenministerium, während die kontinuierliche Aufsicht den Bezirksregierungen (Regierungspräsidenten, Regierungspräsidien usw.) obliegt. In den Stadtstaaten ist eine Abteilung des jeweiligen Senats (z.B. in Berlin die Senatsverwaltung für Justiz, in Hamburg die Senatskanzlei) für die Stiftungsaufsicht zuständig.

Zu dieser Regel gibt es eine Reihe von Ausnahmen. Z.B. obliegt in Schleswig-Holstein die Stiftungsaufsicht den Kreisverwaltungen, in Frankfurt am Main obliegt ausnahmsweise die Stiftungsaufsicht dem Magistrat (und nicht dem Regierungspräsidenten in Darmstadt), Brandenburg, das keine Regierungspräsidien kennt, hat die Stiftungsaufsicht beim Innenministerium konzentriert. In Bayern obliegt, je nach fachlicher Zuständigkeit, die Genehmigung dem Staatsministerium des Innern oder dem Staatsministerium für Wissenschaft und Forschung, Unterricht und Kultus, die Aufsicht aber den (Bezirks-)Regierungen (siehe Anhang 6).

Unterschiedlich ist auch die Ausgestaltung der Aufsicht. In einigen Bundesländern müssen den Aufsichtsbehörden Haushaltspläne vorgelegt werden. In einigen ist die vorherige Genehmigung bestimmter Rechtsgeschäfte, z.B. von Immobilientransaktionen, erforderlich. Einige Behörden machen es sich zum Anliegen, bis ins kleinste an der Formulierung von Stiftungsurkunde und Satzung mitzuwirken, andere überprüfen nur, ob die wesentlichen Punkte berücksichtigt sind.

Schließlich ist auch die Qualifikation der Mitarbeiter in den Aufsichtsbehörden sehr unterschiedlich. In einigen Behörden finden sich hervorragende Fachleute, deren Hilfe bei der Errichtung und Führung einer Stiftung angenehm und willkommen ist. In anderen Fällen ist kaum Sachkenntnis vorhanden. Diese Unterschiedlichkeit hat zum Teil auch damit etwas zu tun, daß die Zahl der zu betreuenden Stiftungen stark schwankt. So gibt es etwa im Regierungsbezirk Oberbayern mehr Stiftungen als in der Mehrzahl der Bundesländer.

Die Angst vieler Stifter, sie würden durch die Stiftungsaufsicht einer starken staatlichen Kontrolle unterworfen, die bisweilen in dem Ausspruch gipfelt: »Wenn man das wollte, könnte man sein Vermögen gleich dem Staat schenken«, ist zweifellos weit übertrieben. In aller Regel ist die Stiftungsaufsicht eine hilfreiche beratende Stelle, die ihren Auftrag, die Erfüllung des Stifterwillens langfristig zu überwachen, ernst nimmt. Der einzelne Stifter kann sich jedoch die Unterschiedlichkeit der Landesstiftungsgesetze und der Praxis der einzelnen Stiftungsaufsichtsbehörden bei der Errichtung zunutze machen, da der Sitz einer Stiftung in der Regel an keine weiteren Umstände, insbesondere nicht an den Sitz einer Geschäftsstelle und dgl., gebunden ist. So errichten beispielsweise Stifter, die eine relativ strenge Aufsicht wünschen, ihre Stiftungen gerne mit Sitz in Bayern, während Befürworter einer besonders liberalen Stiftungsaufsicht besonders gern nach Hamburg gehen.

In jüngster Zeit hat sich hierzu insofern eine Besonderheit entwickelt, als die Finanzbehörden die Zuständigkeit des Finanzamts nicht mehr aufgrund des Sitzes, sondern (wie an sich schon von jeher vorgesehen) anhand des Orts der tatsächlichen Geschäftsführung regeln. Daher kommt es, daß zunehmend Rechtssitz und Zuständigkeit des Finanzamts auseinanderklaffen. Für die praktische Arbeit hat dies aber keine Bedeutung.

In einer Reihe von Bundesländern gibt es zu den Landesstiftungsgesetzen Ausführungsbestimmungen, Richtlinien und dgl. Diese gilt es im Einzelfall zu beachten. Zusätzlich haben jedoch einige Aufsichtsbehörden Mustersatzungen entwickelt, die sie gerne potentiellen Stiftern als angeblich verbindliche Unterlage an die Hand geben. Diese Mustersatzungen sind jedoch in keiner Weise verbindlich. Es steht jedem Stifter frei, eine Satzung so aufzubauen, wie er es für richtig hält, solange die entscheidenden Punkte eindeutig festgehalten sind. Eine Satzung ist aus der Sicht des Stifters und der Stiftung nicht nur ein Instrument der staatlichen Genehmigung und Aufsicht und auch nicht nur Grundlage für die Gemeinnützigkeit, sondern vor allem die wichtigste Arbeitsgrundlage der Stiftung.

Dennoch muß sich der Stifter auch an die unterschiedlichen Landesstiftungsgesetze anpassen. In Anhang 4 ist das Beispiel von zwei nach Stifter, Stiftungszweck, Stiftungsvermögen und Stiftungsorganisation völlig gleichen Stiftungen dargestellt, die dennoch unterschiedliche Satzungen haben, weil die eine in Sachsen, die andere in Bayern ihren Sitz hat. Das Beispiel soll belegen, daß die Veröffentlichung von Mustersatzungen durch Behörden, Verbände, Verlage usw. praxisfern und wenig hilfreich ist. In der Errichtungsphase sind nämlich zusätzlich persönliche Formulierungsvorlieben der Beteiligten zu berücksichtigen. Auch aus diesem Grunde ist von der unkritischen Übernahme von Mustersatzungen dringend abzuraten. Die Errichtung einer Stiftung ist nun mal ein sehr individueller Vorgang und verdient auch eine individuell gestaltete und ausformulierte Satzung.

Der Stifter, sei er eine natürliche Person, eine Gruppe von Personen, eine Gesellschaft, ein Verein oder sogar eine öffentliche Körperschaft, tut gut daran, die volle Breite des Instrumentariums Stiftung mit allen rechtlichen Gestaltungsmöglichkeiten auszuloten, bevor ein so langfristig angelegtes Werk begründet wird. »Die Stiftung lebet ewiglich«, so heißt ein alter Stiftungsgrundsatz. Darum ist auch generell davon abzuraten, eine Stiftung von Todes wegen zu errichten. Die intensive Auseinandersetzung mit dem Stiftungszweck, mit dem Aufbau einer Organisation usw. ist eine Aufgabe, die durch ein Testament in der Regel nur unvollkommen gelöst werden kann. Freilich kann fachkundige Beratung die Aufgabe wesentlich erleichtern und dafür sorgen, daß das manchmal recht komplizierte Genehmigungsverfahren problemlos bewältigt wird.

2.3 Stiftungen in anderer Rechtsform

Die Stiftung des bürgerlichen Rechts ist ein Organisations- und Handlungsinstrument, das mit bestimmten Attributen belegt und bestimmten Einschränkungen unterworfen ist.

Es ist daher nicht verwunderlich, daß immer wieder Überlegungen angestellt worden sind, durch die Nutzung anderer Rechtsformen zwar ideell das gleiche zu erreichen wie mit der Errichtung einer Stiftung des bürgerlichen Rechts, bestimmte als Nachteile empfundene Begleiterscheinungen aber zu vermeiden. Dies trifft besonders auf die Stiftung in der Rechtsform des eingetragenen Vereins und die Stiftung in der Rechtsform der GmbH zu, hinter deren Gründung stets deutlich die Vorstellung zu spüren ist, unterschiedliche Ansätze miteinander zu verknüpfen. Die alternativen Formen sollen im folgenden näher beschrieben werden. (Zum Vergleich der Ansätze siehe Kapitel 6.2.)

Stiftung e. V.

Die bekanntesten Stiftungen e.V. sind die Konrad-Adenauer-Stiftung, die Friedrich-Ebert-Stiftung und die Hans-Seidel-Stiftung, d.h. die den politischen Parteien nahestehenden Stiftungen mit Ausnahme der liberalen Friedrich-Naumann-Stiftung, die eine echte Stiftung des bürgerlichen Rechts darstellt. Diese Stiftungen, die sich selbst als Namensstiftungen bezeichnen, was wohl darauf hindeuten soll, daß sie Stiftungen nur dem Namen nach, nicht aber der Rechtsform nach darstellen, erfüllen ihre

Aufgaben praktisch ausschließlich mit Hilfe jährlicher Zuwendungen aus dem Bundeshaushalt. Sie sind eben nicht autonom, sondern abhängig von der politischen Willensbildung der ihnen nahestehenden Partei und der Haushaltslage des Bundes. Nicht zu Unrecht werden sie daher als ausführende Organe der Parteien bezeichnet. Kritisch läßt sich anmerken, daß sie auch die wesentlichen Voraussetzungen eines Vereins, nämlich die demokratische Willensbildung im Verein, nicht wirklich erfüllen. Sie sind Informationsbetriebe der politischen Parteien mit durchaus legitimen Aufgaben und Zielsetzungen, die rechtlich sauberer wohl als GmbH zu konstituieren wären.

Diese Stiftungen, und noch stärker andere Vereine, die sich dieses Wortes im Namen bedienen, spekulieren bei der Namengebung auf das Ansehen der Stiftungen, insbesondere auf eine verbesserte Spendenakquisitionschance. Es kann nicht deutlich genug gesagt werden, daß es sich dabei in jedem Fall um eingetragene Vereine handelt, die auch im Vereinsregister eingetragen und von den registerführenden Gerichten, so gut es geht, überwacht werden. Erfreulicherweise setzt sich allerdings in jüngster Zeit bei den Registergerichten immer mehr die Haltung durch, Vereine mit dem Zusatz »Stiftung« im Namen nicht einzutragen. In größeren Städten ist es bereits aussichtslos geworden, dergleichen zu versuchen. (Zu den grundsätzlichen Wesensmerkmalen des Vereins siehe Kapitel 6.3.)

Stiftung GmbH

Die Stiftung in der Rechtsform der GmbH wird fast ausschließlich dann bevorzugt, wenn Unternehmen oder Unternehmer als Stifter auftreten. Die Stiftung GmbH ist und bleibt eine GmbH. Sie ist nur im Handelsregister eingetragen. Als Grund für die Wahl dieser Form wird regelmäßig die Scheu vor der staatlichen Stiftungsaufsicht genannt. Eine der Stiftungsaufsicht vergleichbare Kontrolle von außen findet hier nicht statt. Allerdings wird die Stiftungsaufsicht erheblich überschätzt.

Letztlich wird bei den Errichtern einer Stiftungs-GmbH die Vertrautheit von Unternehmern mit den Instrumenten des Handelsrechts, einschließlich der dort niedergelegten Vorschriften über das Finanzwesen, Bilanzierungsrichtlinien usw., für die Wahl der Form ausschlaggebend sein.

Der bekannteste Fall einer Stiftungs-GmbH ist die Robert-Bosch-Stiftung, die, selbstverständlich gemeinnützig, als wesentliche Eigentümerin des Unternehmens Robert Bosch in jeder Hinsicht wie eine Stiftung handelt. Das Programm der Robert-Bosch-Stiftung wäre gleicherweise auch von einer Stiftung des bürgerlichen Rechts zu realisieren.

Unbeschadet ihrer gemeinnützigen Zielsetzung und ihrer steuerlichen Anerkennung als gemeinnützige Körperschaft ist die Stiftungs-GmbH in jeder Hinsicht dem Handelsrecht unterworfen. Grundlage der Arbeit ist der Gesellschaftsvertrag, der zwischen den Gesellschaftern abgeschlossen wurde. Diese können die Gesellschaft, auch wenn sie den Namen Stiftung trägt, gesellschaftsrechtlich gesehen wieder auflösen. Auch in der Gesellschaft haben sie durch Gesetz und Gesellschaftsvertrag Rechte. Die Stiftungs-GmbH gehört dementsprechend nicht wie die Stiftung bürgerlichen Rechts sich selbst, sondern den außenstehenden Eigentümern.

Allerdings sind diesen Eigentümern durch den Gesellschaftsvertrag, insbesondere aber durch die mit der Gemeinnützigkeit zusammenhängenden steuerlichen Vorschriften enge Fesseln angelegt. Der Grundsatz heißt, daß Geldmittel, die mit positiven steuerlichen Konsequenzen für den Geldgeber in den allgemeinen Gemeinnützigkeitskreislauf hineingeführt worden sind, aus diesem praktisch nicht mehr entnommen werden können. Dies gilt insbesondere auch für Erträge aus diesen Geldern. Dementsprechend findet eine Ausschüttung irgendwelcher Gewinne an die Gesellschafter in der Stiftungs-GmbH nicht statt. Eine Ausschüttung würde die Gemeinnützigkeit schädigen, und zwar sogar rückwirkend. Nur die Gesellschaftereinlage, für die sie keine Spendenquittung erhalten, können die Gesellschafter beim Ausscheiden zurückbekommen.

Eine weitere wesentliche Beschränkung betrifft den Zweck der Gesellschaft. Die Gemeinnützigkeit wird in Anbetracht eines bestimmten Zwecks zuerkannt. Von dem Recht der Gesellschafterversammlung, den Zweck der Gesellschaft zu ändern, kann daher mit Rücksicht auf die Gemeinnützigkeit hier kaum Gebrauch gemacht werden.

Damit sind die Gesellschafter an der Ausübung ihrer wesentlichen Gesellschafterrechte gehindert. Es besteht infolgedessen in der Regel nicht genug Anreiz, um ein wirkliches Interesse an einer Miteigentümerschaft als Gesellschafter zu begründen. In der Praxis gelingt es dem ursprünglichen »Stifter« in der Regel, Freunde zu gewinnen, die mit einem relativ niedrigen Betrag sich an einer neuen Stiftungs-GmbH beteiligen. Die Beteiligung mehrerer ist handelsrechtlich zwar nicht vorgeschrieben, aber in diesem Fall unbedingt anzustreben, um eine Gesellschafterversammlung zu konstituieren, die die Aufsicht über die Geschäftsführung ausübt, wenn der Stifter hierzu nicht mehr willens oder in der Lage ist. Manche

Gründer einer Stiftungs-GmbH haben sich auch damit beholfen, die Mitgesellschafter ohne Einlage an der Gesellschaft zu beteiligen oder ihnen im Innenverhältnis die Einlage zu erstatten. Die Erfahrung zeigt aber, daß es in der nachfolgenden Generation bereits schwierig wird, vernünftige Gesellschafter zu gewinnen, und zwar vor allem deswegen, weil diese ja in sehr viel stärkerem Umfang als Mitglieder eines Stiftungsrates eine Verantwortung für die Gesellschaft übernehmen. Insbesondere hat die Rechtsprechung in den letzten Jahren Beschränkungen der Haftung, wie sie eigentlich für die GmbH typisch sind, aufgeweicht, was potentiellen Gesellschaftern die Entscheidung nicht leichter macht. Juristische Konstruktionen, die im Ergebnis zu einer GmbH ohne Gesellschafter führen, sind auch bei Stiftungs-GmbHs gelegentlich versucht worden, haben sich aber weder theoretisch noch praktisch durchgesetzt.

Ein gewichtiger Vorteil der Stiftungs-GmbH gegenüber der Stiftung des bürgerlichen Rechts darf allerdings nicht übersehen werden. Sie ist ohne große Schwierigkeiten auflösbar. Die Einrichtung einer Stiftung in dieser Rechtsform ist daher insbesondere dann überlegenswert, wenn von vornherein nur eine begrenzte Lebensdauer beabsichtigt ist.

Nicht in den Zusammenhang der Stiftungs-GmbH fällt freilich die von einer Stiftung als Tochter- oder Betriebsgesellschaft errichtete GmbH (siehe Kapitel 2.4 und 4.4).

Kirchliche Stiftungen

Quantitativ eine nicht unbedeutende Rolle spielen die sogenannten kirchlichen Stiftungen. Für Neuerrichtungen kommen sie allerdings kaum in Betracht. Bei den kirchlichen Stiftungen ist zu unterscheiden zwischen den Kirchenstiftungen im engeren Sinn und den Stiftungen mit gemeinnütziger Zielsetzung, die nach kirchlichem Recht errichtet werden.

Die Zahl der Kirchenstiftungen wird in Deutschland auf annähernd 100 000 geschätzt. Sie sind die rechtlichen Eigentümer fast aller katholischen und evangelischen Pfarrkirchen und stehen als solche in den Grundbüchern. Ihre Funktion beschränkt sich auf diese Rechtsträgerschaft. Weitergehende Außenwirkungen haben sie nicht. Zur Kirchenstiftung gehören gelegentlich weitere Vermögenswerte, in manchen Fällen sogar land- oder fortswirtschaftliche Betriebe, dazu relativ häufig Kunstgegenstände. Die Führung jeder Kirchenstiftung obliegt rechtlich einem Gremium, das Kirchenverwaltungsrat, Gemeindekirchenrat oder auch anders heißt (nicht zu verwechseln mit dem Pfarrgemeinderat, der für pastorale Belange zuständig ist). Diese Stiftungen unterliegen ferner der Aufsicht der kirchlichen Obrigkeit. In der Praxis werden sie durch den Pfarrer geführt, und alle wesentlichen Entscheidungen fallen in den Landeskirchenämtern oder Ordinariaten der Bistümer. Traditionell hatten häufig die Nachkommen der ursprünglichen Stifter ein Mitspracherecht. Diese, häufig örtliche Grundherren, adlige, gelegentlich auch großbürgerliche Familien oder Landesherren, machten diese Mitsprache bei Errichtung der Stiftung zur Auflage. Diese konnte ursprünglich in der Gründung der Ortskirche als solcher, der Übereignung eines Grundstücks, der Finanzierung oder Mitfinanzierung des Kirchenbaus oder einer sonstigen Vermögenszuwendung bestehen. Dieses sogenannte Patronat konnte an einen Grundbesitz gebunden sein, wechselte dann mit einem Verkauf desselben auch die Familie. Häufig waren mit einem Patronat Dauerlasten verbunden, etwa die finanzielle Mitwirkung bei Instandsetzungsmaßnahmen, allerdings auch begehrte Privilegien, etwa die Mitsprache bei der Auswahl des Pfarrers und ein besonderer Platz in der Kirche.

Nicht zuletzt wegen der Lasten geschah die Auflösung oder Ablösung von Patronaten in diesem Jahrhundert häufig im Einverständnis aller Beteiligten. Manche Patronatsherren haben sich aber dagegen gewehrt, zum Teil durchaus mit Erfolg. Dennoch ist das Patronat heute zur Ausnahme geworden.

Stiftungen des kirchlichen Rechts gibt es aber in großer Zahl auch mit allgemeiner gemeinnütziger Zielsetzung. Sie entstammen der alten Tradition, der Kirche Vermögenswerte zu übereignen, aus deren Ertrag insbesondere soziale Anliegen verwirklicht werden sollten, gehören also historisch in die von der Kirche übernommene Verantwortung für die Armen, Kranken und Schwachen in unserer Gesellschaft, eine Aufgabe, der sich über Jahrhunderte hinweg fast ausschließlich die Kirche gewidmet hat. Durch die Säkularisierung, vor allem im frühen 19. Jahrhundert (auf Grund des sogenannten Reichsdeputationshauptschlusses, eines Reichstagsbeschlusses von 1803), in manchen Teilen Deutschlands jedoch schon sehr viel früher, ist diesbezüglich eine teilweise sehr komplizierte Rechtslage entstanden. So sind einige Stiftungen sowohl kirchliche als auch bürgerlich-rechtliche Stiftungen, andere sind, obwohl stark kirchlichen Charakters, keine kirchlichen Stiftungen. Es gibt Einzelfälle, in denen bis heute die Zuordnung zwischen Kirche und Staat strittig ist.

Zahlenmäßig ins Gewicht fallen auch die rechtlich unselbständigen Stiftungen in kirchlicher Trägerschaft, die zum Teil sehr alt, zum großen Teil aber auch sehr klein sind.

Allen kirchlichen Stiftungen ist gemein, daß sie von ihren Kirchen sehr viel strenger beaufsichtigt werden. Die entsprechenden Aufsichtsbehörden üben auch im Gegensatz zu den staatlichen eine Fachaufsicht aus, das heißt, sie nehmen sehr konkret Einfluß auf das Geschäftsgebaren dieser Stiftungen.

Stiftungen des öffentlichen Rechts

Stiftungen öffentlichen Rechts werden heute relativ selten errichtet. Dennoch spielen sie bei Betrachtung des Gesamtbildes eine nicht unbedeutende Rolle, zumal einige der größten Stiftungen überhaupt solche Stiftungen sind. Sie gehören nicht zu dem Bereich des privaten Engagements für die Allgemeinheit, sondern sind prinzipiell Ausfluß hoheitlicher Maßnahmen des Staates. Ihre Errichtung erfolgt nicht durch eine einseitige Willenserklärung eines Stifters, sondern durch einen Gesetz- oder Verwaltungsakt des Bundes oder eines Landes. Keineswegs sind Bund und Länder bei der Errichtung einer Stiftung an diese Form gebunden.

Leider führt das Mißverständnis über den diesbezüglichen Zusammenhang zwischen Stifter und Stiftung gerade in den neuen Ländern wieder vermehrt zur Errichtung öffentlich-rechtlicher Stiftungen – auch dort, wo diese keinerlei hoheitliche Aufgaben zu erfüllen haben und daher die wesentliche Voraussetzung für diese Form nicht erfüllen. Diesen Mangel teilen sie mit einer ganzen Anzahl älterer öffentlich-rechtlicher Stiftungen.

Es ist durchaus mehr als nur Formalismus, wenn auf diese Voraussetzung hingewiesen wird. Als Teil der öffentlichen Verwaltung ist die öffentlich-rechtliche Stiftung der öffentlichen Haushalts- und Besoldungsordnung unterworfen und hat daher keine Möglichkeit, ein modernes, einer autonomen Struktur angemessenes Management einzurichten. Zudem entzieht sich diese Form der üblichen Stiftungsaufsicht und bleibt daher im wesentlichen unerfaßt und auch unkontrolliert. Auf die Schwierigkeiten, gerade diesen Typus in die Datenbank aufzunehmen, wurde schon hingewiesen.

In der Praxis haben beileibe nicht alle Stiftungen öffentlichen Rechts hoheitliche Aufgaben zu erfüllen. Sie sind offenbar eher dadurch in dieser Rechtsform entstanden, daß die im einzelnen damit befaßten Personen sich den Übergang in den Raum des privaten Rechts nicht vorstellen oder diesen auch bewußt vermeiden wollten.

Die Stiftung Preußischer Kulturbesitz, die mit Sicherheit die reichste deutsche Stiftung wäre, wenn ihr Vermögen zu Marktwerten bewertet werden müßte oder könnte, ist wohl mit einer gewissen Berechtigung als öffentlich-rechtliche Stiftung konstituiert worden, da sie in einem sehr komplizierten Rechtsraum Eigentum des untergegangenen Staates Preußen zu verwalten und die dazugehörigen Einrichtungen zu betreiben hat. Bei einer ganzen Reihe anderer ist jedoch die hoheitliche Aufgabe nicht zu erkennen.

Die unselbständige Stiftung

In den letzten Jahren ist der besondere Typ der rechtlich unselbständigen Stiftung (auch nicht rechtsfähige Stiftung genannt) wieder stärker in das Bewußtsein der Öffentlichkeit gerückt. Der Stifterverband für die deutsche Wissenschaft etwa wirbt verstärkt für die Errichtung solcher Stiftungen, und auch sonst empfiehlt sie sich als Problemlösung für bestimmte gemeinnützige Anliegen.

Im Gegensatz zu den bisher dargestellten Arten hat diese Stiftung keine eigene Rechtsperson. Sie ist »nur« eine zweckgewidmete Vermögensmasse, die von einem Träger treuhänderisch verwaltet wird. Damit kommt sie übrigens dem angelsächsischen Trust in der Ausgestaltung am nächsten. Es hat sich die Auffassung durchgesetzt, daß Stifter und Träger nicht identisch sein dürfen. Auch kommt als Trägerin in der Regel nur eine juristische Person in Betracht, meist entweder eine öffentliche Körperschaft, klassischerweise eine Gemeinde, Universität oder Kirche, oder aber eine privatrechtliche Fachorganisation.

Die Stiftung wird rechtlich durch diesen Träger vertreten, was bestimmte Beschränkungen mit sich bringt. So kann eine solche Stiftung kaum als Eigentümerin einer Immobilie oder als Gesellschafterin einer Handelsgesellschaft in Erscheinung treten. In der Praxis gibt es vor allem zwei Gründe, die diese Option sinnvoll erscheinen lassen: Zum einen können sehr viel kleinere Vermögen, als heute für die Errichtung einer selbständigen Stiftung notwendig sind, auf diese Weise als Stiftung eingerichtet werden. Sie können, da die Vorschriften des Gemeinnützigkeitsrechts in gleicher Weise angewendet werden, zum Beispiel auch als

Grundstock eines Spendensammeltopfes dienen, wenn die Gründung eines Vereins, aus welchen Gründen auch immer, nicht in Betracht kommt. Zum anderen können sie die Vorstufe für die rechtsfähige Stiftung bilden, etwa dann, wenn das Vermögen vor der eigentlichen Errichtung zusammengetragen werden muß oder wenn mit der Arbeit begonnen werden soll, bevor das Genehmigungsverfahren abgeschlossen ist.

Eine rechtlich unselbständige oder nicht rechtsfähige Stiftung läßt sich unter günstigen Bedingungen in wenigen Tagen einrichten. In der Palette möglicher Instrumente unter dem Stichwort Stiftung sollte sie nicht unbeachtet bleiben, da sie hinsichtlich der Einrichtung und Handhabung die einfachste Form überhaupt ist.

2.4 Die Unternehmensträgerstiftung

Stiftungen des bürgerlichen Rechts können als voll rechtsfähige juristische Personen grundsätzlich in jeder Form am Wirtschaftsleben mitwirken, die auch anderen Personen offensteht. Daß in manchen Fällen die Gemeinnützigkeit einer Stiftung Beschränkungen wirtschaftlicher Tätigkeit mit sich bringt, ist richtig, aber von dem Grundsatz der Geschäftsfähigkeit zu unterscheiden. Dementsprechend steht es einer Stiftung z.B. frei, Minderheits-, Mehrheits- oder Alleingesellschafterin einer GmbH zu sein. Hier werden Ansätze hochinteressanter Gestaltungsmöglichkeiten sichtbar. Aus diesen Ansätzen ist das Modell der Unternehmensträgerstiftung entstanden.

Ein Gesellschafter einer GmbH, der beabsichtigt, eine Stiftung zu errichten, kann dieser Anteile an der GmbH übereignen. Von dieser Möglichkeit machen immer häufiger Unternehmer Gebrauch, die keine unmittelbaren Erben haben, die für die Führung des Unternehmens geeignet sind, oder die angesichts mehrerer Erben die Aufteilung der Anteile vermeiden wollen. So kommt es, daß heute eine ganze Reihe von größeren und mittelständischen Unternehmen zu wesentlichen Teilen, mehrheitlich oder sogar zu 100 % im Eigentum einer oder mehrerer Stiftungen steht. Diese Eigentumsverhältnisse sichern in hohem Maße die Kontinuität eines Unternehmens, denn die Stiftung als Eigentümerin wird weder unvorhergesehene und unangemessene Entnahmen tätigen noch in spekulativer Weise oder durch überzogene unternehmerische Aktivitäten den Fortbestand gefährden wollen. Sie ist vielmehr an den

Grundsatz gebunden, daß jede Stiftung ihr Vermögen auf Dauer zu erhalten und die Erträge zeitnah dem satzungsmäßigen Zweck zuzuführen hat. Dabei steht die Erhaltung, wenn auch nicht Vermehrung des Vermögens immer im Vordergrund, da jede Stiftung (mit ganz geringen Ausnahmen) auf unbestimmte Zeit errichtet und daher zu einer sehr langfristigen Betrachtungsweise gezwungen ist.

Ein anderer wesentlicher Vorteil einer solchen Konstruktion des Unternehmens in Stiftungshand ist die langfristige Konzentration des Vermögens in einer Hand. Der möglichen Zersplitterung durch Aufteilung unter immer mehr Erben wird dadurch sehr massiv entgegengewirkt, insbesondere aber auch langfristig ein Riegel vorgeschoben. Einer Zersplitterung der Meinungsbildung der Gesellschafter wird ebenfalls wirksam vorgebeugt.

Fast ohne Ausnahme bilden Unternehmen in Stiftungshand eigenständige Kapitalgesellschaften, also Gesellschaften mit beschränkter Haftung oder Aktiengesellschaften, deren Anteile, möglicherweise gemeinsam mit anderen Anteilseignern, von Stiftungen gehalten werden. Rechtlich und im Management besteht also eine deutliche Trennlinie zwischen Stiftung und Unternehmen.

Die einzigen – und sehr berühmten – Ausnahmen bilden die Unternehmen Zeiss und Schott Glas, die ohne eine solche Trennung von der Carl-Zeiss-Stiftung betrieben werden. Handelsrechtlich ist die Stiftung in diesem Fall ein Einzelkaufmann. Diese Lösung entstand im 19. Jahrhundert aus einer ganz bestimmten historischen Konstellation heraus. Ernst Abbé, der Eigentümer, wollte ausdrücklich das Unternehmen seinen Mitarbeitern gemeinsam stiften. Für diese Problemstellung würde man heute wegen des kaufmännischen Risikos eine andere Lösung finden.

Ohne Zweifel stellt die Unternehmensträgerstiftung eine sehr stabile Vermögensholding für ein Unternehmen dar.

Eine Unternehmensträgerstiftung kann grundsätzlich gemeinnützig sein oder auch nicht (siehe Kapitel 2.5 und 2.6). Entscheidend ist der Zweck der Stiftung. Beim Übergang des Unternehmens – in der Praxis natürlich in Form der Anteile – an eine gemeinnützige Stiftung fällt weder Schenkungssteuer an, noch ist diese später der Erbersatzsteuer unterworfen. Aus der Tatsache, daß eine gemeinnützige Stiftung gemeinnützigkeitsunschädlich bis zu einem Drittel der Erträge an Familienangehörige ausschütten kann, lassen sich möglicherweise die Versorgungsprobleme lösen oder entsprechende Ansprüche befriedigen. Zugleich kann das Denkmal des verantwortlichen Unternehmers errichtet und können Ziele, die er für wichtig erachtet, angesteuert werden.

Diesen unbestreitbaren Vorteilen des Unternehmens in Stiftungshand steht allerdings der Nachteil gegenüber, daß eine Stiftung als Eigentümerin grundsätzlich keine unternehmerisch denkende Person ist oder ihren unternehmerischen Ehrgeiz primär auf eine optimale Erfüllung des Stiftungszwecks richtet. Einem Unternehmen in Stiftungshand fehlen also zunächst die Impulse des aktiven kreativen Unternehmertums, das die aktuellen Fragestellungen eines Unternehmens bewältigt und die Zukunft sichert.

Für die Lösung dieses ohne Zweifel sehr zentralen Problems stehen im wesentlichen zwei Möglichkeiten zur Verfügung:

Schon seit einigen Jahrzehnten wird in Fällen, in denen ein Unternehmen ganz oder ganz überwiegend in Stiftungseigentum übergehen soll, gelegentlich die Strategie der sogenannten Doppelstiftung verfolgt. Dies bedeutet, daß zwei Stiftungen errichtet werden, von denen die eine einem gemeinnützigen Zweck dient und mit der Mehrheit der Anteile ausgestattet wird. Die zweite Stiftung wird hingegen nicht als gemeinnützige Stiftung angelegt. Die Erträge sollen hier vielmehr Mitgliedern der Stifterfamilie zugute kommen. Diese Familienstiftung erhält geringere Anteile am Unternehmen. Die Stimmrechte und möglicherweise auch die Verteilung der Ausschüttungen allerdings werden unabhängig von den Eigentumsverhältnissen gestaltet, was ja im Rahmen einer GmbH-Satzung ohne weiteres möglich ist. Auf diese Weise kann die Unternehmerfamilie die Kontrolle über das Unternehmen, mit dem Anspruch, das Unternehmen weiterhin unternehmerisch zu führen, behalten, verzichtet aber auf Eigentum und einen Teil der Erträge, was natürlich auch positive steuerliche Konsequenzen nach sich zieht.

In einigen Fällen ist in den letzten Jahrzehnten eine andere Variante ausgebaut worden, die Stiftung & Co. KG. Damit wollte man zugleich noch einige zusätzliche, auch arbeitsrechtliche Vorteile gewinnen. Diese Konstruktion hat sich aber als abwegig erwiesen und nicht durchgesetzt. Sie widerspricht in zentralen Punkten den Grundprinzipien einer Stiftung, da die Zweckwidmung des Vermögens nicht im Vordergrund steht.

Die zweite, noch viel entscheidendere Lösungsmöglichkeit, unternehmerische Kapazitäten für das Unternehmen in Stiftungseigentum zu sichern, sind sehr sorgfältige Überlegungen bei der Bestimmung der Stiftungsorganisation:

Ebenso wie beim Zweck und beim Vermögen ist es auch hier Aufgabe des Stifters, in der Errichtungsurkunde und Satzung das Notwendige zu regeln. Es ist viel zuwenig bekannt, daß Stifter bei diesen Regelungen einen sehr erheblichen Freiraum genießen, der über handels- oder vereinsrechtliche Möglichkeiten weit hinausgeht.

Allerdings ist es ein weitverbreitetes Vorurteil, daß sich gerade Stifter aus dem unternehmerischen Bereich bei dieser Gelegenheit Rechte einräumen, die ihnen de facto die Fortsetzung der unternehmerischen Tätigkeit unter dem Vorzeichen steuerlicher Vorteile erlauben. Zwar gibt es sicherlich Grenzfälle, aber zum einen sind solchen Bestrebungen durch das geltende Steuerrecht enge Grenzen gesetzt, zum andern liegt solches Handeln in der Regel gar nicht in der Absicht der Stifter, oder diese erfahren zunehmend durch die Arbeit, daß eine Stiftung sich ohne zu enge Bindung an ein Unternehmen besser entfalten kann. Ein besonders gutes Beispiel für eine strikte Trennung bietet die Thyssen-Stiftung. Nicht nur haben die Mitglieder der stiftenden Unternehmerfamilie Thyssen von Anfang an konsequent darauf verzichtet, in den Gremien der Stiftung mitzuwirken. Die Satzung schreibt sogar ausdrücklich vor, daß diese Förderstiftung für die dem Unternehmen besonders nahestehenden Fachgebiete Bergbau, Erzgewinnung und Ingenieurwesen keine Förderzuschüsse gewähren darf.

Bei der Stiftungsorganisation ist die Mindestanforderung nur die, daß der Stifter ein Organ bestimmt, das mindestens aus einer Person besteht, und daß er festlegt, wie dieses Organ bestellt wird. Durchgesetzt hat sich die Stiftung mit zwei Organen.

Die vielen Gestaltungsmöglichkeiten bei der Stiftungsorganisation erlauben es dem Stifter, besonderes Gewicht auch darauf zu legen, daß unternehmerische Qualitäten in der Stiftung vorhanden sind. Der Vorstand wird in der Regel durch den Stiftungsrat bestellt.

In der Zusammensetzung des Stiftungsrats ist der Stifter frei; er muß nur die Berufung, Abberufung und Arbeitsweise regeln. Solange sie leben, berufen die meisten Stifter die Mitglieder des Stiftungsrates selbst. Für die Zeit danach sind gängige Verfahren die Kooptation, d.h. die Hinzuwahl neuer Mitglieder durch die bereits vorhandenen, oder die Bestellung durch außenstehende Personen oder Institutionen.

In diesem Zusammenhang kann der Stifter für eine Berufung bestimmte Qualifikationen vorschreiben. So kann er z.B. bestimmen, daß von fünf Mitgliedern eines Stiftungsrates eines ein aktiver Eigentümerunternehmer, eines ein Wirtschaftsprüfer, eines ein Rechtsanwalt, eines ein Bankier und eines ein Mitglied der Geschäftsleitung des stiftungseigenen Unternehmens sein soll. Ebenso ist fast jede andere Zusammensetzung vorstellbar. Gerade hier ist der Unternehmerstifter gut beraten, wenn er sich unter Hinzuziehung von Fachleuten intensive Gedanken macht, bevor die Stiftung errichtet wird. Durch eine kluge Besetzung der Stiftungsorgane läßt sich erreichen, daß eine Stiftung ihrer Verantwortung gegenüber ihrem Satzungszweck und als Unternehmenseignerin in gleicher Weise gerecht werden kann.

Die Unternehmensträgerstiftung als Vermögens-Holding hat, abgesehen von der Rechtsform, wenig gemein mit der Stiftung, die von einem Unternehmen aus Kommunikationsgründen errichtet wird (siehe hierzu Kapitel 3.3). Lediglich eine gewisse Nähe zu einem Wirtschaftsunternehmen und gelegentlich, aber im letzteren Fall keineswegs immer, die Abhängigkeit von der Ertragslage des Unternehmens sind ihnen gemeinsam. Leicht erkennbar ist der Unterschied stets an dem Verhältnis zwischen Stiftungskapital und Unternehmensgröße. Der Wert der Anteile an dem Unternehmen in der Unternehmensträgerstiftung führt regelmäßig dazu, daß diese ein Kapital hat, welches gleich groß oder, falls noch andere Vermögenswerte vorhanden sind, sogar größer als das Unternehmen ist. Hingegen sind die Kommunikationsstiftungen der Unternehmen naturgemäß wesentlich kleiner als die stiftenden Unternehmen selbst.

Prinzipiell vorstellbar sind Grenzfälle. Die Eigentümer eines Unternehmens könnten eine Stiftung mit so wesentlichen Anteilen dotieren, daß diese schon dem Typus der Unternehmensträgerstiftung entspricht, obwohl sie primär dazu dient, zu dokumentieren und durch Ausschüttungen für gemeinnützige Zwecke zu beweisen, daß das Unternehmen in hohem Maße eine gesellschaftliche Verantwortung zu erfüllen bereit ist.

Dieses Modell wird in der Zukunft im Zusammenhang mit einer staatsunabhängigen Sozialbindung des Eigentums eine erheblich größere Bedeutung erlangen.

2.5 Die Familienstiftung

Die Stiftung ist zunächst immer eine zivilrechtlich bestimmte Organisationsform. Sie ist keineswegs a priori das, was der Steuergesetzgeber gemeinnützig nennt. Es gibt eine Reihe von Stiftungen, die die Zuerkennung der Gemeinnützigkeit durch die Finanzbehörden nicht erlangen können und die dies auch gar nicht versuchen. Dazu zählen vor allem die Familienstiftungen, denen eine wesentliche Voraussetzung für die Gemeinnützigkeit, nämlich die Förderung der Allgemeinheit, abgeht. Sind als Destinatäre Familienmitglieder vorgesehen, die Kinder und Kindeskinder oder andere Angehörige des Stifters, erfüllt die Stiftung die Voraussetzungen für die Zuerkennung der Gemeinnützigkeit nicht.

Dennoch sind sie ein altehrwürdiger und und bis heute legitimer Teil der Stiftungslandschaft. Versuche einzelner Landesbehörden, z.B. des Freistaats Bayern, die Errichtung neuer Familienstiftungen auf Fälle zu beschränken, in denen dadurch ein Unternehmen bewahrt, d.h. letztlich, in denen eine Begründung von öffentlicher Bedeutung vorgetragen wird, sind abwegig. Denn die Vorsorge für Nachkommen mit Hilfe auch dieses Instruments unterliegt der grundgesetzlich garantierten Eigentumsfreiheit, die nur gesetzlich beschränkt werden könnte, was hier nicht der Fall ist.

Stiftungen, deren Leistungen weder der Allgemeinheit dienen noch einer Familie zugute kommen, sind überaus selten. Da auf sie steuerlich im wesentlichen das gleiche zutrifft wie auf die Familienstiftung, kann das Nachfolgende im großen und ganzen auf sie angewendet werden. Zivilrechtlich sind ohnehin alle Stiftungen des bürgerlichen Rechts gleichgestellt. Ausnahmen gibt es nur in einigen Bundesländern hinsichtlich der Stiftungsaufsicht.

Eine Familienstiftung ist steuerpflichtig. Der Übergang des Vermögens auf die Stiftung, vermögensrechtlich in jedem Fall eine Schenkung, ist schenkungssteuerpflichtig. Alle 30 Jahre fällt dann die sogenannte Erbersatzsteuer an, eine Sondersteuer, die 1974 eingeführt wurde, um eine Gleichstellung der Familienstiftungen mit dem normalen Erbgang zu erreichen. Infolge der Einführung dieser Steuer wurde die Familienstiftung als familienpolitisches Instrument weitgehend ad acta gelegt, zu Unrecht, da sie nach wie vor gegenüber dem normalen Erbgang einige nicht zu unterschätzende Vorteile bietet:

Zum einen fallen nach Ablauf der Zehnjahresfrist alle Erb- und Pflichtteilsansprüche weg. Die Gefahr des Liquiditätsabflusses aus einem Unternehmen zur Befriedigung solcher Ansprüche sowie der Vermögenszersplitterung ist also ein für allemal gebannt. Zum zweiten ist der 30-Jahre-Turnus der Erbersatzsteuer etwas länger als der statistische natürliche Erbgang. Viel wichtiger aber ist, daß er planbar ist. Im natürlichen Erbgang ist es ja ohne weiteres vorstellbar, daß dieser innerhalb ganz kurzer Zeit zweimal eintritt, was nicht nur ein menschliches Unglück darstellt und in einem Unternehmen wahrscheinlich eine schwere Führungskrise heraufbeschwört, sondern auch eine finanzielle Krise, da zweimal die Erbschaftssteuer fällig wird, die schon beim ersten Mal die Liquiditätsreserven des Unternehmens überbeanspruchen kann.

Gerade hinsichtlich der Liquidität bietet die Erbersatzsteuer der Familienstiftung noch einen weiteren wichtigen Vorteil. Sie ist, im Gegensatz zur Erbschaftssteuer, die sofort fällig ist, auf dreißig Jahre – bis zur nächsten Fälligkeit – verrentbar, und zwar zu einem relativ günstigen Zinssatz. Dies bedeutet, daß das Unternehmen in Stiftungshand entweder die Erbersatzsteuer ansparen kann, da ja die nächste Fälligkeit berechenbar ist, oder sie nach dem Fälligkeitstermin in Raten abzahlen kann. In jedem Fall wird der Liquiditätsabfluß vermieden. In der Praxis bedeutet eine solche Regelung oft genug die Rettung des Unternehmens, da ja die Finanzverwaltung durchaus seine Zerschlagung oder seinen Verkauf fordert, falls die Steuer anders nicht bedient werden kann.

Die Familienstiftung bleibt also durchaus ein interessantes Instrument bei der Kombination unternehmerischer und familienpolitischer Überlegungen.

Besondere Aufmerksamkeit ist in der Familienstiftung stets der exakten Benennung der Destinatäre durch den Stifter zu widmen. Eine einfache Lösung ist gewiß die Bestimmung, daß der ausschüttungsfähige Ertrag gleichmäßig unter alle Nachkommen des Stifters zu verteilen ist. Dies führt allerdings möglicherweise dazu, daß im Laufe der Generationen immer mehr Destinatäre immer weniger erhalten. Außerdem will der Stifter vielleicht bewußt Schwerpunkte setzen. Grundsätzlich ist alles möglich. Die Bestimmungen müssen lediglich eindeutig und präzise formuliert sein.

Bereits erwähnt wurde die Verbindung mit einer gemeinnützigen Stiftung als sog. Doppelstiftung (Kapitel 2.4). Von aktuellem Interesse ist die Familienstiftung letztlich wegen der Möglichkeit der vorgezogenen Schenkung vor der Anhebung oder Aufhebung der Besteuerung von Immobilien auf der Grundlage ihres Einheitswertes.

2.6 Die Gemeinnützigkeit

Über 90 % aller Stiftungen dienen, wie Tabelle 16 zeigt, Zwecken, die der Gesetzgeber für gemeinnützig erklärt hat.

Daher lohnt es sich, diesen Aspekt der Stiftungstätigkeit genauer zu untersuchen.

Grundsätzlich sind die Bestimmungen über die Gemeinnützigkeit, von ganz wenigen Ausnahmen abgesehen, für Stiftungen, Vereine und

Tabelle 16: Gemeinnützige und nicht gemeinnützige Stiftungen in den Bundesländern

	GEM	NGEM
Baden-Württemberg	636	148
Bayern	1.439	13
Berlin	231	2
Brandenburg	10	
Bremen	37	4
Hamburg	458	1
Hessen	378	9
Mecklenburg-Vorpommern	7	
Niedersachsen	519	26
Nordrhein-Westfalen	651	14
Rheinland-Pfalz	118	2
Saarland	42	
Sachsen	8	
Sachsen-Anhalt	27	1
Schleswig-Holstein	143	7
Thüringen	7	
NB	203	2
Gesamt	4.914	229

GEM = gemeinnützig
NGEM = nicht gemeinnützig
NB = Bundesland nicht bekannt

Die Differenz zu der insgesamt bekannten Zahl von Stiftungen ergibt sich daraus, daß dieser Punkt nicht immer angegeben ist.

sonstige gemeinnützige Körperschaften völlig identisch. Demnach muß eine Organisation, die sich durch Satzung darauf verpflichtet, Zwecke zu verfolgen, die der Allgemeinheit in einem weiteren Sinne zugute kommen, und dies in ihrer tatsächlichen Arbeit unter Beweis stellt, keine Steuern entrichten, da dies die Wirksamkeit der Arbeit ja wesentlich beeinträchtigen würde.

Es lohnt immer wieder einmal, darüber nachzudenken, welche Logik hinter dieser angeblichen steuerlichen Privilegierung steckt. In einer freien Gesellschaft entrichten die Bürger aus wohlverstandenem Eigeninteresse Steuern, damit die dafür gewählten Organe die Aufgaben finanzieren können, die allen Bürgern zugute kommen. Natürlich sind damit auch gesellschaftspolitische Anliegen, etwa der Ausgleich zwischen besser und schlechter Verdienenden, zu verwirklichen. Da aber dem einzelnen Bürger die Verfügung über die speziell von ihm gezahlten Steuern weitestgehend entzogen ist und relativ entfernt sitzende Volksvertretungen, und in der Praxis sogar meist relativ unkontrollierte Verwaltungen, die Entscheidungen fällen, ist dem Bürger ein Korrektiv eingeräumt. Mit einem geringen Teil der Abgaben, die er der Allgemeinheit zur Verfügung stellen muß, kann er einen dem allgemeinen Wohl dienenden Zweck fördern, den er selber aussucht. Er tut dies zu einem hohen Preis, denn rechnerisch kommt ihn das sehr viel teurer, als wenn er Steuern zahlt.

Der Allgemeinheit werden daher durch dieses Instrument keineswegs Mittel entzogen, sie werden lediglich nicht über den Fiskus geleitet. Der subsidiär handelnde Staat – und um einen solchen handelt es sich nach unserem Demokratieverständnis und nach unserem Grundgesetz – braucht Aufgaben nicht wahrzunehmen oder zu finanzieren, die von den Bürgern selbst wahrgenommen oder finanziert werden. Überdies spart der Fiskus dadurch noch in zweifacher Hinsicht. Zum einen erfüllen private Organisationen öffentliche Aufgaben fast immer zu geringeren Kosten, weil sie effizienter geführt werden und ehrenamtliche Mitarbeit besser einbinden können. Zum anderen ist für den privaten Geldgeber die Gabe (Stiftung oder Spende) nur vom Einkommen absetzbar. Er zahlt also, je nach seiner Steuerprogression, ca. 50–75 % der Gesamtzuwendung aus Mitteln, die er sonst – versteuert – für andere Zwecke verwenden könnte.

Die Gemeinnützigkeit ist deshalb keineswegs, wie oft behauptet wird, ein Privileg, sondern sie ist zentraler Bestandteil unseres modernen Staatsverständnisses, wonach, zumindest theoretisch, dem Bürger die Priorität des Handelns eingeräumt ist.

Grundsätzlich ist eine Stiftung des bürgerlichen Rechts ebenso wie eine Privatperson, eine Handelsgesellschaft, ein Verein usw. steuerpflichtig, und zwar hinsichtlich ihres Vermögens ebenso wie hinsichtlich der Erträge, die sie erwirtschaftet. Wenn die Voraussetzungen vorliegen, die in § 52 der Abgabenordnung präzisiert sind, kann diese Stiftung beantragen, als steuerbegünstigten Zwecken dienend anerkannt zu werden. Wenn dies gelingt, ist die Stiftung grob gesagt von jeder Steuerzahlung befreit, es sei denn, sie tritt mit Teilbereichen in einen Wettbewerb zu steuerpflichtigen Wirtschaftsunternehmen. Dies ist ihr durchaus gestattet, aber diese Teilbereiche sind dann steuerpflichtig.

Die nachfolgenden, notwendigerweise sehr allgemein gehaltenen Bemerkungen zur Gemeinnützigkeit von Stiftungen können und sollen die eingehende Beratung jedes Stifters und jeder Stiftung durch seinen oder ihren Steuerberater auf keinen Fall ersetzen. Jeder Fall ist letztlich anders gelagert und bedarf der fachgerechten Prüfung durch den Spezialisten. Außerdem ändern sich die steuerrechtlichen Bestimmungen ständig, so daß es immer wieder darauf ankommt, sich neuen Gegebenheiten anzupassen und gegebenenfalls auch durch Anpassungen der Satzung oder der Geschäftspolitik Nachteile zu vermeiden, die durch steuerrechtliche Neuregelungen entstehen können.

Die meisten Stiftungen sind steuerbegünstigt, weil sie gemeinnützige und/oder mildtätige oder kirchliche Zwecke verfolgen. Im Vordergrund stehen in der Praxis die gemeinnützigen Zwecke.

Einen besonderen Fall der Gemeinnützigkeit, auf den im folgenden nicht eingegangen wird, stellen die gemeinnützigen Wohnungsunternehmen in der Rechtsform der Stiftung dar, etwa die Kronprinz-Rupprecht von Bayern-Stiftung in Würzburg. Deren Gemeinnützigkeit richtet sich nach Vorschriften des Wohnungsgemeinnützigkeitsgesetzes und hat mit der hier behandelten Gemeinnützigkeit nur am Rande etwas zu tun.

Diese Gemeinnützigkeit ist in der Abgabenordnung (§§ 51 bis 60) geregelt (siehe Anhang 3: Auszug).

Aus diesen Bestimmungen werden mehrere Punkte deutlich:

Der Gesetzgeber hat grundsätzlich eine breite Möglichkeit dafür geschaffen, private Initiativen zu gründen, die dem allgemeinen Wohl dienen. Er hat dabei eine ganze Palette von Zwecken aufgezeigt, die steuerbegünstigt sind. Unter den gemeinnützigen Zwecken sind dies:

- Wissenschaft und Forschung
- Bildung und Erziehung
- Kunst und Kultur
- Religion

- Völkerverständigung
- Entwicklungshilfe
- Umwelt-, Landschafts- und Denkmalschutz
- Heimatgedanke
- Jugendhilfe
- Altenhilfe
- Gesundheitswesen
- Wohlfahrtswesen
- Sport

Diese Palette deckt sich nur zum Teil mit der Einteilung, die das Stiftungsrecht und die Praxis der Stiftungsarbeit treffen.

Was im einzelnen als kultureller Zweck gemeinnützig ist, ist relativ klar definiert. Es sind die Kunst, die Pflege und Erhaltung von Kulturwerten sowie die Denkmalpflege. Die Kunst umfaßt die Bereiche Musik, Literatur, darstellende und bildende Kunst. Sie schließt kulturelle Einrichtungen, Museen und Theater ebenso ein wie Kunstausstellungen, Konzerte und andere kulturelle Veranstaltungen. Als Kulturwerte werden im einzelnen Gegenstände oder auch Sammlungen von künstlerischer und sonstiger kultureller Bedeutung definiert. Dazu gehören Museen, Archive, Kunstsammlungen und künstlerische Nachlässe ebenso wie Bibliotheken oder andere vergleichbare Einrichtungen. Die Denkmalpflege bezieht sich auf die Erhaltung und Wiederherstellung von Baudenkmälern, soweit diese landesrechtlich als denkmalgeschützte Baudenkmäler anerkannt sind. Im Zweifelsfall ist diese Anerkennung nachzuweisen.

Von diesen Zwecken, die regelmäßig nur dadurch verwirklicht werden, daß die Kosten ihrer Verwirklichung von Organisationen getragen werden, unterscheiden sich die mildtätigen Zwecke dadurch, daß Fördermittel einzelnen Personen zugute kommen können, wenn diese

- infolge ihres körperlichen, geistigen oder seelischen Zustandes auf die Hilfe anderer angewiesen sind oder
- innerhalb der festgesetzten Grenzen in wirtschaftlicher Hinsicht hilfebedürftig sind.

Die festgesetzten Grenzen ergeben sich aus dem Zusammenhang mit der Sozialgesetzgebung.

Die kirchlichen Zwecke sollen hier nicht weiter erörtert werden, da sie ohnehin nur von Körperschaften öffentlichen Rechts, d. h. im wesentlichen von den großen anerkannten kirchlichen Gemeinschaften verwirklicht werden können.

Bedeutend in diesem Zusammenhang sind einige Sonderfälle:

1. Viele Stiftungen verwirklichen ihren Zweck ganz oder teilweise dadurch, daß sie Preise vergeben. So hat etwa die Horst-Bienek-Stiftung den einzigen Zweck, einen Horst-Bienek-Preis für Lyrik sowie einen Förderpreis für Literatur zu verleihen. Der Preisträger ist in aller Regel eine natürliche Person, dennoch ist die Stiftung nicht mildtätig, sondern gemeinnützig, denn im Mittelpunkt der Preisverleihung steht die Kunst als solche, die gefördert wird. Es kommt also auch nicht auf die Vermögensverhältnisse des Preisträgers und schon gar nicht auf seine sonstige Bedürftigkeit an. Der Preis muß nach transparenten Kriterien, etwa über ein Preisausschreiben oder aufgrund der Entscheidung einer kompetent besetzten Jury, vergeben werden. Durch die Würdigung einer vorbildlichen Leistung wird latent das Nacheifern gefördert.
2. Viele Stiftungen, insbesondere natürlich kleinere, begrenzen den Wirkungsbereich der Stiftung. Sie fördern etwa Kunst und Kultur in der Stadt A oder unterstützen Maßnahmen der Altenhilfe in der Gemeinde B. Gelegentlich wird hier die Frage gestellt, ob damit nicht der Grundsatz der Allgemeinheit verletzt sei. Dies ist nicht der Fall. Als Allgemeinheit im Sinne der Abgabenordnung muß auch ein Ausschnitt aus der Allgemeinheit angesehen werden, der sinnvollerweise von einer Stiftung erfaßt werden kann. Daher sind auch Begrenzungen, wie etwa »die Hinterbliebenen von Beamten« oder »Frauen«, durchaus zulässig. Es gibt aber zweifellos Grenzfälle, über die im einzelnen mit der Finanzbehörde verhandelt werden muß.
3. Eine häufig gestellte Frage ist die nach der Gemeinnützigkeit der politischen Parteien und der ihnen nahestehenden Stiftungen. Es mag manchen erstaunen, daß die Parteien nicht im Sinne der Abgabenordnung gemeinnützig sind und daß politische Zwecke auch nicht als gemeinnützig anerkannt werden können. Ihre Befreiung von Steuern beruht vielmehr auf einer völlig anderen gesetzlichen Grundlage. Eine Stiftung kann daher auch nicht als gemeinnützig anerkannt werden, wenn sie politische Ziele verfolgt. Es müssen parteipolitisch neutrale Ziele der Volksbildung oder der staatsbürgerlichen Bildung sein, wobei im konkreten natürlich sehr wohl ein Bekenntnis, etwa zur sozialen Marktwirtschaft, abgelegt werden kann.

Wesentliche Voraussetzung dafür, daß eine Organisation als gemeinnützigen Zwecken dienend anerkannt wird, ist die Aufnahme von Bestimmungen in die Satzung über die Ausschließlichkeit und Unmittelbarkeit der gemeinnützigen Verwendung sowie deren Zeitnähe. Zu jedem dieser Begriffe gibt es besonders für die Stiftungen wichtige Anmerkungen:

Eine Organisation ist nur dann gemeinnützig, wenn sie ausschließlich gemeinnützige Zwecke verfolgt. Im Gegensatz zu anderen gemeinnützigen Organisationen darf jedoch eine gemeinnützige Stiftung, sofern ihre Satzung dies vorsieht, bis zu ein Drittel der Erträge des Stiftungsvermögens an nahe Angehörige, z.B. Kinder und Enkel, des Stifters ausschütten, ohne daß dadurch die Gemeinnützigkeit der Stiftung insgesamt in Frage gestellt ist. Auch wenn diese Erträge für die entsprechenden Destinatäre natürlich steuerpflichtig sind, bietet diese Regelung doch einen wesentlichen Anreiz für neue Stifter.

Eine Organisation ist ferner nur dann gemeinnützig, wenn sie den gemeinnützigen Zweck unmittelbar, d.h. selbst verfolgt. Dies aber schließt nicht aus, daß eine Stiftung Dritte, die gemeinnützige Zwecke verfolgen, durch Geld-, Sach- und Dienstleistungen fördert, sofern ihre Satzung dies ausdrücklich so vorsieht. Wenn es diese Bestimmung nicht gäbe, könnten die vielen Förderstiftungen ihre Aufgabe ja nicht erfüllen.

Nach den Regeln des Gemeinnützigkeitsrechts hat im wesentlichen allein die Stiftung als zweckgewidmete Vermögensmasse die Möglichkeit, Finanzanlagen als Vermögen zu halten. Neben dem ursprünglichen Kapital zum Zeitpunkt der Errichtung kann dieses aus Zustiftungen und in begrenztem Umfang aus einer sog. Werterhaltungsrücklage bestehen. Im übrigen aber herrscht der für alle gemeinnützigen Organisationen gültige Grundsatz, daß alle Einnahmen zeitnah dem Zweck zugeführt werden müssen. Nur für im vorhinein definierte Projekte darf angespart werden. Außerdem können natürlich Vereine und Stiftungen, die einen Betrieb führen, Mitarbeiter beschäftigen und dergleichen, Rückstellungen für Verpflichtungen aus Arbeitsverträgen oder ähnliches bilden. Aber alldem sind enge und stets enger werdende Grenzen gesetzt.

Über viele Jahre hinweg hatten aus diesem Grund die Stiftungen mit dem Problem zu kämpfen, daß sie den Wertverlust ihres Vermögens durch Inflation nicht ausgleichen konnten und daher von einer schleichenden Vermögensauszehrung bedroht waren. Unternehmensträgerstiftungen litten zudem darunter, daß sie an Kapitalerhöhungen nicht mitwirken konnten und daher, wenn sie nur Teileigentümer waren, sich die Mehrheitsverhältnisse ständig zu ihren Ungunsten verschoben. Dies hat sich durch die Möglichkeit, eine Rücklage von bis zu 25 % der Erträge des Stiftungsvermögens zum Werterhalt zu bilden, wesentlich verbessert.

Das allen gemeinnützigen Organisationen auferlegte Thesaurierungsverbot hat Vereine, die Vermögen angesammelt haben, über eine Änderung ihrer Rechtsform nachdenken lassen. In manchen Fällen hat sich die Umwandlung in eine Stiftung als Ausweg erwiesen.

Die steuerliche Situation der gemeinnützigen Stiftung selbst kann insgesamt zwar nicht als optimal, wohl aber als befriedigend bezeichnet werden. Damit ist aber noch nichts über die Möglichkeit gesagt, auch dem Stifter und Spender steuerliche Vorteile zu verschaffen.

2.7 Die besondere Förderungswürdigkeit

In einem engen Zusammenhang mit der Gemeinnützigkeit steht die besondere Förderungswürdigkeit eines Stiftungszwecks. Dennoch bestehen große Unterschiede bei der steuerlichen Behandlung. Nur die besondere Förderungswürdigkeit, die, allgemein gesagt, schwerer zu erlangen ist als die Gemeinnützigkeit, verleiht einer Stiftung das Recht, dem Stifter oder Spender steuerlich relevante Spendenquittungen auszustellen. Dringender als bei der Gemeinnützigkeit ist der Gesetzgeber aufgefordert, das Regelwerk im Bereich der besonderen Förderungswürdigkeit zu systematisieren, zu glätten und einige alte Zöpfe abzuschneiden. Im folgenden kann es nur darum gehen, einige Punkte aus dieser sehr komplizierten Materie zu erörtern.

Grundsätzlich sind Ausgaben für mildtätige, religiöse und wissenschaftliche Zwecke sowie für andere gemeinnützige Zwecke, die als besonders förderungswürdig anerkannt sind, abzugsfähig. Im Bereich der mildtätigen und kirchlichen Zwecke deckt sich diese Definition mit der Definition in der Abgabenordnung, die für die steuerliche Begünstigung der Körperschaft selbst maßgeblich ist.

Wissenschaftliche Zwecke, d.h. im wesentlichen die Forschung an Hochschulen, Fachhochschulen und wissenschaftlichen Forschungseinrichtungen, sind ebenso eo ipso als besonders förderungswürdig anerkannt. Wissenschaftsfördernde Stiftungen können also Spendenquittungen ausstellen.

Sehr viel komplizierter ist die Situation bei den Stiftungen mit kultureller Zwecksetzung. Diese Zwecke gelten nur dann als besonders förderungswürdig, wenn der Empfänger der Zuwendung eine Körperschaft des öffentlichen Rechts oder eine öffentliche Dienststelle ist. Hierzu gibt es allerdings Ausnahmen, weil einige privatrechtliche Organisationen mit kultureller Zielsetzung namentlich als besonders förderungswürdig anerkannt sind. So kommt es z.B. zu der Merkwürdigkeit, daß etwa der Förderverein der Nationalgalerie in Berlin Spendenquittungen ausstellen darf, der Förderverein der Alten Pinakothek in München hingegen nicht.

Organisationen mit sozialer Zwecksetzung gelten dann als besonders förderungswürdig, wenn sie einem Spitzenverband der freien Wohlfahrtspflege angeschlossen sind. Diese Bestimmung hängt mit der Grundkonstruktion unseres Wohlfahrtswesens zusammen. Die großen Spitzenverbände (Deutscher Caritasverband, Diakonisches Werk, Deutsches Rotes Kreuz, Paritätischer Wohlfahrtverband und Arbeiterwohlfahrt) beherrschen als Dachorganisationen die freie Wohlfahrtspflege in Deutschland. Die De-facto-Kartellierung hat einerseits dazu geführt, daß auch in den Zeiten des sehr starken staatlichen Handlungsanspruchs die Wohlfahrtspflege rechtlich und organisatorisch weitgehend in privater Hand blieb. Andererseits hat die massive staatliche Subventionierung, die über diese Spitzenverbände – und von diesen – gesteuert wurde, gerade im Wohlfahrtswesen eine zu große Staatsnähe hervorgerufen und eine Erstarrung des Systems bewirkt. Daher spielen auch die fünf weiteren Spitzenverbände, die im steuerlichen Sinne völlig gleichberechtigt sind, nämlich die Zentralwohlfahrtsstelle der Juden in Deutschland, der Deutsche Blindenverband, der Bund der Kriegsblinden, die Bundesarbeitsgemeinschaft Hilfe für Behinderte und der Verband Deutscher Wohltätigkeitsstiftungen, wegen ihrer geringen Größe im öffentlichen Bewußtsein kaum eine Rolle.

Für den Bereich der Stiftungen ist der Verband Deutscher Wohltätigkeitsstiftungen, der auf das engste mit dem Bundesverband Deutscher Stiftungen verbunden ist, bedeutsam. Er bietet den in diesem Bereich tätigen Stiftungen die Vorteile des Anschlusses an einen Spitzenverband und damit u.a. die Möglichkeit, Spendenquittungen auszustellen, ohne ihre vollständige Autonomie auch nur im geringsten anzutasten. Denn im Gegensatz zu den großen Spitzenverbänden, die unablässig über tatsächlich oder angeblich notwendige einheitliche Regelungen oder über ihre Stellung als Verhandlungs- und Verteilungsinstanz für Subventionen versuchen, Einfluß auf die angeschlossenen Organisationen zu nehmen, verfügt der Verband Deutscher Wohltätigkeitsstiftungen nicht einmal über eigenes Personal und hält sich daher nicht nur kraft seines

Selbstverständnisses, sondern auch mangels entsprechender Möglichkeiten aus den Angelegenheiten der Mitgliedsstiftungen heraus. Stiftungen, die nicht aus fachlichen Gründen oder wegen ihrer Grundüberzeugung, z.B. als kirchlich orientierte Stiftungen, die Einbindung in einen großen Spitzenverband ausdrücklich suchen, kann daher diese Alternative empfohlen werden.

Es würde hier zu weit führen, auf die Besonderheiten aller übrigen Stiftungszwecke hinsichtlich ihrer besonderen Förderungswürdigkeit einzugehen. Diese müssen bei der Stiftungserrichtung im einzelnen geklärt werden. Es sei aber noch auf den Ausweg hingewiesen, über den Stiftungen, die aufgrund ihres Zwecks nicht als besonders förderungswürdig anerkannt werden können und daher Spendenquittungen nicht ausstellen dürfen, dennoch ihren Spendern die steuerlichen Vorteile verschaffen können. Es handelt sich dabei um das Verfahren der Durchlaufspende. Grundsatz dieses Verfahrens ist, daß ein Spender, der etwa einer im kulturellen oder ökologischen Bereich tätigen Stiftung eine Spende zukommen lassen möchte, diese auf das Konto einer öffentlichen Körperschaft überweist, die ihm hierfür von der Stiftung benannt worden ist. In aller Regel ist dies die Kasse der Gemeinde, in der die Stiftung ihren Sitz hat. Alle Gemeindekassen sind inzwischen mit diesem Verfahren vertraut und haben in der Regel eine eigene Stelle, die die Durchlaufspenden bearbeitet. Diese Kassenstelle ist verpflichtet, die Spende, da sie ja zweckgebunden ist, an die entsprechende Stiftung weiterzuleiten. Da die Spende aber formal einer öffentlichen Körperschaft zugeflossen ist, kann diese die Spendenquittung ausstellen.

Die öffentlichen Kassen betrachten grundsätzlich dieses Verfahren als eine Art Serviceleistung für die in ihrem Bereich tätigen Stiftungen und Vereine. Sie erheben daher üblicherweise für die Bearbeitung keine Gebühren. Auf die Geschäftspolitik der Stiftung dürfen sie auf diese Weise nicht Einfluß nehmen, es sei denn, sie würden echte Verstöße gegen gesetzliche Vorschriften oder die eigene Satzung feststellen.

Insbesondere wegen der Vereine sehen sich aber vor allem die großen Kommunalverwaltungen mit dieser Aufgabe zunehmend überfordert. Es gibt ja Vereine, die um die 50 000 einzelne Spenden im Jahr einnehmen, und der Verwaltungsaufwand für die Gemeinde ist dementsprechend hoch. Schon seit längerem verlangen diese Kassenstellen verständlicherweise von den Stiftungen, daß diese ihnen die Verwaltungsarbeit, insbesondere das Ausstellen der Quittungen, abnehmen, um den Aufwand auf das Unterschreiben und Weiterleiten zu beschränken. Seit einiger Zeit lassen es die Finanzbehörden ausdrücklich zu, daß Spender ihre Spende (oder Zustiftung) direkt auf das Konto der Stiftung (oder auch des Vereins) überweisen. Die Stiftung stellt die Spendenquittung aus und übersendet diese mit einer genauen Aufstellung und einem Nachweis der Einzahlung an die öffentliche Kasse, die dann nur noch die Quittungen zu unterzeichnen hat. Damit ist das Verfahren, das aus dem Mißtrauen der Finanzbehörden gegenüber den vielen kleinen gemeinnützigen Organisationen, gerade im Kulturbereich, geboren wurde, endgültig ad absurdum geführt. Im Rahmen der auch aus anderen Gründen dringend erforderlichen Neufassung des Gemeinnützigkeitsrechts ist unbedingt zu wünschen, daß auch dieser alte Zopf abgeschnitten wird.

Denn es sind nicht nur Umständlichkeit und Verwaltungsaufwand, die zu kritisieren sind. Das Verfahren stellt eine ernsthafte Beeinträchtigung für ein gutes Spendenmarketing dar. Der Erklärungsbedarf für den Bürger als Spender ist so hoch, daß die Gewährung einer Spende vielfach daran scheitert. Außerdem hat dieses System eine gesellschaftspolitisch sehr bedenkliche Komponente. Es stellt eine eklatante Benachteiligung staatsunabhängiger Organisationen gegenüber den öffentlichen Organisationen dar. Es ist angesichts der Erfahrung, daß öffentliche Organisationen im Durchschnitt sehr viel schlechter mit verfügbaren Mitteln umgehen, nicht einsehbar, warum die privaten Stiftungen und Vereine in eine Abhängigkeit von diesen gezwungen werden.

Damit eine Spende steuerlich absetzbar ist, ist es notwendig, daß diese ohne jede Gegenleistung gewährt wird. Die äußerst strenge Beachtung dieser Vorschrift hat in der Praxis dazu geführt, daß die beliebten Wohltätigkeitsveranstaltungen kaum noch durchführbar sind, weil immer der Genuß der Veranstaltung, Konzert, Essen usw., als Gegenleistung angesehen wird. Ob es gesellschaftspolitisch richtig ist, diese wichtige Form der Mittelakquisition für Vereine und Stiftungen auf diese Weise zum Erliegen zu bringen, ist allerdings zu bezweifeln.

Für die Stiftungen sehr bedeutsam ist, daß es nicht darauf ankommt, ob die Zuwendung für das Stiftungsvermögen oder für die Stiftungsmittel bestimmt ist. Dem Stifter, Zustifter und Spender steht die gleiche Spendenquittung zu, die er innerhalb der festgesetzten Grenzen von seinem steuerpflichtigen Einkommen als Sonderausgabe absetzen kann. Seit Inkrafttreten des Kultur- und Stiftungsförderungsgesetzes 1990, das für die Stiftungen noch ein paar, allerdings nicht sehr entscheidende, steuerliche Verbesserungen gebracht hat, können Spenden, auch Zuwendungen zu einem Stiftungsvermögen, die einen Wert von mehr als

50 000 DM haben, in ihrer steuerlichen Wirkung auf acht Jahre verteilt werden, und zwar für den Privatmann sogar zwei Jahre rückwirkend. Gerade bei der Errichtung einer neuen Stiftung kann diese Bestimmung einen zusätzlichen Anreiz bieten.

Schätzungen beziffern die Summe der Spenden, die von deutschen Bürgern jährlich gegen Spendenquittung geleistet werden, auf über 4 Milliarden DM. Gewiß erhalten die Stiftungen davon nur einen kleinen Teil. Und gewiß ist das Stiften und Spenden nicht primär ein Steuersparmodell. Aber die steuerlichen Konsequenzen und, wo möglich, die steuerliche Optimierung gehören doch zum Handwerkszeug, das der Stifter und die gemeinnützige Stiftung gebrauchen müssen, um den bestmöglichen Erfolg ihres Handelns sicherzustellen.

3. Die Stifter

3.1 Die öffentliche Hand als Stifterin

Ebenso wie die Stiftung eine voll handlungsfähige juristische Person darstellt, kann auch jede natürliche und juristische Person eine Stiftung errichten. Nur der Stiftung selbst ist das, anders als etwa in den USA, durch das deutsche Gemeinnützigkeitsrecht verwehrt. Demgemäß können neben Privatpersonen oder Gruppen von Privatpersonen auch Vereine, GmbHs, Aktiengesellschaften usw. zu Stiftern werden. Dies geschieht auch zunehmend und aus ganz unterschiedlichen Motiven.

Unbeschadet der Tatsache, daß das Stiften dem Wesen nach eine bürgerschaftliche Aktivität darstellt, sind auch öffentliche Körperschaften schon in der Vergangenheit, in besonderen Maße aber in den letzten Jahren als Stifter aufgetreten. Während man in der Regel davon ausgehen kann, daß die originäre Absicht, eine Tätigkeit zu privatisieren, am Ursprung der Überlegungen stand, muß doch angemerkt werden, daß in einigen Fällen andere Motive die Phantasie der Beamten und Politiker beflügelt haben und daß in manchen Ausgestaltungen der private Charakter Theorie geblieben ist.

Ein Beispiel einer von der öffentlichen Hand errichteten Stiftung ist die Volkswagen-Stiftung, die entgegen einer weitverbreiteten Ansicht weder den Typ der Unternehmensträgerstiftung (Kapitel 2.4) noch den der Unternehmenskommunikationsstiftung (Kapitel 3.3) repräsentiert. Vielmehr führten weit auseinanderklaffende Ansichten über die Eigentumsverhältnisse des früheren KdF-Betriebes und der späteren von der englischen Besatzungsmacht betreuten GmbH Volkswagen dazu, daß das Unternehmen im Einverständnis aller Anspruchssteller in eine Aktiengesellschaft umgewandelt wurde, deren Aktien breit gestreut verkauft wurden. Der Erlös aus der damals auch wirtschaftspolitisch hochbedeutenden Volksaktien-Aktion wurde vom Land Niedersachen und vom Bund, den entscheidenden Anspruchsstellern, nicht vereinnahmt, sondern als Teil des Übereinkommens als Stiftungskapital einer neuerrichteten privatrechtlichen gemeinnützigen Stiftung zur Verfügung gestellt. Zwei davon völlig getrennte, aber sehr dringende Anliegen konnten gleichzeitig verwirklicht werden. Zum einen bestand das Bundeswirtschaftsministerium unter Ludwig Erhard darauf, das Eigentum am Produktivvermögen verstärkt breit gestreut in private Hand zu überführen. Zum anderen hatten die wissenschaftlichen Leistungen amerikanischer Forscher und vor allem spektakuläre Erfolge der damaligen Sowjetunion die Einsicht wachsen lassen, daß für Wissenschaft und Forschung in Deutschland sehr viel mehr getan werden müsse. Dem Bund waren diesbezüglich verfassungsmäßige Grenzen gesetzt, die damals noch sehr viel enger gesehen wurden; den Ländern fehlte die Finanzkraft. Insofern schien es richtig, der Forschung über die Privatisierung zusätzliche Mittel zur Verfügung zu stellen. Darüber hinaus schien es vorstellbar, daß diese Aktion originär private Initiativen mit gleicher Zielrichtung nach sich ziehen würde. Dies ist in der Tat auch geschehen. Insofern ist die Errichtung dieser Stiftung ein erfolgreiches Beispiel für das Zusammenwirken öffentlicher und privater Ansätze zugunsten eines allseits als wichtig erkannten Ziels.

Einen ähnlichen Weg hat der Bund 1990 mit der Errichtung der Deutschen Bundesstiftung Umwelt aus dem Erlös des Verkaufs des bundeseigenen Salzgitterkonzerns noch einmal zu gehen versucht. Allerdings fehlte dieser Initiative der unternehmerische Elan der Politiker von 1959, und das Konzept degenerierte unter dem Einfluß der Partikularinteressen der beteiligten Entscheidungsträger und des Gestaltungsanspruchs kleinlich um ihre Rechte besorgter Beamter, insbesondere des Finanzministeriums, zu einem Gemischtwarenladen quasi-staatlicher Projektförderung.

An diesem Beispiel lassen sich auch die immer wieder geäußerten grundsätzlichen Bedenken gegen die Stiftungserrichtung durch die öffentliche Hand ablesen. Für die Kontrolle der Ausgaben der öffentlichen Hand sind im demokratischen Staatswesen die Volksvertreter in den Parlamenten zuständig. Hinzu tritt die Revision durch die Rechnungshöfe. Der Kontrolle durch die Parlamente wird die Stiftungstätigkeit weitestgehend entzogen. Als autonome Einrichtung regelt die Stiftung grundsätzlich ihre Angelegenheiten selbst, d.h. die Kontrolle des Exekutivorgans erfolgt in der Stiftung selbst, darüber hinaus nur im Rahmen der Rechtsaufsicht der gesetzlichen Stiftungsaufsichtsbehörden. Hier entsteht das Dilemma, daß eine grundsätzlich vollkommen zu Recht bestehende Autonomie die grundsätzlich ebenfalls zu Recht bestehende parlamentarische Kontrolle öffentlicher Ausgaben beschränkt oder daß die Autonomie durch Satzungsbestimmungen, die ebendiese Kontrolle ermöglichen, unzulässig eingeschränkt wird. Im Gegensatz zu anderen Privatisierungen, bei denen die Staatskasse durch einen Veräußerungsgewinn entschädigt wird, stellt die Vermögensausstattung einer Stiftung auch für den Fiskus stets eine Schenkung ohne Gegenleistung dar. Das hat zur Folge, daß das Parlament zwar einmal, bei der Bewilligung des Stiftungskapitals, seine Budgetverantwortung wahrnehmen kann, gleichzeitig aber für die Zukunft darauf verzichtet. Die Entsendung von Parlamentariern in den Stiftungsrat hat sich nicht als Lösung für dieses Problem bewährt.

Die Rechnungshöfe, besonders deutlich der Landesrechnungshof Schleswig-Holsteins, haben daher nicht ganz zu Unrecht an der Praxis der Errichtung von Stiftungen durch öffentliche Körperschaften Kritik geübt. Diese Kritik bezog sich nicht primär darauf, daß es einer Gebietskörperschaft, vor allem Bund und Ländern, grundsätzlich verwehrt sein sollte, Aufgaben auch dadurch zu privatisieren, daß das zur Erfüllung dieser Aufgabe notwendige Vermögen in eine Stiftung eingebracht wird. Zu kritisieren war vielmehr, daß nicht erkennbar war, inwieweit diese Privatisierung zu einer besseren Erledigung der Aufgaben führte. Deshalb war in der Tat die Frage berechtigt, warum auf die parlamentarische Kontrolle verzichtet wurde.

Diese Kritik hat wesentlich mit dem operativen Konzept der so errichteten Stiftungen etwas zu tun. Die Kritik richtet sich also primär an die Beamten, die zwar den ersten Schritt tun, den zweiten aber unterlassen, nämlich die Stiftung so einzurichten, wie ein privates Unternehmen und tendenziell auch die private Stiftung eingerichtet ist. Die ganz und gar dem öffentlichen Dienst nachempfundene Organisationsstruktur, die nicht zuletzt durch die Übernahme von Beamten in die Stiftungsverwaltung begründete Arbeitstradition, die Einführung von öffentlichem Haushalts- und Dienstrecht führen eindeutig dazu, daß diese Stiftung in ihrer Arbeitsweise nicht hinreichend von einer öffentlichen Verwaltung unterscheidbar ist und damit für eine so schwerwiegende vermögensrechtliche Maßnahme des Staates keine besonders stichhaltige Begründung bietet. Eine solche Stiftung in Baden-Württemberg hat vor einigen Jahren die Mitgliedschaft im Bundesverband Deutscher Stiftungen mit dem Hinweis abgelehnt, sie sei Teil der Staatsverwaltung und könne und wolle daher einem privaten Verband nicht beitreten. Sie hat aus einem falschen Ansatz eine folgerichtige Konsequenz gezogen.

Bund und Länder müssen akzeptieren, daß eine bürgerlich-rechtliche Stiftung nicht Teil der Staatsverwaltung sein darf und sich daher auch in ihrem Gebaren strikt nach den Regeln und Usancen des Privatbereichs richten muß. Nur unter dieser Voraussetzung erscheint es gerechtfertigt, daß die öffentliche Hand als Stifterin auftritt.

Ein besonderes Kapitel sind die Stiftungen des öffentlichen Rechts, die naturgemäß enger an die öffentliche Verwaltung gebunden sind (siehe Kapitel 2.3).

In den letzten Jahren werden, abgesehen von den neuen Bundesländern, kaum noch Stiftungen des öffentlichen Rechts errichtet. Die öffentliche Hand bedient sich regelmäßig der Form der bürgerlich-rechtlichen Stiftung. Die Kulturstiftung der Länder bietet ein gutes Beispiel für die richtige Wahl der Form, denn an ihrer Errichtung haben fast alle Bundesländer als Stifter mitgewirkt, und der Bund hat ihr Aufgaben übertragen und sich zu Recht erheblichen laufenden Zahlungen verpflichtet. Ihr Zweck ist der Ankauf von Kulturgütern von nationaler Bedeutung, um sie vor einem Verkauf ins Ausland zu bewahren. Anlaß für ihre Errichtung war, daß die Länder infolge der verfassungsmäßigen Zuständigkeit für kulturelle Belange nur eine Ländereinrichtung für diesen Zweck akzeptieren wollten. Diese mußte jedoch autonom sein, um bei Bedarf auch schnell handeln zu können.

Ob alle Kulturstiftungen, die von den Ländern errichtet worden sind (fast durchweg bürgerlich-rechtliche Stiftungen) zu Recht als Stiftungen begründet wurden und ob sie selbst ihren Stiftungscharakter erfaßt und verinnerlicht haben, ist zu bezweifeln. Leider machen sich gerade diese Stiftungen in viel zu geringem Maß die Vorteile dieser Rechtsform zunutze. Nach wie vor unterwerfen sie sich der altmodischen öffentlichen Haushaltsordnung, anstatt ein modernes zweckmäßiges, dem Wirtschaftssektor entlehntes Finanzmanagement einzuführen.

Bei manchen Politikern und Beamten herrscht gelegentlich die Vorstellung, durch die Errichtung einer Stiftung ließen sich die Finanzierungsprobleme für eine bislang öffentliche Aufgabe gewissermaßen automatisch lösen. Dies ist natürlich nicht der Fall. Eine Stiftung kann zwar bei entsprechendem operativen Konzept die vorhandenen Ressourcen besser nutzen, aber andere Finanzierungsquellen muß sie sich mühsam erschließen, und das geht zumeist nicht kurzfristig. Die Idee, durch eine solche Lösung privates Geld in Form von Zustiftungen und Spenden anzulocken, hat sich in den meisten Fällen als abwegig erwiesen und nur dann zum Erfolg geführt, wenn sich ein begabter Akquisiteur dieser Aufgabe annahm.

Die wichtigsten Motive für die öffentliche Hand, als Stifterin aufzutreten, bleiben daher der ernsthafte Wille, eine Aufgabe zu privatisieren, und/oder die Suche nach einer Lösung für komplexe eigentumsrechtliche oder andere Probleme.

Für manche öffentlich-rechtlich verfaßte Einrichtung bietet die Stiftungsform die Chance, ohne Abstriche am Auftrag in den flexiblen Privatbereich überzuwechseln. Über die Bestellung eines Stiftungsrates kann eine hinreichende Kontrolle sichergestellt werden. Sosehr man aus Stiftungssicht die zusätzliche Attraktivität dieser Form betonen mag, sosehr sollte sich letztlich jede Stiftung an der Urform des von privater Seite zweckgebunden auf Dauer hingegebenen Vermögens orientieren. Wenn die Misch- und Sonderformen überhandnehmen, leidet die Idee der Stiftung als solche.

3.2 Vereine als Stifter

Im Zusammenhang mit der Gemeinnützigkeit (Kapitel 2.6) ist schon angedeutet worden, daß in manchen Fällen eine Änderung der Rechtsform angezeigt ist. In der Praxis erscheint es vor allem möglich, daß eingetragene Vereine entweder Teile ihrer Tätigkeit in Stiftungen ausgliedern oder ihre gesamte Tätigkeit künftig als Stiftung fortführen. Beides ist möglich und auch immer wieder praktiziert worden. Dazu ist es in der Regel erforderlich, daß der Verein selbst als Stifter auftritt. Alternativ dazu wäre es denkbar, daß ein Dritter die Stiftung errichtet und der Verein anschließend seine Tätigkeit ganz oder teilweise auf diese Stiftung überträgt.

Daß der Verein zivilrechtlich in der Lage ist, als Stifter aufzutreten, ist unbestritten. Allerdings muß er glaubhaft machen, daß er als Stifter ordnungsmäßig handelt und insbesondere den Willen seiner Mitglieder respektiert. Als Verbund von vielen, manchmal Tausenden von Bürgern ist der Nachweis der Willensbildung natürlich schwieriger, während dem einzelnen Stifter der überlegte Wille unterstellt werden kann.

Bei Stiftungserrichtungen durch Vereine werfen die steuerlichen Aspekte spezifische Fragen auf. Den gemeinnützigen Vereinen schreibt ja die Abgabenordnung vor, ihre Mittel zeitnah zu verwenden, untersagt ihnen also mit wenigen Ausnahmen, Rücklagen zu bilden oder gar ein Vermögen anzuhäufen. Über Jahrzehnte haben insbesondere große Organisationen in Vereinsform, unbeanstandet von den Finanzbehörden, einen recht lockeren Umgang mit dieser Bestimmung gepflegt. Zum Teil aus dem berechtigten Anliegen, ihre Tätigkeit dauerhaft zu sichern, zum Teil aber auch, weil wirtschaftliche Überlegungen gegenüber den ideellen stark in den Vordergrund traten, sind manche Vereine durchaus reich geworden. Aufgeschreckt durch einige Skandale, haben die Finanzbehörden in den letzten Jahren ihre Prüfungspraxis erheblich verschärft. Viele Vereine sind von ihren Finanzämtern aufgefordert worden, ihre Rücklagen drastisch abzubauen. Aber nicht jeder Zweck verträgt einen plötzlichen und einmaligen Mittelzufluß über das normale Budget hinaus. Neue Vereine werden konsequent daraufhin überprüft, daß sie eingenommene Spenden zeitnah wieder ausgeben. Aus diesem Grunde sind häufig nicht allgemeine strategische oder geschäftspolitsche Überlegungen, sondern eben die Kritik der Finanzbehörden für manche Vereinsvorstände ausschlaggebend gewesen, über Änderungen der Rechtsform nachzudenken. Allerdings sind hierbei Vorsicht und eine gewisse Eile geboten, da eine nochmalige Verschärfung der Beurteilungspraxis der Finanzbehörden zu erwarten ist.

Die Frage der Rechtsform gehört an sich in den Rahmen grundsätzlicher Überlegungen und sollte nicht primär unter steuerlichen Gesichtspunkten betrachtet werden. Die richtige Antwort auf diese Frage kann wesentlich zur Optimierung der gesamten Tätigkeit beitragen. Aber es schadet nichts, sich aus diesem aktuellen Anlaß die Frage wieder einmal zu stellen.

Zulässig ist es ganz sicher, daß ein Verein eine Stiftung errichtet, wenn das Stiftungskapital von einem Privatmann zur Verfügung gestellt wird. Dieser kann natürlich diese Geldleistung wie bei der Errichtung einer eigenen Stiftung oder einer Zustiftung steuerlich geltend machen. Der Verein seinerseits trifft keine Verfügung über sein Vereinsvermögen.

Ebenso zulässig ist es, wenn der Verein betriebsnotwendiges Vermögen, also etwa die Immobilie, in der sich die Geschäftsleitung des Vereins befindet, seiner Stiftung übereignet. Das Halten von betriebsnotwendigem Vermögen ist dem Verein jederzeit gestattet, und die Übereignung an die Stiftung verändert den Status dieses Vermögens nicht.

Vereinsvermögen, das erlaubterweise nicht zeitnah ausgegeben werden muß, etwa ein ererbtes Haus, steht ebenfalls für die Vermögensausstattung einer Stiftung zur Verfügung, sofern die anderen einschlägigen Bestimmungen eingehalten werden.

Strittig wird es dort, wo der Verein Rücklagen aus Spendenmitteln als Stiftungskapital zur Verfügung stellt. Strenggenommen geschieht dann nämlich genau das, was die Finanzbehörden gerne unterbinden würden, nämlich daß Mittel, die zur zeitnahen Verwendung vorgesehen sind, thesauriert werden. Bisher haben die Finanzbehörden in der Regel dennoch einem solchen Verfahren, manchmal unter gewissen Auflagen, zugestimmt. Offenbar liegt bei den einzelnen Finanzämtern auch ein gewisser Ermessensspielraum. Ob dies sich allerdings so fortsetzen wird, bleibt abzuwarten. Bei der Beurteilung des Einzelfalls werden auch die Einzelumstände und insbesondere auch die Größenverhältnisse berücksichtigt.

Streng gebunden ist der Verein als Stifter an seine eigene Satzung; denn sowohl vereinsrechtlich als auch wegen seiner Gemeinnützigkeit kann ein Verein nur im Rahmen seiner Satzung handeln. Die Errichtung einer Stiftung durch einen Verein, um einen verwandten, aber nicht durch die Satzung abgedeckten Zweck zu verfolgen, bedarf daher immer entweder der Mitwirkung eines Dritten, der den Freiraum für zusätzliches Handeln eröffnet, oder einer vorherigen Änderung der Vereinssatzung.

Ein Verein, der gewisse Teile seiner Tätigkeit auf eine Stiftung überträgt, muß seiner eigenen Satzung entnehmen, welche Vereinsorgane an diesem Beschluß mitwirken müssen. Auch hier spielen die Größenverhältnisse eine entscheidende Rolle. Bei einer völligen Umwandlung der Rechtsform, also der Übertragung sämtlicher Tätigkeiten und des gesamten Vermögens auf eine Stiftung, ist in jedem Fall die Mitwirkung aller Mitglieder in der Mitgliederversammlung erforderlich, da es sich hier um eine Grundsatzentscheidung allererster Ordnung handelt. Anzustreben ist sogar die Einstimmigkeit aller Mitglieder, da diese ja nicht nur einfach die Satzung ändern, sondern sich in der Tat der Grundlage ihres vereinsmäßigen Zusammenschlusses begeben.

Die Errichtung einer Stiftung durch einen Verein wird also grundsätzlich vom Vorstand vorzubereiten und anschließend von der Mitgliederversammlung zu beschließen sein. Die Stiftungsaufsichtsbehörden legen nicht ohne Grund Wert darauf, daß operativ tätige Vereine sich anschließend auflösen oder ihre Satzung so einschneidend verändern, daß eine operative Tätigkeit, die in einen Wettbewerb zu der zu errichtenden Stiftung treten könnte, ausgeschlossen wird. Dies ist vor allem deswegen von Bedeutung, weil diese Tätigkeit in vielen Fällen von privaten Spenden und öffentlichen Zuschüssen abhängig ist und die Aufsichtsbehörde verhindern will, daß die Stiftung solche Spenden und Zuschüsse nicht bekommt, weil der stiftende Verein sie nach wie vor für sich in Anspruch nimmt.

Es sollte auch an dieser Stelle darauf hingewiesen werden, daß das Thesaurierungsproblem mit der Errichtung einer Stiftung nur zum Teil gelöst werden kann. Die Stiftung als zweckgewidmete Vermögensmasse kann natürlich nicht nur betriebsnotwendiges Vermögen, sondern insbesondere auch Finanzanlagen als Vermögenswerte halten. Sie ist sogar zu deren Erhaltung verpflichtet. Allerdings muß sie zwischen Stiftungsvermögen und Stiftungsmitteln stets genau unterscheiden. Spenden, die für die laufende Tätigkeit der Stiftung gegeben wurden, dürfen keineswegs in das Stiftungsvermögen überführt werden, sondern unterliegen den gleichen Beschränkungen wie Zuwendungen an Vereine. Allerdings ist die Annahme sogenannter Zustiftungen gestattet, wobei die Frage, ob eine Zuwendung als Zustiftung oder als Spende in die Stiftungsmittel angesehen wird, vom Zuwendungsgeber entschieden werden muß. In der Praxis ist es legitime und gängige Praxis, hierüber mit den Zuwendungsgebern zu reden, um diese, falls von der Stiftung gewünscht, zu veranlassen, ihre Zuwendung als Zustiftung zu erklären.

Zusammenfassend läßt sich hierzu feststellen, daß die Umwandlung eines Vereins in eine Stiftung bei genauer Beachtung der einschlägigen Vorschriften der Abgabenordnung zusätzliche Gestaltungsmöglichkeiten eröffnet, aber kein Allheilmittel gegen Beanstandungen der Rücklagenbildung darstellt.

Unabhängig von diesen steuerrechtlichen Überlegungen gibt es aber sehr wohl auch wichtige andere Gründe, die für eine Umwandlung oder Ausgliederung einer Vereinstätigkeit in eine Stiftung sprechen. Viele Vereine sind ursprünglich nur aus Verlegenheit als solche gegründet worden. Sie stellen nicht wirklich einen Zusammenschluß von Menschen zu einem bestimmten, nicht kommerziellen Zweck dar, sondern sind künstlich geschaffen worden, um einen juristischen Träger zu haben, der auch die Gemeinnützigkeit erlangen kann. Die Mitwirkung der Mitglieder ist entweder gar nicht vorhanden oder erweist sich als Hemmschuh für die Realisierung des eigentlichen Zwecks.

Andere Vereine haben große Schwierigkeiten mit der vereinsrechtlich vorgeschriebenen vereinsinternen Demokratie. Diese läßt sich mit einer Gruppe natürlicher Personen als Mitglieder relativ leicht herstellen und durchhalten. Sehr viel schwieriger ist dies aber dort, wo die Mitglieder große, unterschiedlich strukturierte und zum Teil in sich ganz und gar undemokratische Organisationen sind. Ein typisches Beispiel für die Schwierigkeiten mit vereinsinterner Demokratie sind die kirchlichen Wohlfahrtsverbände. Aus völlig legitimen Gründen wollen dort die verfaßten Kirchen mit ihren ganz anders gearteten Strukturen einen beherrschenden Einfluß ausüben. Die Widersprüche zwischen diesem Bedürfnis und den Wünschen einzelner Mitglieder, die aus dem allgemeinen Vereinsrecht sehr viel stärkere Mitwirkungsrechte ableiten, sind vielfach unüberbrückbar oder führen zu immer komplizierteren Satzungsbestimmungen, die ihrerseits straffe Führungsstrukturen verhindern.

Ein weiterer Beweggrund für die Umwandlung eines Vereins in eine Stiftung ist die erklärte Absicht, der Tätigkeit größere Langfristigkeit und Beständigkeit zu verleihen. Während die Vereinstätigkeit stets vom Willen ihrer Mitglieder, der sich in jeder Mitgliederversammlung neu artikuliert, abhängig bleibt, kann die aus ihrem Ursprung lebende Stiftung kontinuierlicher handeln. Diese Kontinuität ist sowohl im Zusammenhang mit dem eigenen Selbstverständnis als auch mit der Übernahme von verantwortlichen Dienstleistungen und der Akquisition von Mitteln zu sehen. Bestimmte Tätigkeiten sind von ihrer Natur her so angelegt, daß Zuwendungsgeber die Sicherheit haben wollen, daß diese Zuwendungen dem dargestellten Zweck langfristig und kontinuierlich und ohne die Gefahr plötzlicher strategischer Umorientierungen zugute kommen. Daß die Zugehörigkeit zu dem sehr viel kleineren Kreis der Stiftungen manchen Spender darüber hinaus psychologisch beflügelt, sei nur am Rande erwähnt.

Ein gutes Beispiel für eine Änderung der Rechtsform aus solchen strategischen Überlegungen heraus bietet das Frankfurter Institut für wirtschaftspolitische Forschung e.V., Träger des berühmten Kronberger Kreises. Für Vorstand und Mitglieder dieses Instituts, allesamt Führungskräfte aus Wirtschaftsunternehmen, waren die Überlegungen des Direktors einsichtig, daß auf lange Frist nur die Stiftung in der Lage sein würde, die Tätigkeit kontinuierlich fortzuführen und finanziell hinreichend abzusichern. Das Institut errichtete daher seinerseits eine Stiftung, überträgt zur Zeit seine gesamte operative Tätigkeit auf diese und wird sich als Trägerverein anschließend auflösen. Ein Förderverein freilich, der der Stiftung als nicht rechtsfähiger Verein zugeordnet ist, wird auf Dauer bestehenbleiben.

3.3 Unternehmen als Stifter

Eine Möglichkeit der engen Verbindung zwischen einem Wirtschaftsunternehmen und einer Stiftung wurde bereits dargestellt (Kapitel 2.4). Eine völlig andere bildet die Errichtung einer Stiftung durch ein Unternehmen selbst.

Wirtschaftsunternehmen haben einen Bedarf an Kommunikation mit ihrem Umfeld. Neben dem Produktverkauf sind auch andere Unternehmensziele für sie wichtige Inhalte ihres Marketings. Gesellschaftliches Verantwortungsbewußtsein, auch von leitenden Persönlichkeiten innerhalb des Unternehmens, aber auch konkretere legitime Ziele der unmittelbaren Unternehmenskommunikation sollten spätestens, wenn es um langfristige, strategische Unternehmensziele geht, dazu führen, daß das Stichwort Stiftung in die Diskussion gebracht wird. Sicher war es auch vor Hunderten von Jahren ebenso notwendig wie üblich, daß Wirtschaftsunternehmen – Handelshäuser – in gleicher Weise wie Landesherren oder andere Teilhaber wirtschaftlicher oder politischer Macht danach trachteten, Gesprächsebenen zu all denen herzustellen, mit denen über beiderseits interessierende Belange gesprochen werden mußte. Die Erfahrung ist uralt, daß solche Gesprächsebenen vielfach besser über andere Themen als die strittigen hergestellt werden. Hinzu kam schon seit Beginn des Industriezeitalters im frühen 19. Jahrhundert bei manchen Unternehmen der Anspruch, für die Mitarbeiter auch außerhalb des konkreten Arbeitsverhältnisses zu sorgen. Frühe Beispiele unternehmerischen Mäzenatentums, also Stiftens, sind daher soziale Einrichtungen und regionale Kunstförderung.

Seit dem Zweiten Weltkrieg sind diese Ansatzpunkte noch um weitere ergänzt worden, z. B. die Erkenntnis, daß gerade in einem Land, das so arm an Rohstoffen ist wie Deutschland, die menschlichen Ressourcen durch Grundlagenforschung, anwendungsorientierte Wissenschaft, Ausbildung und Weiterbildung zur langfristigen Sicherung jedes einzelnen Unternehmens von allergrößter Bedeutung sind. So wurde Wissenschaft in den 50er und 60er Jahren auch unter dem Eindruck immer stärkerer Konkurrenz aus den USA, der UdSSR, anderen europäischen Staaten und Japan zum bevorzugten Förderungsgegenstand von Unternehmen, und hier insbesondere durch mäzenatische Aktivitäten. Die verstärkte Wissenschaftsförderung durch Unternehmen und den Staat, in beiden Fällen vielfach durch Stiftungen, bildet übrigens ein frühes und besonders gelungenes Beispiel einer »public-private partnership«, also einer echten Partnerschaft zwischen dem öffentlichen und dem privaten Sektor zugunsten des allgemeinen Wohls.

Der Trend der Stiftungserrichtungen zeigt, daß im letzten Jahrzehnt aktuelle Themen, wie die Sicherung des Überlebens auf der Erde und alle mit der Ökologie zusammenhängenden Fragen, sowie andererseits eine Hinwendung zur kulturellen Dimension des Lebens wieder stärker in den Vordergrund getreten sind. Dies hängt damit zusammen, daß die Gewinnung und Motivierung von Mitarbeitern und deren Familien und der Einfluß auf politische Entscheidungen im demokratischen Prozeß immer stärker in den Mittelpunkt strategischer Unternehmensplanung rücken.

Dabei spielt gewiß auch eine Rolle, daß Wirtschaftsunternehmen und deren Verbände sich, ob zu Recht oder zu Unrecht, darüber beklagen, daß sie häufig Angriffen aus der Gesellschaft ausgesetzt sind. Die langfristige Verpflichtung zu einer nicht kommerziellen, der Allgemeinheit zugute kommenden und in der Öffentlichkeit als positiv gesehenen Aufgabe kann in diesem Zusammenhang als legitimes Argument gegen solche Angriffe verstanden werden.

Daß über die Mitwirkung in einem Stiftungsorgan den Führungskräften eines Unternehmens auch gesellschaftlich interessante Nebenbetätigungen oder Ehrenstellungen zum Teil von hohem Prestigewert winken, ist als Motiv sicher auch nicht von der Hand zu weisen.

Fast jedes deutsche Großunternehmen und viele mittelständische Unternehmen haben in den letzten Jahrzehnten kleinere oder größere Stiftungen errichtet, die in der Regel zusätzlich zum einmalig zur Verfügung gestellten Kapital jährlich mit Spenden dotiert werden. Durch die Konzentration der Spenden auf eine solche Stiftung wird aus dem Gießkannenprinzip der Spendenverteilung ein koordinierter, planmäßiger Teil einer Kommunikationsstrategie. Manche Unternehmen haben erkannt, daß eine sinnvolle Bündelung von Werbemaßnahmen, einschließlich Sponsoring, PR-Maßnahmen und mäzenatischer Maßnahmen, äußerst effektiv sein kann. Es wäre aber sachlich falsch und eine ungerechte Beurteilung, wollte man dies nur als Instrument der Profitmaximierung verteufeln. Der tatsächliche Nutzen für die Allgemeinheit, Motive eines echten bürgerschaftlichen Verantwortungsbewußtseins und der Blick auf das Unternehmen als wichtigen Teil eines Gesamtlebensraums rechtfertigen in der Regel eine positive Beurteilung, sofern diese Komponenten im Einzelfall auch erkennbar sind.

Von Unternehmen errichtete Stiftungen werden in der Regel vom Unternehmen selbst verwaltet, und die Stiftung greift auf die Infrastruktur des Unternehmens zurück. Dies führt zu einer Senkung der Kosten bei der Stiftung, gelegentlich aber auch zu Interessenkollisionen, die durch die Mitwirkung von Externen in der Stiftung vermieden werden können. Immer mehr Unternehmen legen allerdings die Stiftungsverwaltung in die Hände einer externen Fachorganisation, um die Mitarbeiter des Hauses von der Beschäftigung mit den Feinheiten einer letztlich unternehmensfremden Systematik freizuhalten. Es sollte nicht verschwiegen werden, daß in manchen Unternehmen die Errichtung einer kleinen Stiftung bewußt so angelegt wird, daß einem verdienten Mitglied des Aufsichtsrates oder Vorstandes damit ein Denkmal gesetzt wird. Dies ist gewiß legitim, sollte aber mit Vorsicht und Zurückhaltung praktiziert werden.

Nicht eindeutig zu beantworten ist die Frage nach einem Zusammenhang zwischen Unternehmens- und Stiftungszweck. Während die Kommunikationsexperten mancher Unternehmen diesem eine zentrale Bedeutung zumessen, raten besonders externe Fachleute von einer zu engen Betrachtungsweise ab. In der Regel haben Unternehmen mit ihren Stiftungen dann einen besonders guten Erfolg gehabt, wenn sie sich bei der Zweckbestimmung ganz an den Bedürfnissen des Umfeldes orientiert haben und die Produktlinie des Unternehmens nur komplementär und nur dann berücksichtigt haben, wenn diese zu dem primären Faktor einen wirklichen Beitrag leisten konnte.

Nicht ganz unproblematisch ist die Frage, mit welchen Mitteln ein Unternehmen eine Stiftung mit Kapital ausstatten kann. Grundsätzlich ist dies nur aus dem Gewinn möglich, der allerdings zunächst den Eigentümern zusteht. Es ist daher strittig, ob in einer Publikumsgesellschaft eine solche Gewinnschmälerung ohne Zustimmung der Hauptversammlung zulässig ist. In der Regel werden Vorstand und Aufsichtsrat die Errichtung einer Stiftung mit unmittelbaren Unternehmensinteressen begründen, die wahrzunehmen unbedingt im Rahmen ihrer Zuständigkeit liegt. Dem steht allerdings die Bestimmung des Gemeinnützigkeitsrechts gegenüber, die eine Priorität eigennütziger Motive bei steuerabzugsfähigen Spenden ausdrücklich ausschließt.

Diese etwas theoretische Zwickmühle sollte allerdings kein Unternehmen davon abhalten, die Möglichkeit einer Stiftungserrichtung in seine Überlegungen einzubeziehen. Ähnlich wie beim privaten Stifter müssen der Errichtung allerdings intensive und fachkundige Überlegungen vorausgehen.

Große Unsicherheit und Verwirrung herrschen bei Unternehmen wie in der Öffentlichkeit immer noch bei der Verwendung der Begriffe Spenden, Stiften und Sponsern. Häufig wird die Förderung durch Unternehmen und unternehmensnahe Stiftungen, gelegentlich sogar durch Stiftungen generell, mit dem Begriff sponsern bezeichnet, obwohl dies zwei grundverschiedene Dinge sind und die falsche Anwendung zu erheblichen steuerlichen Nachteilen sowohl für Geldgeber als auch für Geldempfänger führen kann. Es nützt auch nichts, wie es oft geschieht, über die exakte Begriffsdefinition mit dem Hinweis hinwegzugehen, das sei nicht so wichtig oder man könne den Begriff ja auch anders verwenden, denn der entscheidende Mitspieler, das Finanzamt, gebraucht die Begriffe eindeutig.

Alle drei genannten Möglichkeiten können unter dem Oberbegriff »Fördern« zusammengefaßt werden, wobei nicht verkannt werden darf, daß die Art der Förderung mehr oder weniger unmittelbar sein kann.

In diesem Rahmen ist Sponsern die Förderung durch ein Wirtschaftsunternehmen aus Erwägungen zum Nutzen des Unternehmens, und zwar für Zwecke der Öffentlichkeitsarbeit, des Marketings, der Werbung im weitesten Sinne. Technisch definiert Sponsoring einen Vorgang, bei dem ein Unternehmen einem Dritten Werbekraft, die dieser Dritte besitzt, abkauft, um sie an das Unternehmen zu koppeln. Im Bereich des Sports wird diese Werbekraft in aller Regel einem einzelnen Sportler abgekauft, d.h. das Unternehmen wirbt mit der Assoziation zu einem bestimmten Spitzensportler. Im Bereich von Kultur, Ökologie, Sozialwesen und Wissenschaft wird die Werbekraft in der Regel (Spitzenmusiker bilden hier eine gewisse Ausnahme) nicht einer Person, sondern einer öffentlichen oder privaten Institution abgekauft. Sponsoring ist immer ein Geschäft auf Gegenseitigkeit und muß in jeder Hinsicht so konzipiert und durchgeführt werden wie jedes andere ordentliche Geschäft auch. Sponsoring ist freilich nicht etwas Anrüchiges, Illegitimes oder grundsätzlich Abzulehnendes. Es ist ein Instrument der Kommunikation einerseits, der Finanzierung andererseits, das positive Möglichkeiten eröffnet, aber auch klare Grenzen hat. Sponsoring hat beispielsweise meist einen kurzfristigen Aspekt.

Im Gegensatz dazu stellen Stiften und Spenden die Hingabe von Geld-, Sach- und Dienstleistungen ohne ausdrückliche Gegenleistung dar. Das Spenden und Stiften ist kein Geschäft auf Gegenseitigkeit, sondern eine freiwillige einseitige Leistung.

Das Stiften unterscheidet sich vom Spenden dadurch, daß eine Spende beim Empfänger zum sofortigen Einsatz, wenn man so will, zum sofortigen Verbrauch bestimmt ist. Die Stiftung dagegen bleibt, wie wir gesehen haben, als solche erhalten, und nur der Ertrag dient dem festgelegten Zweck.

Für ein Wirtschaftsunternehmen ist der Unterschied vor allem deswegen bedeutsam, weil Sponsoring eine Betriebsausgabe darstellt, das Spenden und Stiften hingegen eine Sonderausgabe und damit Teil der Gewinnverwendung. Selbst wenn also ein Unternehmer oder Vorstandsmitglied, was häufig vorkommt, selbst nicht weiß, ob seine Fördermaßnahme nun als Sponsoring oder Spende zu gelten habe, sein Buchhalter muß es wissen. Er muß die Ausgabe an einer bestimmten Stelle verbuchen. Betriebsausgaben unterliegen der Nachprüfung durch den Betriebsprüfer des Finanzamts und werden dann als betrieblich veranlaßt anerkannt, wenn sie bestimmte Kriterien erfüllen: Sie müssen geeignet sein, den betrieblichen Erfolg zumindest mittelfristig zu verbessern, sie müssen der Höhe und dem Verhältnis zum Umsatz nach branchenüblich sein, und es muß der Ausgabe eine konkrete Gegenleistung gegenüberstehen. Denkbar ist allerdings eine Konstruktion, bei der ein Unternehmen Ausgaben zugunsten »seiner« oder einer anderen Stiftung als Betriebsausgaben geltend macht. Spenden und Stiftungen hingegen können vom Privatmann grundsätzlich in unbegrenzter Höhe, steuerlich wirksam jedoch nur bis 5 bzw. 10 % des steuerpflichtigen Einkommens geleistet werden; eine Gegenleistung darf nicht vereinbart werden, als Nachweis gilt allein die formgerechte Spendenquittung.

Gleiches gilt auch für das Unternehmen, wobei es hinsichtlich des Anteils am steuerpflichtigen Gewinn auch zwei Promille vom Umsatz als Bemessungsgrenze wählen kann. Hinzu kommt aber, daß nicht das Management eines Unternehmens darüber zu entscheiden hat, sondern die Eigentümer, die freilich Einzelentscheidungen delegieren können.

(Aus alldem wird auch deutlich, daß eine Stiftung von der Natur der Sache her nicht sponsern kann, denn sie hat keine Werbebedürfnisse. Sehr wohl kann sie sich aber sponsern lassen, wenn sie mit einem Wirtschaftsunternehmen eine entsprechende Vereinbarung abschließen kann. Ebensowenig ist es in der Praxis vorstellbar, daß ein Privatmann sponsert, selbst wenn er theoretisch Werbungskosten geltend machen kann.)

Mit etwas Phantasie lassen sich für ein Unternehmen Förderkonzepte entwickeln, in denen Sponsoring, Spenden und Stiften ihren Platz haben. Ein solches Konzept kann sowohl zu einer steuerlichen Optimierung einer Förderpolitik als auch zu einem inhaltlich für beide Seiten spannenden Verhältnis führen. So kann etwa, nur um ein Beispiel zu nennen, ein

Unternehmen eine Stiftung errichten, um damit eine langfristige und vom Tagesgeschäft und von der wechselnden Gewinnsituation etwas abgesetzte Förder- oder sogar gemeinnützige operative Einheit zu begründen. Dasselbe Unternehmen kann dann diese Stiftung jährlich aus seinem Spendenetat dotieren, was für diesen Etat die Hinwendung zu einer vernünftigen Prioritätensetzung bedeuten kann. Schließlich kann wiederum dasselbe Unternehmen mit »seiner« Stiftung Sponsoringvereinbarungen abschließen, was durchaus auch dazu führen kann, daß in der Wirkung nach außen eine durchaus nicht unwillkommene Verstärkung der unternehmensbezogenen Kommunikation eintritt.

Übrigens ist hier auch der Staat und insbesondere der Gesetzgeber aufgerufen, nicht kleinlich die Beachtung formaler Vorschriften in den Vordergrund zu stellen, sondern vielmehr durch Ausschöpfung aller bestehenden und durch Schaffung zusätzlicher gesetzlicher Möglichkeiten die private Fördertätigkeit zugunsten gemeinnütziger Zwecke anzuregen und zu erleichtern.

3.4 Der Unternehmer als Stifter

Ein besonders interessanter und immer stärker in den Vordergrund tretender Aspekt der Verbindung zwischen Wirtschaft und Stiftung ist der des Unternehmers als Stifter. Es ist noch zuwenig bekannt, daß für viele Unternehmer, insbesondere natürlich Eigentümerunternehmer, die Errichtung einer Stiftung ein hervorragendes Instrument ist, um eine ganze Reihe von Zielen zu erreichen. Es gibt jedoch aus den letzten Jahren schon eine Reihe von sehr erfolgreichen Beispielen für diese besondere Form unternehmerischer Tätigkeit, und es ist damit zu rechnen, daß in diesem Jahrzehnt nicht wenige besonders kreative und weitblickende Unternehmerpersönlichkeiten zumindest sorgfältig prüfen werden, ob sie nicht eine Stiftung errichten sollen.

Obwohl bereits an anderen Stellen erwähnt, soll hier nochmals kurz zusammengefaßt werden, warum gerade jetzt der Unternehmer als Stifter so sehr im Blickpunkt steht.

Gesellschaftspolitisch haben wir in Deutschland in den vergangenen 40 Jahren erlebt, daß in allen Bereichen des Handelns für das allgemeine Wohl die Tätigkeit der öffentlichen Hand gegenüber der privaten Initiative immer stärker zugenommen hat. Dies gilt natürlich in besonders krasser, mißbräuchlicher und folgenschwerer Weise für die ehemalige DDR. Aber auch für Westdeutschland ist festzustellen, daß Bund, Länder und Gemeinden neben ihren ureigenen hoheitlichen Aufgaben in immer stärkerem Maße auch Aufgaben übernommen haben, die zumindest möglicherweise auch von privaten Personen, Unternehmen oder Gruppierungen hätten übernommen werden können.

Es erweist sich zunehmend, daß sich die öffentliche Hand mit dem Anspruch, alles regeln, planen, prüfen und womöglich auch selbst durchführen zu wollen, übernommen hat. Die öffentliche Verwaltung hat die Größe einer qualifiziert zu betreibenden Organisation längst überschritten. Sie ist zum unüberschaubaren Moloch geworden, der einen immer größeren Anteil seiner Einnahmen für Verwaltungsausgaben – für Overheads – verbraucht. Die Steuerbelastung der Bürger, die Haupteinnahmequelle des Staates, hat längst die Grenze des Vernünftigen überschritten; sie ist an die Grenze des Möglichen gestoßen.

In dieser Situation ist Privatisierung »zurück zu den Bürgern« das Gebot der Stunde und wird es auf lange Zeit bleiben. Freilich ist es nicht damit getan, die Rechtsverhältnisse oder Eigentumsverhältnisse zu ändern. Es müssen Strukturen verändert werden.

Die Gelegenheit ist günstig, ein schon lange erkanntes und grundsätzliches Übel unter dem Druck leerer öffentlicher Kassen endlich abzustellen oder zumindest zu mildern.

Wer ein gewinnorientiertes Unternehmen erfolgreich aufgebaut oder geführt hat, ist wie kein anderer dazu prädestiniert, auch ideell orientierte Projekte oder Unternehmen erfolgreich zu führen. Wer es sich zur Lebensaufgabe gemacht hat, Probleme kreativ zu lösen, neue Ideen zu verwirklichen, Chancen zu nutzen, Entscheidungen durchzusetzen, Mitarbeiter zu führen und zielorientiert zu handeln, wird für die großen Aufgaben im Kultur- und Sozialwesen und in anderen Bereichen gemeinnützigen Handelns dringend gebraucht. Hier mangelt es nämlich an solchen Persönlichkeiten, und die großen Herausforderungen der Zukunft können ohne sie nicht gemeistert werden.

Für den Unternehmer erhebt sich die Frage, wie er diese Chance in praktisches Handeln umsetzen kann. Viele Unternehmer engagieren sich in gemeinnützigen Organisationen, Vereinen, Gesellschaften. Sie tun dies aus Einsicht in die besondere gesellschaftliche Verantwortung des Unternehmers und durchaus, auch legitimerweise, aus der Interessenlage ihres Unternehmens heraus, und sie versuchen, ihre besondere Kompetenz auch dort wirksam werden zu lassen. Die Organisationen sind gut beraten, diese Kompetenz in Anspruch zu nehmen und die Unternehmer nicht nur um ihrer tatsächlichen oder vermeintlichen finanziellen Möglichkeiten willen zu umwerben.

Aber viele Unternehmer haben die Erfahrung gemacht, daß sie auch in jahrelangem Engagement weniger bewirken können, als sie eigentlich wollen. Strukturen gemeinnütziger Organisationen sind traditionell zäh, und kreative neue Ansätze begegnen der ebenso falschen wie frustrierenden Antwort, eine gemeinnützige Organisation sei mit einem Wirtschaftsunternehmen nicht vergleichbar, sie arbeite anders und könne unternehmerische Denkweisen nicht übernehmen. Solche Erfahrungen führen zu Resignation und Rückzug.

Dies muß aber nicht so sein. Dem Unternehmer steht in manchen, freilich nicht in allen Fällen ein Instrument zur Verfügung, mit dem er seine Ideen, seine Arbeitsweise, seine Zielvorgaben zum Wohle der Allgemeinheit verwirklichen kann. Hier kann er experimentieren, neue Wege gehen, gegen den Strom schwimmen, anstiften: Die Stiftung mit ihrem hohen Maß an Unabhängigkeit und Gestaltungsfreiheit bietet dem engagierten Unternehmer das richtige Instrumentarium. Es ist altbewährt und aktueller denn je.

Hier warten Herausforderungen auf den Unternehmer. Stiftungen und andere dem Gemeinwohl verpflichtete Einrichtungen sind keine Verwaltungen, sondern ideell orientierte Unternehmen.

Die notwendige Unabhängigkeit wird vor allem erzielt durch die Ausstattung mit eigenem Vermögen. Eine Stiftung muß keineswegs nur von den Erträgen ihres eigenen Vermögens leben. Sie kann Leistungen für Dritte auch gegen Entgelt erbringen. Die Stiftung kann ferner Zustiftungen und Spenden annehmen und natürlich auch, wo dies wirklich sinnvoll und möglich erscheint, mit Subventionen aus öffentlichen Mitteln arbeiten. Sie kann sich für Projekte mit anderen Organisationen verbinden und so den Einsatz der Mittel optimieren. Entscheidend ist nur, daß Stiftungsvermögen, Stiftungszweck und die Art der Verwirklichung in einem sinnvollen Verhältnis zueinander stehen.

Bei kluger Auswahl eines sinnvollen Stiftungszwecks kann auch bei relativ geringem Vermögen eine Stiftung mit einem guten Arbeitsprogramm eine unverhältnismäßig große Wirkung erzielen. Sie kann wirklich etwas bewegen, Akzente setzen, einen sehr konkreten Beitrag zur Linderung von Not, zum Abbau eines gesellschaftlichen Defizits, zur Bewahrung oder Einrichtung eines kulturellen Identifikationspunktes usw. leisten. Sie kann die Idee des Stifters in die Tat umsetzen. Ihre

Bedeutung wirkt auf den Stifter zurück. Innere Befriedigung und in vielen Fällen ein sehr legitimes gesellschaftliches Ansehen sind sein Lohn.

Unternehmer, die keine unmittelbaren Erben haben oder ihre Erben nicht oder nur teilweise an der Erbmasse partizipieren lassen wollen, sind gut beraten, wenn sie positiv über die Möglichkeiten nachdenken, ihr Vermögen ganz oder teilweise gesellschaftlich wirksam werden zu lassen, ohne es der öffentlichen Hand oder einer schon bestehenden Organisation zu überantworten. Durch die Errichtung einer gemeinnützigen Stiftung ist ein Nachfolgeproblem elegant und verantwortungsvoll zu lösen. In ein Stiftungskonzept läßt sich die Versorgung von Angehörigen, auch der nächsten Generation oder auf unabsehbare Zeit, einarbeiten. Hier bedarf es freilich gründlicher Überlegungen und in den meisten Fällen wohl auch fachkundiger Beratung. Noch stärker ist diese allerdings dazu notwendig, eine schlüssige Konzeption für den Stiftungszweck und seine Verwirklichung zu erarbeiten. Mit der schnellen Formulierung einer Satzung ist es nicht getan. Ist all dies nicht gerade dem vertraut, der gelernt hat, strategisch und zielorientiert zu denken?

Der Unternehmer, der diese grundsätzlichen Überlegungen angestellt hat, steht vor der Frage, in welcher Form er Vermögensbestandteile seiner Stiftung übereignen soll. Besonders entscheidend sind diese Überlegungen dann, wenn das Vermögen zu wesentlichen Teilen im Unternehmen steckt. Sollen etwa die GmbH-Anteile auf die Stiftung übertragen werden, oder ist es besser, das Unternehmen an die Börse zu führen oder anderweitig zu verkaufen und aus dem Erlös die Stiftung zu dotieren?

Auf diese Frage gibt es keine prinzipielle Antwort. Wie bereits dargelegt wurde, ergeben sich beim Unternehmen in Stiftungseigentum Management-Probleme, die allerdings in der Regel gelöst werden können. Andererseits kann es ja durchaus eines der Ziele der Stiftungserrichtung sein, das Unternehmen in seinem Bestand zu erhalten und, wenn auch unter veränderten Vorzeichen, als Familienunternehmen fortzuführen. Auch hier ergibt sich Beratungsbedarf, um die vielen Gestaltungsmöglichkeiten fachkundig abzuwägen und eine maßgeschneiderte Lösung zu erarbeiten. Die Interessenlage des Unternehmens und seiner Mitarbeiter ist dabei ebenso zu berücksichtigen wie die Interessen des Unternehmers und seiner Familie und die künftige Interessenlage der Stiftung. Keiner Interessenlage darf eine Lösung aufgezwungen werden, die nicht verkraftbar ist. Ein intelligenter Konsens ist für den Erfolg unabdingbar.

Besonders hervorzuheben ist in diesem Zusammenhang das frühzeitige Einbeziehen von Stiftungsgesichtspunkten in das Gesamtkonzept, wenn ein Unternehmensverkauf aus ganz anderen, unternehmens- oder Eigentümer-bezogenen Gründen diskutiert wird und wenn letztlich auch nur als Möglichkeit an die Errichtung einer Stiftung gedacht ist. Es ist grundsätzlich falsch zu sagen, erst werde der Unternehmensverkauf abgewickelt und dann das Thema Stiftung behandelt.

Es gibt Vermögensinhaber, die jede Entscheidung über ihr Vermögen primär unter steuerlichen Aspekten vorbereiten. Eine solche Betrachtungsweise ist in der Regel wenig zweckmäßig. Im Vordergrund muß zunächst das Ziel stehen, anschließend muß erarbeitet werden, welche Schritte notwendig sind, um das Ziel zu erreichen. Erst in diesem Zusammenhang taucht naturgemäß auch die Frage der steuerlichen Optimierung auf.

Eine einfache Stiftungserrichtung aus dem Vermögen einer Privatperson ist in der Regel steuerlich nicht sonderlich schwierig. Anders ist es aber, wenn eine Stiftungserrichtung in einem größeren und komplizierteren Zusammenhang steht, etwa im Zusammenhang mit Unternehmensverkauf, Entnahmen aus dem Betriebsvermögen, Erbvertrag usw. In diesem Fall ist dringend zu raten, eine steuerlich optimierte Lösung durch die Steuer- und Rechtsberater des Vermögensinhabers gemeinsam mit dem Stiftungsexperten erarbeiten zu lassen. Schließlich geht es ja darum, das Vermögen möglichst ohne Beeinträchtigung durch Steuerzahlungen im beabsichtigten Umfang der Stiftung zuzuführen.

Daß das Errichten und das Führen von Stiftungen Aufgaben sind, für die unternehmerische Qualitäten sehr zu wünschen sind, ist hoffentlich deutlich geworden. Daß die Errichtung einer Stiftung nicht nur ein Vermögen und eine Idee voraussetzt und schon gar nicht etwa nur eine Möglichkeit, einen Erben zu konstruieren, wenn keine anderen Erben vorhanden sind, sollte ebenfalls klar sein. Die vom Gesetzgeber vorgesehene Möglichkeit, eine Stiftung von Todes wegen, also durch Testament zu errichten, sollte aus diesem Grunde in kaum einem Fall genutzt werden, gilt es doch, das Unternehmen Stiftung nicht nur rechtlich zu gründen, sondern auch aufzubauen und zu gestalten, zumindest aber den Aufbau persönlich zu begleiten. Auswahl und Einsetzung guter Führungskräfte, Impulse für die Stiftungsarbeit sind Aufgaben, an denen der institutionelle oder private Stifter aktiv oder zumindest begleitend mitwirken sollte. Dem steht nicht entgegen, das Tagesgeschäft Fachleuten, auch externen Fachleuten, zu überlassen, wenn dies zweckmäßig erscheint.

Für unternehmerische Persönlichkeiten, zumal dann, wenn sie ihre Fähigkeiten für das allgemeine Wohl, für eine besonders sinnvolle Arbeit, für ein Ziel, das sie sich in jeder Hinsicht selbst gesteckt haben, einsetzen wollen, gibt es ein reiches Feld der Betätigung. Vorsitz oder Mitwirkung in einem Stiftungsrat, ein Vorstandsamt oder eine Mitwirkung in anderen Gremien sind, ob nun in Verbindung mit der Eigenschaft als Stifter oder nicht, interessante und befriedigende Tätigkeiten. Sie sind mit einer Wirksamkeit in die Öffentlichkeit, mit hochinteressanten Kontakten, mit Einfluß verbunden. Das Unternehmen Stiftung, frei von den Zwängen eines Wirtschaftsunternehmens, aber nicht von der Notwendigkeit und der Chance wirtschaftlichen Handelns, ist ein Unternehmen mit Zukunft. Seine Bedeutung nimmt zu, seine Chancen steigen.

3.5 Der private Stifter

Der klassische Stifter ist nach wir vor der Bürger. Mit dem Begriff des Stifters verbindet sich in der Öffentlichkeit der Privatmann, der es zu etwas gebracht hat und nunmehr sein Vermögen oder einen Teil davon der Allgemeinheit zur Verfügung stellt.

An dieser Definition ist nichts grundsätzlich Falsches. Es wäre allerdings zu einfach, wollte man unsere reiche historisch gewachsene Stiftungslandschaft ausschließlich auf solche Entstehungsgründe zurückführen.

Zweifellos ist es aber richtig zu sagen, daß die meisten Menschen mit dem Bedürfnis ausgestattet sind, in dieser Welt etwas Dauerhaftes zu bewirken, und zwar durchaus über den eigenen Tod hinaus. Auch der Wille, über den Tod hinaus Entscheidungen zu beeinflussen, ist weit verbreitet, und letztlich ist bei allem Egoismus die Einsicht in die Not dieser Welt nicht so selten, wie man zunächst annehmen möchte.

Wenn man unterstellt, daß die Befriedigung von Bedürfnissen dieser Art zum originären Bestand menschlicher Bedürfnisse überhaupt gehört, so ergibt sich daraus die Suche nach einer geeigneten Organisationsform als eine ganz natürliche Konsequenz.

Grundsätzlich lassen sich die Motive des privaten Stifters in drei Gruppen teilen:

1. die Nachfolgeproblematik,
2. das ideelle Anliegen,
3. die Selbstverwirklichung.

Bei jeder Stiftungserrichtung ist ein Element aus einer dieser drei Motivgruppen vorherrschend, und fast immer spielen Elemente aus anderen Gruppen eine wichtige Rolle.

Ein Nachfolgeproblem tritt zunächst dann auf, wenn ein Vermögensinhaber nicht über leibliche Erben verfügt. Dies ist sehr viel häufiger der Fall, als gemeinhin angenommen wird. Es wird geschätzt, daß die deutschen Bürger ein liquides Privatvermögen (ohne Immobilien und direkte Unternehmensbeteiligungen) von annähernd 4 Billionen DM besitzen. Die Schätzung sagt weiter, daß mindestens 10 % dieser Vermögen, also rund 400 Milliarden DM, in diesem Jahrzehnt einmal zur Vererbung anstehen. Und weiter wird geschätzt, daß mindestens 1 % hiervon, also rund 4 Milliarden DM, dem Fiskus zufallen, weil weder gesetzliche noch testamentarisch eingesetzte Erben vorhanden sind. Dies ist mehr, als das Vermögen der zweitgrößten deutschen Stiftung, der Volkswagen-Stiftung, die über etwa 2,7 Milliarden DM verfügt. Aus diesem Vergleich mögen die Dimensionen des Problems ebenso erkennbar werden wie der Entscheidungsdruck, unter dem jeder steht, der den inneren Drang, etwas zu vererben, zunächst nicht befriedigen kann. Während es auch vor 100 Jahren noch durchaus üblich war, seiner Vaterstadt etwas zu vererben, ist dies heute, zumindest soweit es sich um größere Vermögen handelt, zur Ausnahme geworden. Die übermäßige Steuerbelastung der Bürger und die über Jahrzehnte verfolgte Tendenz der öffentlichen Körperschaften, das Leben der Bürger durch Planungen, Regelungen, Prüfungen, Einschränkungen und Handlungen immer weiter einzuengen, haben darüber hinaus dazu geführt, daß freiwillige Partnerschaften mit Staat und Stadt kaum noch angestrebt werden. Die totalitäre Demokratie (Max Weber) ist kein Wunschpartner bei langfristigen Überlegungen.

Andere traditionelle Empfänger und spätere Träger solcher Vermögenswerte werden heute ebenfalls weniger geschätzt. Die Universitäten und Kirchen gelten ebenso wie die Gemeinden als zu groß geratene öffentliche Körperschaften, die sich um das Anliegen des einzelnen zuwenig kümmern und das Vermögen nicht gut genug erhalten und verwalten können. In diesem Zusammenhang ist es auch nicht unwesentlich zu erwähnen, daß sich Gemeinden, Universitäten und Kirchen oft genug über den Stifterwillen hinweggesetzt und Stiftungen zusammengelegt, aufgehoben oder auf stillem Wege enteignet haben. Hinzu kommt noch, daß gerade sie die Anlage von Stiftungsvermögen in mündelsichere Anleihen als Regel praktiziert haben. Deren weit überproportionierte Zeichnung von Kriegsanleihen im Ersten Weltkrieg hat den Untergang vieler Stiftungen in der Inflation von 1923 zur Folge gehabt.

Es läge nahe, in dieser Lage daran zu denken, eine schon bestehende gemeinnützige Organisation, die sich den vom Vermögensinhaber für wichtig erachteten Zielen widmet, als Erbin einzusetzen. In der Tat erhalten die großen Hilfs- und Wohlfahrtsorganisationen immer wieder erhebliche Zuwendungen aus Erbschaften und Vermächtnissen. Gewiß kann den meisten dieser Empfänger ein korrekter und das Andenken des Erblassers ehrender Umgang mit diesen Zuwendungen bescheinigt werden. Aber zum einen gibt es leider auch in diesem Bereich negative Vorkommnisse, und zum anderen sollte es doch reizen, ein Vermögen nicht durch eine solche Verfügung untergehen zu lassen, sondern es als ehrendes Andenken auf Dauer zusammenzuhalten und mit eigenen Verfügungs- und Kontrollorganen auszustatten. Die ins Auge gefaßte Empfängerorganisation kann dann in der Satzung als mögliche oder sogar einzige Destinatärin beschrieben werden, kann aber das Vermögen selbst nicht antasten. Durch eine solche Konstruktion gerät die Stiftung bezüglich ihrer Wirksamkeit in die Nähe der früheren »Fideikomisse«, die allerdings rechtlich völlig anders aufgebaut waren und überdies nach dem Ersten Weltkrieg durch Gesetz aufgelöst wurden.

Es erstaunt daher nicht, daß die Schaffung autonomer selbstverwalteter und privatrechtlich organisierter Träger seit 1950 wieder stärker in das Bewußtsein gerückt ist. Dem privaten Bürger ist die private Stiftung in besonderer Weise gemäß. Sie ist wie er nur an Recht und Gesetz, nicht aber an die komplexe Mitwirkung unterschiedlicher Gremien und Körperschaften gebunden. Sie ist ein Ausdruck des Bürgerwillens. Unter den vielfältigen Gestaltungsformen für gesellschaftliche Wirksamkeit bürgerschaftlichen Handelns ragt sie vor allem durch ihre Autonomie und Unabhängigkeit heraus. Als eigenständige Ausformung einer juristischen Person des bürgerlichen Rechts steht sie unter besonderem Schutz unserer Rechtsordnung, und die fortdauernde Existenz von über 250 Stiftungen, die älter als 500 Jahre alt sind, beweist, daß es zumindest möglich ist, Stiftungen durch alle politischen und gesellschaftlichen Umwälzungen über eine sehr lange Zeit hinweg zu erhalten und tätig bleiben zu lassen.

Was könnte sich also der Bürger, der mangels geeigneter Erben Überlegungen über die Verwendung seines Vermögens nach seinem Tod anstellt, Besseres wünschen als eine solche autonome bürgernahe Organisation, die durch Gesetz dazu verpflichtet ist, seinen Willen auch nach seinem Tod zu vollziehen?

Diese Argumentation erscheint ebenso schlüssig, wenn nicht das Nachfolgeproblem am Beginn der Überlegungen steht, sondern das gemeinnützige Anliegen als solches. Traditionell wird für die Verwirklichung von Anliegen in Deutschland der Verein als Organisationsmodell angesehen. Es erstaunt nicht, daß den rund 6 500 Stiftungen rund 350 000 eingetragene Vereine gegenüberstehen. An anderer Stelle werden die spezifischen Vorteile von Verein und Stiftung einander gegenübergestellt (siehe Kapitel 6.3). Bei den Überlegungen des privaten Stifters gibt die Tatsache den Ausschlag, daß nur in den seltensten Fällen allein der Wunsch nach einer Nachfolgeregelung oder allein die Suche nach einer Organisation zur Verwirklichung eines Anliegens Gründe für das konkrete Handeln darstellen. In der überwiegenden Mehrzahl der Fälle entsteht eine Stiftung aus einem Bündel von Gründen und aus dem Wunsch nach Selbstverwirklichung, sei es als Lebender durch unternehmerische Betätigung in einem ideell orientierten Unternehmen, dem Wunsch nach gesellschaftlichem Ansehen oder der unabhängigen Mitwirkung an öffentlichen Angelegenheiten, sei es über den Tod hinaus durch die Schaffung eines lebenden Denkmals.

Es gibt auch Fälle, in denen sehr konkrete Ereignisse dazu führen, eine Stiftung zu begründen. Der Unfalltod des Kindes, das Miterleben einer Katastrophe oder einer besonderen Freude können ganz spontan den Gedanken wecken, einen eigenen Beitrag zu leisten.

Fast jeder Mensch verspürt zumindest gelegentlich den Wunsch, etwas gesellschaftlich Wirksames, etwas Gutes zu bewirken. Er erkennt Defizite in seiner Umgebung oder in der Welt als solcher und fühlt sich aufgerufen, dagegen etwas zu unternehmen. Auch in dieser Motivation mißtraut er dem Handeln der öffentlichen Organe und großen Körperschaften, so daß die Überlegung, eine ganz selbständige, neue Einrichtung zu schaffen, durchaus naheliegt. Der Stifter ist ein Wohltäter, ist jemand, der Verständnis für Anliegen des allgemeinen Wohls oder für Mitbürger hat, die weniger erfolgreich waren als er selbst, aber auch jemand, der das tut, was billigerweise von ihm verlangt werden kann, nämlich Leistungen, die er empfangen hat, wieder in anderer Form zurückzugeben. In vielen Fällen scheitert die Realisierung an zu geringen finanziellen Mitteln oder an der Einsicht, daß das Ziel nur im Verbund mit anderen, vielleicht sogar nur im Rahmen einer großen leistungsstarken Organisation zu verwirklichen ist. In manchen Fällen muß daher durchaus von der Errichtung einer Stiftung abgeraten werden, da diese keine Aussicht hätte, das selbstgesteckte Ziel tatsächlich jemals zu erreichen. Aber in mehr Fällen, als gemeinhin angenommen wird, läßt sich ein Konzept erarbeiten, bei dem das vorhandene Vermögen und der beabsichtigte Zweck sinnvoll zu einem autonomen zielgerichteten Unternehmen verbunden werden können.

So entstehen aus dem Wunsch nach einem selbstgeschaffenen individuellen Ersatzerben, dem Wunsch, dem Vergessen nach dem eigenen Tod entgegenzuwirken oder gar den Tod partiell zu überwinden, dem Wunsch, ein gesellschaftliches Anliegen konsequent und autonom zu realisieren, und häufig auch dem Wunsch, unternehmerisches Können bei der Erfüllung einer gemeinnützigen Aufgabe konsequent unter Beweis zu stellen, in einer je besonderen, immer anderen und speziellen Mischung von Motiven immer wieder neue Stiftungen.

In einer Zeit, in der persönlicher Reichtum in Deutschland ein historisch einmaliges Niveau erreicht hat, sind die Voraussetzungen, gerade diesen Aspekt in den Vordergrund zu schieben, exemplarisch günstig.

So seltsam es auf den ersten Blick erscheinen mag: es gibt heute tatsächlich Vermögen, die ihrem Inhaber wegen ihrer Zusammensetzung oder ihres schieren Umfangs nur noch eine Last bedeuten. Selbst bei größten Anstrengungen kann der Ertrag in manchen Fällen niemals aufgezehrt werden, so daß einer großen und ständig wachsenden steuerlichen Belastung durch Ertrags- und Vermögenssteuer kein hinreichendes Äquivalent in Form eines Nutzens gegenübersteht. Ein typisches Beispiel hierfür sind Vermögenszuwächse nach einem Unternehmensverkauf. Daß auch psychologisch manchem Vermögensinhaber, zum Beispiel einem Erben, sein Vermögen mehr Last als Freude bedeutet, ist ebenfalls bekannt.

Es gibt beim privaten Stifter noch besondere Motive, die seine Überlegungen beeinflussen können. Zum Beispiel existieren in privater Hand Sammlungen, die oft über Jahrzehnte aufgebaut wurden. So sind beispielsweise fast alle bedeutenden Sammlungen zeitgenössischer bildender Kunst, die seit dem Zweiten Weltkrieg in Deutschland entstanden, von privaten Sammlern aufgebaut worden, Menschen, die eine Passion und ein gutes Auge besaßen und damit Voraussetzungen mitbrachten, die keine großen Gremien und Kommissionen in dieser Konzentration mitbringen konnten. Fast in der Regel aber interessiert sich die nächste Generation nicht für die Sammlung des Vaters, oder der Sammler möchte sie begreiflicherweise nicht unter seine Erben aufteilen. Schließlich hat dieser auch oft genug das Bedürfnis, seine Sammlung der Öffentlichkeit zu präsentieren. Zwar wäre in diesem Fall durchaus auch die Schenkung an ein öffentliches Museum denkbar, aber es gibt doch gute Gründe, eine autonome Organisation dazwischenzuschalten, die zumindest für den

Zusammenhalt der Sammlung Sorge trägt und auch andere unerwünschte Maßnahmen satzungsmäßig ausschließen kann, etwa Dauerausleihen, Verlagerungen usw. Gerade eine Sammlung trägt in besonderem Maße den Charakter des Denkmals in sich.

Ein anderer Fall für den privaten Stifter ist die Schaffung einer stabilen Organisationsform für überkommene Vermögenswerte, etwa ein privates Museum, ein privat betriebenes Krankenhaus usw. Organisatorische und steuerliche Gründe können in solchen Fällen die Errichtung einer Stiftung nahelegen.

Vielfach suchen heute private Bürger dann die Form der Stiftung zur Verwirklichung eines Anliegens, wenn sie keineswegs ihr ganzes Vermögen oder einen großen Teil davon einem Zweck widmen, sondern vielmehr mit einem kleinen Vermögen eine bestimmte Initiative anstoßen wollen. Zu diesem Zweck finden sich immer häufiger Gruppen von Menschen zusammen, die gemeinsam, aber ohne die Form des Vereins, ein Ziel verfolgen wollen. Von mancher Seite wird gerade für diese Form der Stiftung, die dann gelegentlich als Publikumsstiftung bezeichnet wird, geworben. Sie ist auch bei Abwägung aller Umstände des Einzelfalls durchaus einmal das Instrument der Wahl, freilich nie die Regel.

Für den privaten Stifter stellt sich schließlich auch gelegentlich die Frage der Errichtung einer Stiftung im Ausland. Natürlich ist dies rechtlich und organisatorisch machbar und in einigen seltenen Fällen auch anzuraten. Allerdings stehen den Vorteilen einer solchen Konstruktion auch Nachteile gegenüber, die im Einzelfall sorgsam gegeneinander abgewogen werden müssen. Zum Beispiel kann eine Stiftung mit Sitz im Ausland nicht in Deutschland als gemeinnützig anerkannt werden kann, so daß unabhängig von ihrem Zweck bei der Übertragung des Vermögens an die Stiftung Schenkungssteuer anfällt. Außerdem ist es in manchen Fällen sicher schwieriger, im Ausland eine adäquate Stiftungsverwaltung einzurichten.

Ausländische Stiftungen sind andererseits oft flexibler im Aufbau und in der Mittelvergabe und entziehen sich der Aufsicht durch deutsche Behörden vollständig, was den Wünschen mancher Stifter sicher entgegenkommt.

Nicht jeder Bürger hat Vermögen, das er für diesen Zweck einsetzen kann, und es ist selbstverständlich legitim, den eigenen Kindern oder Verwandten Vermögenswerte zu hinterlassen. Aber neben den ebenso gültigen anderen Modellen bürgerschaftlichen Engagements ist eine lebendige und sich stets vermehrende Stiftungslandschaft ein gesunder Eckpfeiler einer bürgerschaftlichen Entwicklung.

Sie ist Ausdruck uralter, aber nach wie vor lebendiger Einsichten, daß die Mitwirkung des Bürgers an der Gemeinschaft nicht primär in der Entrichtung von Steuern und in der Befolgung behördlicher Anweisungen besteht. Mit solcher Geisteshaltung haben totalitäre Regime von rechts und links experimentiert, sehr viel Leid über ihre Bürger gebracht, sehr viel Unheil angerichtet und sind letztlich immer wieder damit gescheitert. Überlebt hat das Konzept des sich engagierenden, des sich nach seinen ganz spezifischen Möglichkeiten und Fähigkeiten engagierenden und zum allgemeinen Wohl beitragenden Bürgers. Die Summe solcher privater Beiträge schafft eine freie, überlebensfähige und verteidigenswerte Gesellschaft. Die Vielfalt solcher Engagements erst schafft das notwendige Chaos, das erforderlich ist, um die anstehenden Herausforderungen, die jetzt und in der Zukunft auf die Gesellschaft zukommen, zu meistern.

So sind Bürgerin und Bürger nach wie vor die Stifter schlechthin. Ungeachtet anderer, durchaus legitimer Ausprägungen von Stiftern, sollten sie das Stiftungswesen nach wie vor bestimmen.

4. Das Management einer Stiftung

4.1 Die Stiftungsorgane

Jede Stiftung hat im Kern zwei Aufgaben zu lösen. Diese Aufgaben sind:

1. die Erhaltung des Stiftungsvermögens,
2. die Verwirklichung des Stiftungszwecks.

Es obliegt dem Stifter vorzugeben, wie diese Aufgaben gelöst werden sollen. Er kann die Regelung in ihren Grundzügen nicht der Stiftung selbst überlassen. Andererseits ist er in der Ausgestaltung der Regelung ungewöhnlich frei.

Jede Stiftungssatzung muß exakte Bestimmungen über die Stiftungsorganisation enthalten. Insbesondere die Führung der Stiftung durch die Stiftungsorgane muß eindeutig geregelt sein. Die Stiftung als juristische Person bedarf zwingend der Organe, um am Geschäfts- und Rechtsverkehr teilnehmen zu können. Ohne die Organe ist sie stumm und kann sich weder artikulieren noch ihre Angelegenheiten ordnen.

Nicht nur bei der Errichtung einer Stiftung, sondern während ihres ganzen Lebens ist daher die Stiftungsorganisation von ganz entscheidender Bedeutung für den Erfolg oder Mißerfolg einer Stiftungsidee. Die Praxis zeigt aber, daß viele Stifter diesem Problem zuwenig Aufmerksamkeit widmen und daß auch Stiftungsverwaltungen selbst dazu neigen, die innovative Potenz einer Stiftung durch eine langweilige Stiftungsorganisation zunichte zu machen. Es genügt nicht, irgend jemanden mit der Aufgabe zu betrauen, eine Stiftung zu verwalten. Selbst kleinere Stiftungen bedürfen dringend eines operativen Konzepts und eines phantasievollen Managements.

Theoretisch kann die gesamte Stiftungsorganisation darin bestehen, daß eine Person als alleiniges Organ die Stiftung führt, verwaltet und vertritt. Es gibt einige wenige Stiftungen, die tatsächlich mit diesem Mindesterfordernis leben, so schon seit Jahrhunderten das »Fontenaysche Testament« in Hamburg, dessen Alleinvorstand bei seiner Berufung eine Liste von drei Nachfolgern mit entsprechender Reihenfolge zu hinterlegen hat. Er kann diese Liste jederzeit ändern und ergänzen. Wenn er zurücktritt, bestimmt er seinen eigenen Nachfolger, wenn er stirbt, wird der erste auf der Liste automatisch Stiftungsvorstand; sollte dieser nicht mehr leben, der zweite usw. Diese Lösung mag verlockend einfach erscheinen. Dennoch würde kaum ein moderner Stifter auf den Gedanken kommen, es so machen zu wollen.

Das klassische Modell ist heute eine aus zwei Organen bestehende Stiftungsorganisation, mit einem Vorstand als Exekutivorgan und einem Stiftungsrat als Legislativorgan. Dem Vorstand gehören heute üblicherweise zwei Personen an, gelegentlich auch mehr. Er ist für die Erledigung der Aufgaben verantwortlich. Seine Mitglieder können, sofern die Größe der Stiftung dies sinnvoll erscheinen läßt, auch hauptamtlich für die Stiftung tätig sein. Der Vorstand vertritt die Stiftung gerichtlich und außergerichtlich. Er sorgt für die Verwaltung des Stiftungsvermögens und besorgt das Tagesgeschäft. Er wird vom Stiftungsrat berufen und abberufen und ist diesem Rechenschaft schuldig.

Kleinere Stiftungen können es sich natürlich nicht erlauben, diese Aufgaben von einem hauptamtlichen Mitarbeiter erledigen zu lassen. Sie sind darauf angewiesen, daß jemand diese Aufgaben ehrenamtlich oder auch nebenamtlich gegen eine Aufwandsentschädigung übernimmt. Da aber die Erfordernisse an eine Stiftungsverwaltung stets komplizierter werden, kann ein ehrenamtlicher Vorstand die ihm übertragenen Aufgaben oft selbst nicht erfüllen. Er bedient sich zu ihrer Erledigung dann einer darauf eingerichteten Fachorganisation oder eines Büros, das zumindest die rein administrativen Arbeiten erledigen kann.

Es gibt Stiftungen, deren Vorstand ehrenamtlich tätig ist, die aber eine hauptamtliche Geschäftsführung beschäftigen. Diese Lösung scheint unnötig kompliziert zu sein, da dann der Vorstand die Geschäftsführung überwacht, während der Stiftungsrat seinerseits den Vorstand zu überwachen hat. In anderen Fällen ist der Vorstand de facto ein Legislativorgan, obwohl er mit der Vertretungsbefugnis ausgestattet ist, während der Stiftungsrat eher ein beratendes Gremium darstellt. Die Arbeit wird von der Geschäftsführung erledigt. Diese Lösung verwischt die Verantwortlichkeiten und widerspricht dem Grundsatz, daß jede Organisation möglichst klar und einfach sein sollte. So komplizierte Lösungen erwachsen häufig aus einer übertriebenen Ängstlichkeit und einem Mangel an Vertrauen in die mit der eigentlichen Arbeit betrauten Führungskräfte. Es erscheint nicht erstaunlich, daß Lösungen dieser Art vor allem bei Stiftungen anzutreffen sind, die von oder im engen Zusammenwirken mit öffentlichen Körperschaften errichtet wurden.

Gelegentlich kommt es vor, daß ein Stiftungsvorstand in seiner Zusammensetzung und Funktion mit einem Vereinsvorstand verwechselt wird. Es finden sich dann Vorstände mit vielen Mitgliedern zusammen, die aber in der Regel nicht zur Effektivität der Stiftungsarbeit beitragen. Im Verein hat der Vorstand eine Doppelfunktion. Er ist zugleich Exekutivorgan und Repräsentanz der Vereinsmitglieder. Letztere Funktion hat ein Stiftungsvorstand nicht. Seine Aufgabe ist allein eine Managementaufgabe. Er hat dafür zu sorgen, daß die beiden erwähnten Grundaufgaben sachgerecht und unter optimalem Einsatz der verfügbaren Ressourcen wahrgenommen werden, kurz: daß der Wille des Stifters optimal erfüllt wird. Er eignet sich nicht dazu, zusätzliche Persönlichkeiten in die Organisation »einzubinden«; hierfür gibt es, wenn dies notwendig erscheint, Kuratorien oder andere beratende Gremien.

Die Abstützung der Vorstandstätigkeit durch externe Zuarbeit, die üblicherweise durch Geschäftsbesorgungsverträge geregelt wird, hat auch den Effekt, daß sich qualifizierte Persönlichkeiten nicht wegen Arbeitsüberlastung zu scheuen brauchen, ein solches Vorstandsamt zu übernehmen. Denkbar ist freilich auch eine Lösung, die die Bestellung eines hauptamtlichen Vorstandsmitglieds vorsieht, das das Tagesgeschäft besorgt und das von einem ehrenamtlichen Vorstandsmitglied unterstützt wird. In anderen Fällen hat es sich bewährt, daß die externe Fachorganisation, die die Administration besorgt, auch ein Vorstandsmitglied stellt.

Übrigens ist der Ausdruck Vorstand für dieses Exekutivorgan zwar üblich und entspricht den Vorschriften über die Vertretung im Bürgerlichen Gesetzbuch. Er ist aber keineswegs zwingend vorgeschrieben. Administratoren, Burghauptleute, Geschäftsführer, Präsidenten usw. üben die gleiche Funktion aus, wenn die Satzung sie ihnen zuweist.

Der Stiftungsrat als Legislativorgan ist den Funktionen, wenn auch nicht der Rechtsstellung nach dem Aufsichtsrat eines Wirtschaftsunternehmens vergleichbar. Er kann auch Kuratorium oder Beirat heißen oder einen beliebigen anderen Namen tragen. Seine klassischen Aufgaben bestehen in der Beschlußfassung über Angelegenheiten von grundsätzlicher

Bedeutung, in der Beschlußfassung, zumindest im Grundsatz, über die Verwendung der Stiftungsmittel zugunsten des Stiftungszwecks, in der Berufung und Abberufung des Vorstandes, in der Feststellung des Jahresabschlusses, in der Berufung von beratenden Gremien und in der Beschlußfassung über Satzungsänderungen. Außerdem vertritt üblicherweise der Vorsitzende des Stiftungsrates die Stiftung gegenüber dem Vorstand und seinen Mitgliedern.

Trotz dieser grundsätzlich für sinnvoll gehaltenen Aufteilung der Funktionen bleibt auch ein Spielraum hinsichtlich der Gewichtung der beiden bestimmenden Organe bestehen. So ist es durchaus denkbar, dem Stiftungsrat eine so starke Stellung zuzumessen, daß der Vorstand nicht mehr als ein ausführendes Organ ist. Umgekehrt kann auch der Vorstand in der Satzung so gestaltet werden, daß er das gewichtigere Organ darstellt.

Eine interessante Lösung hat kürzlich die neuerrichtete Klett-Stiftung in Stuttgart entworfen. Sie wird von einem Präsidenten geführt, der als Exekutivorgan allein handelt, gleichzeitig aber für legislative, d.h. grundsätzliche Angelegenheiten in einen Stiftungsrat eingebunden ist. Dieses Modell ist dem alten monarchischen Führungsprinzip entlehnt, wie es heute noch etwa in der Ordensregierung des Souveränen Malteser-Ritter-Ordens praktiziert wird und wie es auch dem angelsächsischen Führungsmodell für Wirtschaftsunternehmen in etwa entspricht. Daß die Stiftungsaufsichtsbehörden es in der Regel nicht gerne sehen, wenn eine Person gleichzeitig mehreren Stiftungsorganen angehört, sollte im Einzelfall eine Konstruktion nach diesem Muster nicht verhindern.

Die Zahl der Mitglieder der Stiftungsorgane sollte allerdings in einem sinnvollen Verhältnis zur Größe der Stiftung stehen. Ein Stiftungsrat von fünf Personen dürfte in aller Regel völlig ausreichend sein. Eine kleine Stiftung kommt vielleicht sogar schon mit einem dreiköpfigen Stiftungsrat aus. Zu große Gremien behindern die Arbeit eher, als daß sie sie befruchten.

Die Mitgliedschaft in einem Stiftungsorgan kann keine Pfründe sein. Weder der Stifter selbst noch eine Person seiner Wahl noch sonstjemand kann als Vorstand einer Stiftung über Gebühr dotiert werden, zumindest nicht in einer gemeinnützigen Stiftung. Natürlich kann ein hauptamtlicher Vorstandsvorsitzender einer großen Stiftung ein gutes, vielleicht ein sehr gutes Gehalt beziehen, Gehälter anderer Führungskräfte und Aufwandsentschädigungen für nicht hauptamtliche Organmitglieder können ordentlich bemessen sein, Reisekosten können selbstverständlich gezahlt werden. Aber es gibt eine Grenze, die sich primär wiederum an der Größe der Stiftung bemißt, in zweiter Linie auch an dem Maß der Verantwortung und dem tatsächlich erforderlichen Zeitaufwand, die aber in jedem Fall Lösungen ausschließt, durch eine Stiftungserrichtung sich des Vermögens zu entäußern, gleichzeitig aber durch eine üppige Dotierung einer Vorstandstätigkeit ein hohes Einkommen zu erzielen.

Es ist schon deutlich geworden, daß weder die Stiftungsgesetze der Länder noch andere gesetzliche Normen verbindliche Regelungen für die Stiftungsorganisation beinhalten. Weder die Bezeichnungen noch die Funktionen der einzelnen Stiftungsorgane sind festgeschrieben. Es gibt lediglich Lösungsmodelle, die sich bewährt haben, von denen aber im Einzelfall durchaus abgewichen werden kann. Um so notwendiger ist es, daß die einzelne Stiftungssatzung hierzu klare Regelungen trifft. Diese Notwendigkeit beinhaltet allerdings auch die Chance, eine maßgeschneiderte, der Größe, den Vermögensverhältnissen und dem Zweck der Stiftung angepaßte Lösung zu entwickeln. So hat etwa die Körber-Stiftung im Hinblick darauf, daß ihr wesentlicher Vermögensgegenstand eine bedeutende Unternehmensgruppe ist, in der sie Aufsichtsräte zu besetzen hat, zwei legislative Gremien in der Stiftung eingerichtet. Eines kümmert sich um die Erfüllung des Stiftungszwecks, das andere um die Vermögensangelegenheiten. Da Fachkompetenz für eine gemeinnützige Aufgabe *und* für oft hochkomplizierte unternehmerische Aufgaben in einem Wirtschaftsunternehmen selten in einer Person vereinigt ist, sind Stiftungsorgane und insbesondere Stiftungsräte, die beide Aufgaben wahrzunehmen haben, oft überfordert und erledigen demgemäß eine der Aufgaben nicht optimal. Die Lösung der Körber-Stiftung bietet einen auf den ersten Blick attraktiven Ausweg aus diesem Problem – ob sie sich in der Praxis bewährt, bleibt abzuwarten.

Während das Exekutivorgan heute fast durchgehend vom Legislativorgan bestellt oder berufen wird, ist die Frage der Berufung der Mitglieder des Legislativorgans, also des Stiftungsrates, erheblich schwieriger zu lösen. Rein formal erscheint die Lösung einfach, solange der Stifter lebt und sich die Berufung der Mitglieder des Stiftungsrates selbst vorbehalten kann. Aber wie soll es auf Dauer geschehen? Zu Recht verlangen die Stiftungsaufsichtsbehörden, daß die Satzungen eindeutige Vorschriften hierzu enthalten. Die einfachste Lösung ist zweifellos die Kooptation oder Selbstergänzung. Dies bedeutet, daß für ausscheidende Mitglieder die verbleibenden einen Nachfolger wählen. Scheiden alle Mitglieder gleichzeitig aus, etwa durch Ablauf ihrer Amtszeit, so müssen sie rechtzeitig vorher ihre eigenen Nachfolger bestimmen; versäumen sie dies, bleiben sie formal im Amt, tragen daher auch weiter die Verantwortung, dürfen aber keine anderen Funktionen in der Stiftung wahrnehmen, bevor sie sich dieser wesentlichen Aufgabe entledigt haben. Diese Lösung, so einfach sie für die Stiftung ist, birgt aber stets die Gefahr einer Art von Inzucht in sich, indem immer aus dem gleichen kleinen Kreis einer Familie, eines Freundeskreises, einer Anwaltskanzlei usw. die Mitglieder gesucht werden. Man kann dieser Gefahr teilweise begegnen, indem man Vorschriften für die Qualifikation der Mitglieder anfügt, etwa, daß ein Mitglied in leitender Position in einem Finanzinstitut tätig sein muß, ein Mitglied Fachkenntnisse zum Stiftungszweck haben muß, ein Mitglied die Befähigung zum Richteramt haben muß, ein Mitglied ein Fachmann auf dem Gebiet des Stiftungswesens sein muß und ein fünftes der Stifterfamilie angehören muß. Eine Garantie für eine kluge Auswahl bietet auch diese Lösung freilich nicht.

Manche Stiftungen haben daher ein anderes System eingeführt. Hier werden die Mitglieder des Stiftungsrates von außenstehenden Institutionen berufen. So könnte beispielsweise ein Mitglied von dem Landesministerium, das dem Stiftungszweck thematisch am nächsten steht, berufen werden, ein Mitglied von der örtlich zuständigen Industrie- und Handelskammer, ein Mitglied von der zuständigen Kirchenbehörde usw.

Eine besondere Schwierigkeit ergibt sich, wenn der Stifter wünscht, daß seine Familie ein solches Entsendungsrecht besitzt. Denn der Begriff Familie ist nicht eindeutig definiert. Sind damit alle jene gemeint, die den gleichen Namen tragen, oder alle Abkömmlinge des Stifters, oder seine Geschwister und deren Abkömmlinge, und auf welche Weise ermitteln die ihren Vertreter? Eine solche Bestimmung erweist sich nur dann als praktikabel und genehmigungsfähig, wenn die Familie, gleich nach welcher Definition, in irgendeiner Form verfaßt ist – etwa als Familienverband, der seinerseits Organe, z.B. einen Vorstand und/oder eine Mitgliederversammlung, besitzt und über eine Ordnung verfügt, nach der wirksame Beschlüsse zustande kommen. Liegen diese Voraussetzungen vor, kann in der Tat ein solcher Familienverband einen Vertreter in einen Stiftungsrat entsenden. Liegen die Voraussetzungen nicht vor, erscheint es sinnvoller, wenn der Vertreter der Familie von den übrigen Mitgliedern des Stiftungsrates kooptiert wird, wobei es diesen dann überlassen bleibt, wen sie hierfür auswählen.

Neben Stiftungsrat und Vorstand kann eine Stiftung, sei es in der Satzung, sei es durch Ermächtigung an die Organe, beratende Gremien einrichten. Zum Teil sind diese für die Stiftungsarbeit unabdingbar, etwa die Jury in einer Preis-Stiftung, zum Teil sind sie äußerst wichtig, etwa ein Fachbeirat, zum Teil sind sie eine Zierde der Stiftung, deren Bedeutung nicht unterschätzt werden sollte. In ein Stiftungskuratorium lassen sich auch bedeutende Persönlichkeiten gern berufen, zumal dann, wenn damit wenig Arbeit, aber ein Zusammentreffen mit anderen interessanten Menschen verbunden ist. Für den Erfolg der Stiftungsarbeit ist es wichtig, daß solche Persönlichkeiten, die generell keine Zeit haben und Termine nicht wahrnehmen können, in einem beratenden Kuratorium an die Stiftung gebunden werden und nicht etwa im Stiftungsrat, in dem zu bestimmten Terminen Beschlüsse gefaßt werden müssen. In diesen dürfen nur Menschen berufen werden, die bereit und vor allem auch tatsächlich in der Lage sind, aktiv mitzuwirken; dort, in einem beratenden Gremium, ist der Platz für relativ passiv mitwirkende Persönlichkeiten, insbesondere auch solche, deren Namen der Stiftung Ansehen verleihen sollen.

Wie das beratende Gremium heißen soll, ob Kuratorium, wenn der Stiftungsrat das Legislativorgan darstellt, ob Beirat, wenn die Legislative Kuratorium heißt, ob Ehrenrat usw., bleibt dem Stifter vollkommen überlassen. Bewährt hat es sich allerdings, wenn auch diese Organe eine feste oder zumindest eine nach oben begrenzte Zahl von Mitgliedern haben, um Ausuferungen zu verhindern. Auch hier ist schließlich darauf zu achten, daß die Kosten, die durch die Betreuung solcher Gremien entstehen, noch in einem sinnvollen Verhältnis zu den Gesamtausgaben der Stiftung stehen.

Viele Stifter machen den Fehler, bei der Errichtung ihrer Stiftung die ersten Organe und beratenden Gremien ausschließlich mit Menschen aus ihrer nächsten Umgebung zu besetzen, sich selbst, der Ehefrau und nahen Freunden und Verwandten, die in der Regel immer etwa gleich alt sind. Der Tod des Stifters führt ohnehin in jeder Stiftung zu einer Managementkrise erster Ordnung. Sie wird um so leichter bewältigt, je mehr eine jüngere Generation schon sehr viel früher in die Stiftungsorganisation eingebunden worden ist.

Generell obliegt es dem Stifter, jenseits der Bestimmungen der Satzung auch eine Tradition der Stiftungsführung zu begründen. Wenn der Stifter oder sein Beauftragter für eine gute Mischung von Stiftungsratsmitgliedern und eine konstruktive und produktive Arbeit gesorgt hat, wird diese auch langfristig weiter wirken. Die Begründung einer solchen Tradition ist übrigens auch einer der Gründe, warum es angezeigt ist, die Stiftung – vielleicht noch sehr viel kleiner – schon zu Lebzeiten zu begründen, wenn sie eigentlich als Erbin eingesetzt werden soll. Die Stiftung von Todes wegen kann naturgemäß vom Stifter nicht mehr begleitet und mit einer Arbeitstradition ausgestattet werden.

4.2 Der Stiftungsmanager

Die Stiftungsorgane verantworten die Führung der Stiftung; ob sie selbst führen oder die Aufgaben durch angestellte Mitarbeiter oder externe Fachleute erledigen lassen, ist eine zweite Frage. Stiftungsmanagement ist daher auch unterhalb der Satzungsebene zu betrachten.

In der Öffentlichkeit werden Stiftungen nicht mit besonders modernem Management in Verbindung gebracht. Das alte Vorurteil, daß der gemeinnützige Sektor nicht die besten Nachwuchskräfte anzieht, scheint sich nach wie vor immer wieder zu bestätigen. Dieses Vorurteil hat viele Ursachen.

Zum einen werden Stiftungen ebenso wie andere gemeinnützige Organisationen immer noch weithin als öffentliche Einrichtungen gesehen, in denen bei Führungsmethoden, Führungsstil und Vergütung ähnliche Grundsätze herrschen wie in der öffentlichen Verwaltung. Leider ist dieses Vorurteil zum Teil auch berechtigt. Ohne jede Notwendigkeit klammern sich manche Stiftungen an das Dienst- und Besoldungsrecht des öffentlichen Dienstes, dessen Starrheit der Entwicklung eines guten Managements wenig förderlich ist. Auch die Stiftungsaufsichtsbehörden tragen oft dazu bei, den Stiftungen den Mut zur Innovation zu nehmen, indem sie die oft unerfahrenen Stifter oder Stiftungsorgane dazu mahnen, Management-Grundsätze und Management-Anreize aus der Wirtschaft nicht zu übernehmen. Es darf auch nicht übersehen werden, daß Stifter in aller Regel ältere Persönlichkeiten sind, so daß es sich in der Führung von Stiftungen oft von Anfang an einbürgert, die Verantwortung wiederum älteren Persönlichkeiten zu übertragen, die zwar oft über viel allgemeine Lebenserfahrung, aber seltener über besondere Dynamik und schon gar nicht über eine stiftungsspezifische Fachausbildung verfügen. Dies führt dann oft dazu, daß etwa Stiftungsräte oder Kuratorien Angelegenheiten des Tagesgeschäfts mißtrauisch an sich ziehen und zum Gegenstand schier endloser Debatten machen, weil sie einerseits die Entscheidung dem Vorstand nicht überlassen wollen, andererseits aber auch im Gremium zu entscheidungsschwach sind und deshalb jede Entschuldigung nutzen, um Entscheidungen aufzuschieben. Daß dies kein Klima ist, in dem sich gute Nachwuchskräfte wohl fühlen, liegt auf der Hand.

Zum anderen kann den Gehaltsvorstellungen guter Bewerber in einer gemeinnützigen Organisation oft weniger entsprochen werden, als dies, jedenfalls bis vor kurzem, in der Wirtschaft der Fall war. Allerdings scheint sich in mehrfacher Hinsicht allmählich eine Trendwende abzuzeichnen. Die Bäume wachsen in der Wirtschaft auch nicht mehr in den Himmel, so daß der Unterschied tendenziell abnimmt. Dafür verhilft aber die Arbeit in einem ideell orientierten Unternehmen möglicherweise zu einer sonst nicht erlebbaren inneren Befriedigung. Der vielbeschworene und vielzitierte Wertewandel in unserer Gesellschaft bringt es mit sich, daß diese Befriedigung, die Einsicht in den Sinn der Tätigkeit, in der Rangliste der Motive, ein bestimmtes Stellenangebot anzunehmen, deutlich nach oben kommt. Wer sich dem ganz verschließt, läuft Gefahr, nicht auf der Höhe der Zeit zu bleiben.

Diesem unbestreitbaren Gewinn stehen Schwierigkeiten rein sachlicher Natur gegenüber. Es ist schon dargelegt worden, daß sich für viele Stiftungen ein hauptamtliches Management nicht lohnt. Wenn wir einerseits, und wie ich meine zu Recht, den Grundsatz verteidigen, daß auch kleine Stiftungen gesellschaftspolitisch bedeutend sind und in ihrer Entstehung ermutigt werden sollten, so müssen wir andererseits die Folge erkennen, daß diese ein modernes Stiftungsmanagement nicht ohne weiteres organisieren können. Dies bedeutet, daß sich die Zahl der Stiftungen, in denen eine Karriere im Stiftungsmanagement überhaupt möglich ist, in engen Grenzen bewegt. Tabelle 17 zeigt, wie viele Stiftungen überhaupt hauptamtliche Manager beschäftigen.

In diesen Stiftungen sind sehr unterschiedliche Aufgaben zu erfüllen, so daß es schwer ist, allgemein verbindliche Management-Grundsätze herauszufiltern, die stiftungstypisch und nicht fachtypisch sind. Eine Krankenhausträgerstiftung wird notwendigerweise von ihrem Management Fachkenntnisse im Krankenhausmanagement zu verlangen haben, eine Museumsträgerstiftung Fachkenntnisse im Museumsmanagement usw. Insofern ist die stark diversifizierte deutsche Stiftungslandschaft nicht mit der in anderen Ländern, etwa den USA, vergleichbar, wo es eine größere Zahl relativ bedeutender Förderstiftungen gibt, in denen nach relativ einheitlichen Management-Grundsätzen gearbeitet werden kann und in denen eine Karriere mit periodischem Arbeitgeberwechsel besser zu bewerkstelligen ist.

Tabelle 17: Zahl der Stiftungen, die für Verwaltung und/oder Projekte Mitarbeiter beschäftigen

	Ehren-amtlich	Neben-beruflich	Haupt-beruflich
Bildung/Ausbildung/Erziehung	308	125	236
Familie/Unternehmen	28	13	5
Gesundheit	95	48	94
Kunst/Kultur	159	73	119
Politik	5	5	9
Religion	56	20	31
Soziale Aufgaben	135	194	315
Umwelt/Landschaft/Natur	52	28	31
Völkerverständigung	41	24	36
Wirtschaft/Verbraucher	11	6	16
Wissenschaft und Forschung	153	86	137
Sonstiges	84	41	59

Angesichts dieser Schwierigkeiten verwundert es nicht, daß die Beispiele guten Stiftungsmanagements in Deutschland bisher Einzelfälle geblieben sind. Eine solide Ausbildung als Kaufmann, Jurist oder Gesellschaftswissenschaftler oder in einem Fach, das dem Stiftungszweck verwandt ist, und persönliche, durch Neigung und berufliche Notwendigkeit geförderte Fortbildung haben in der deutschen Stiftungslandschaft Führungspersönlichkeiten von hohem Rang hervorgebracht. In einer Zeit, in der sowohl Berufsanfänger als auch erfahrene Manager nach Aufgaben suchen, in denen Karriere und ideelle Neigungen sinnvoll miteinander verknüpft werden können, reichen jedoch diese positiven Einzelfälle noch nicht hin, um insgesamt eine Attraktivität für den Beruf des Stiftungsmanagers zu begründen.

Für die Einrichtung spezifischer Studiengänge scheint aus den dargelegten Gründen der Markt zu klein zu sein. Es ist auch zu befürchten, daß ein solcher Studiengang nicht die richtigen Persönlichkeiten anlocken würde. Um eine Stiftung erfolgreich führen zu können, muß jemand zugleich ein Träumer und ein Macher sein. Durch die Einrichtung abgesonderter Studiengänge besteht die Gefahr, nur Träumer heranzubilden, die die unternehmerische Herausforderung einer Managementaufgabe im

Stiftungswesen nicht erkennen oder nicht genügend Talent dafür haben und die zwar mit Fachkenntnissen und vielleicht auch Idealismus, nicht aber mit Durchsetzungsvermögen und Konsequenz an ihre Aufgabe herangehen. Letztere Qualitäten lassen sich akademisch ohnehin nur bedingt erlernen; Begabung und Erfahrung sind von erheblich größerer Bedeutung.

Andererseits sollte sich die Führung einer Stiftung sehr wohl von der Führung eines Wirtschaftsunternehmens unterscheiden. Diese Unterschiede sollten nicht an der Qualität des Managements, sondern an der Beachtung von Prioritäten erkennbar sein. Eine Stiftung ist bei entsprechender Größe nach unternehmerischen Grundsätzen zu führen. Führungsgrundsätze wie Kreativität, Innovationsbereitschaft und Entschlußfreudigkeit werden auch hier umzusetzen sein. Eine Stiftung als ideell orientiertes Unternehmen kann und muß andererseits die Priorität der optimalen Zweckerfüllung im Auge behalten. Der Stiftungsmanager hat somit eine schwierige Doppelaufgabe zu lösen.

Während im Bereich der Verwaltung des Stiftungsvermögens überwiegend unternehmerische Qualitäten verlangt werden, müssen im Bereich der Zweckerfüllung ideelle Grundhaltung und rational bestimmte Führungsqualitäten sich ergänzen. Gerade in mittleren Stiftungen oder an der Spitze großer Stiftungen fallen jedoch die Verantwortung für die Vermögensverwaltung und für die Zweckerfüllung zusammen.

Die Vermögensverwaltung kann sehr unterschiedliche Formen annehmen. Naturgemäß stellt ein bei einer Bank deponiertes Wertpapiervermögen andere Anforderungen an den Verantwortlichen als die unmittelbare Aufsichtsratsfunktion in einem Unternehmen. In beiden Fällen ist zu verlangen, daß der Verantwortliche mit Sachkenntnis und mit dem klaren Willen, einen bestmöglichen Ertrag für die Stiftung zu erwirtschaften, an die Aufgabe herangeht. Allerdings steht es der Stiftung auch gut an, ein wenig von dem Idealismus ihres gemeinnützigen Ziels auf diesen Bereich zu übertragen. Sollte vielleicht eine Stiftung besonders danach trachten, Investments zu finden, die ökologisch und ethisch besonders positiv sind? Sollte ein stiftungseigenes Unternehmen für eine qualitative Optimierung der Arbeitswelt eintreten? Dies sind Fragen von nicht zu unterschätzender Bedeutung.

Auf der anderen Seite ist der Zusammenklang von ideellen und rationalen Gesichtspunkten noch bedeutender. Eine Stiftung etwa, die eigene Projekte generiert, kann nur erfolgreich sein, wenn sie kreativ und innovationsorientiert arbeitet und ihre Mitarbeiter dazu ermutigt und anspornt, risikofreudige neue und neuartige Projekte, junge und unbekannte Projektträger, alternative Ansätze und Querdenker zu entdecken und zu fördern. Gleichzeitig muß das Projektmanagement den Höchststandard des optimalen Mitteleinsatzes erfüllen. Eine Förderstiftung muß für optimierte Abläufe von Antrags-, Bewilligungs- und Abrechnungswesen sorgen, gleichzeitig aber den ideellen Grundtenor der Stiftungspolitik im Auge behalten, um nicht zur seelenlosen Förderbürokratie zu verkommen.

Stiftungsanstalten und -betriebe, ebenso Zweckbetriebe oder der Stiftung nachgeordnete Betriebsgesellschaften müssen ohne Zweifel modernsten Grundsätzen der Betriebswirtschaft genügen. Gleichzeitig müssen sie aufpassen, daß sie nicht in einen emotionslosen Aktionismus verfallen, sondern in allen Mitarbeitern die Bindung an das ideelle Ziel wachhalten.

Mit diesen Ausführungen soll deutlich gemacht werden, daß Stiftungsmanagement nicht eine Sonderaufgabe für Menschen mit gesonderter Ausbildung ist, sondern eine spannende und reizvolle Managementaufgabe für Menschen, die sich den besonderen Herausforderungen stellen wollen und dafür Ausbildungsvoraussetzungen aus einer relativ breiten Palette mitbringen. Die deutschen Stiftungen sind darauf angewiesen, Manager mit Erfahrungen aus anderen Bereichen anzulocken. Freilich scheint es geboten, Fortbildungsangebote zu entwickeln, die auf verschiedenen Ebenen der Führungsveranwortung spezifische Kenntnisse vermitteln.

Wenn unser Stiftungswesen sich mittelfristig positiv weiterentwickeln soll, wird es notwendig sein, Fort- und Weiterbildungsangebote zu erarbeiten, die sich an bestimmte Fachrichtungen, etwa Sozialwesen, Gesundheitswesen usw., ebenso richten wie an Formen der Zweckerfüllung, etwa Krankenhausträgerstiftungen, Förderstiftungen usw. Darüber hinaus ist der zum Teil erschreckend niedrige Stand des Wissens über das Stiftungswesen allgemein bei in Stiftungen beschäftigten leitenden Mitarbeitern zu heben. Aus dieser Fortbildungstätigkeit erwächst notwendigerweise eine Professionalisierung, die Grundsätze aus anderen Organisationsformen nicht unkritisch übernimmt, sondern die die spezifischen Grundsätze weiterentwickelt und so zu ihrer Optimierung beiträgt.

Wer diese Aufgabe leisten kann, ist zur Zeit noch unklar. Vermutlich wird, wie so oft, eine relativ kleine Gruppe von Stiftungen vorangehen, und die anderen werden folgen. Die Offenheit dieser Situation bietet allerdings auch besondere Chancen. Auch im Management besonders weit vorn im Trend zu liegen kann sich jede Stiftung zur Aufgabe machen. Sie wird dadurch an Profil gewinnen.

4.3 Die Vermögensverwaltung von Stiftungen

Wie bereits erwähnt, ist die Verwaltung des Stiftungsvermögens eine der wichtigsten Aufgaben, denen sich eine Stiftungsverwaltung zu widmen hat. Der Erhalt des Stiftungsvermögens auf Dauer ist eines der vornehmsten Prinzipien jeder Stiftungstätigkeit.

Grundsätzlich unterscheidet jede Stiftung zwei Arten von Vermögen: Vermögenswerte, die unmittelbar der Erfüllung des Stiftungszwecks dienen, und Vermögenswerte, aus deren Ertrag der Stiftungszweck verwirklicht wird. Klassisches Beispiel für die erste Vermögensart ist das Krankenhaus einer Krankenhausträgerstiftung. Für die zweite Gruppe kommt ein Barvermögen ebenso in Betracht wie Land- und Forstwirtschaft, Immobilien, die eine Rendite erwirtschaften, oder auch Anteile an Unternehmen. Die Stiftung kann jede Art von Vermögen halten, die einer der beiden Gruppen zuzuordnen ist. Kunstwerke, Bibliotheken, Archive, aber auch Biotope und selbst Rechte, z.B. Urheberrechte und Urhebernutzungsrechte, sind als Stiftungsvermögen denkbar. Ausgeschlossen sind lediglich Vermögensarten, die keine der genannten Bedingungen erfüllten, etwa Goldbarren.

Die Art der Vermögensverwaltung einer Stiftung hängt ursächlich mit den Besonderheiten der tatsächlich gehaltenen Vermögenswerte zusammen. Stiftungen etwa, die land- und fortwirtschaftliche Betriebe zu führen haben, bedürfen natürlich der hierfür geeigneten Fachleute. Gerade alte Stiftungen haben häufig eigenen Forstbesitz und sind damit in der Regel auch gut gefahren. Eine Kapitalstiftung hingegen, eine Stiftung also, die ausschließlich Barmittel und Wertpapiere zu ihrem Vermögen zählt, wird die Vermögensverwaltung im einzelnen einer Bank oder professionellen Vermögensverwaltung übertragen. Die Stiftungsorgane oder die Geschäftsführung der Stiftung müssen über hinreichende Sachkenntnis verfügen, um die Bank wirksam kontrollieren zu können.

Festverzinsliche Papiere inländischer öffentlicher Emittenten, die sogenannten mündelsicheren Anleihen, waren in den letzten 100 Jahren als Vermögenswerte einer Stiftung besonders beliebt. Noch heute schreibt das bayerische Stiftungsgesetz den Stiftungen die Anlage ihres liquiden Vermögens in mündelsicheren Anleihen ausdrücklich vor, obwohl keine andere Anlageart im Laufe dieses Jahrhunderts so drastisch entwertet worden ist. Die Inflation von 1923 und noch einmal die Währungsreform von 1948 haben diese Anleihen wertlos gemacht, und nicht wenige Stiftungen sind darüber vermögenslos geworden und untergegangen.

Inzwischen wird in der Regel den Stiftungen auch die Anlage eines Vermögensteils in Aktien gestattet. Kapitalstiftungen verwalten heute üblicherweise ein gemischtes Wertpapier-Portefeuille, das nach einer konservativen, auf Risikovermeidung ausgerichteten Anlagestrategie geführt wird.

Da das Stiftungsvermögen zwar erhalten, nicht aber auf Kosten der Ausschüttungen zugunsten des Satzungszwecks vermehrt werden darf, ist die Anlagestrategie für ein Stiftungsvermögen stets renditeorientiert. Eine strittige Frage ist in diesem Zusammenhang, ob eine Stiftung Vermögensverluste, die etwa durch Kursverluste entstehen, aus den Erträgen auszugleichen hat oder nicht. Hingegen ist es unstrittig, daß Kursgewinne zu einer Vermögensmehrung und nicht etwa zu einer erhöhten Ausschüttung führen.

Auf diese Weise sind Stiftungen Minderheitsaktionäre vieler börsennotierter Unternehmen geworden. Bei der Überlegung, in Aktien zu investieren, darf allerdings eine Besonderheit nicht übersehen werden. Die gemeinnützige Stiftung kann die Körperschaftssteuergutschrift, die jeder Aktionär erhält, nicht mit einer sonstigen Steuerpflicht verrechnen, ist also gegenüber dem privaten Aktionär kraß benachteiligt. Versuche, diese Benachteiligung zu beseitigen, sind bisher gescheitert, obwohl sie extrem systemwidrig ist.

Auf der anderen Seite ist die Anlage in festverzinsliche Papiere für die gemeinnützige Stiftung anders zu betrachten, weil diese die Rendite steuerfrei vereinnahmt.

Der Umfang der Beteiligung von Stiftungen an Unternehmen ist sehr unterschiedlich und nicht nur von einer objektiven Anlagepolitik, sondern in manchen Fällen auch von der Entstehungsgeschichte der Stiftung abhängig.

So hatte etwa König Ludwig I. von Bayern 1835 durch Zeichnung der ersten Aktien maßgeblich zur Gründung der Bayerischen Hypotheken- und Wechselbank beigetragen. Als er später eine Familienstiftung errichtete, übereignete er ihr u. a. diese Aktien, die von der Stiftung bis heute, mehrfach umgeschrieben, aber doch in ungebrochener Tradition, gehalten werden. Naturgemäß beurteilt daher diese Stiftung diese spezielle Anlage unter anderen als nur unter Renditegesichtspunkten.

Keineswegs aber ist die Entstehungsgeschichte immer ein Indiz für die Beteiligung. Je nach den Vorlieben des Stifters kann bei der Errichtung eine strikte Zäsur oder auch eine Überleitung bisher gehaltener Vermögenswerte erfolgen.

In den letzten Jahren haben sich für größere Kapitalstiftungen Spezialfonds nach dem Kapitalanlagegesetz eingebürgert und bewährt. Spezialfonds, die professionell gemanagt und in diesem Fall für nur einen oder eine Gruppe gleichartiger Anleger eingerichtet werden, verbessern in der Regel die Ertragslage und vereinfachen grundlegend die Vermögensverwaltung. Spezialfonds werden heute von vielen Geldinstituten angeboten. Größere Stiftungen sollten sich ernsthaft mit diesem Anlageinstrument auseinandersetzen und dabei auch die gelegentlich von Stiftungsaufsichtsbehörden geäußerten Bedenken außer acht lassen. Diese Bedenken haben häufig keinen sachlichen Hintergrund, sondern erwachsen lediglich aus der Unkenntnis der Verwaltungsbeamten.

Besonders schwierige Aufgaben in der Vermögensverwaltung haben naturgemäß Unternehmensträgerstiftungen zu meistern. Eine Stiftung, die wesentliche Anteile an einem Unternehmen hält, ist nicht nur für die Erfüllung ihres Zwecks von dem Wohl und Wehe dieses Unternehmens abhängig. Sie trägt auch, wie jeder andere Unternehmenseigner, eine besondere Verantwortung für die Mitarbeiter, deren Existenz von dem Unternehmen abhängt, und für die Kunden, die auf die Qualität der Produkte vertrauen. Unternehmensträgerstiftungen tun sich auch besonders schwer mit einer langfristigen Programmplanung, da die Ertragslage oftmals Schwankungen ausgesetzt ist. Die Stiftungsorgane müssen ihrerseits nicht nur über eine besondere Kompetenz für den Stiftungszweck verfügen, sondern darüber hinaus auch in der Lage sein, die Eigentümerfunktion sachgerecht auszuüben. In diesen Stiftungen wird notgedrungen die Vermögensverwaltung zu einem operativen Schwerpunktbereich, hinter dem die Zweckerfüllung gelegentlich etwas zurücktritt.

Besonders beliebt sind bei Stiftungen von jeher wertbeständige Immobilienanlagen. Vermietete Häuser und Wohnungen sorgen in der Regel nicht für eine optimale Rendite, gewährleisten aber am ehesten einen Werterhalt und einen stabilen Ertrag. Risikolos ist freilich auch diese Anlageform nicht. Unvorhergesehene Ereignisse können sie entwerten. Daher kann einer Stiftung, sofern sie überhaupt in der Lage ist, ihre Anlagestrategie ausschließlich nach objektiven Kriterien zu bestimmen, nur empfohlen werden, einen konservativen Anlagemix anzustreben. Noch entscheidender aber ist, daß die Stiftungsorgane dafür Sorge tragen, daß der Vermögensverwaltung beständig und fachkundig Aufmerksamkeit gewidmet wird. Diese Aufmerksamkeit lassen öffentliche Stiftungsverwaltungen, aber auch manche ehren- oder nebenamtliche Stiftungsleitungen keinesfalls immer erkennen, so daß schleichende Vermögensauszehrungen leider relativ häufig sind.

Es ist nicht zu bestreiten, daß es dem Idealisten, der in einer Stiftung Führungsfunktionen übernimmt, weil er sich einer ideellen Aufgabe widmen will, nicht leichtfällt, der Vermögensverwaltung stets die gebührende Aufmerksamkeit zu widmen. Um so wichtiger ist es, dafür sachkundige Mitarbeiter oder Partner zu gewinnen, sich aber auch stets der Bedeutung dieser Aufgabe bewußt zu bleiben.

4.4 Das Rechnungswesen einer Stiftung

Jede Stiftung muß für eine ordnungsgemäße Buchführung sorgen. Eine Stiftung kann ihre Vermögenssituation in der Form der Bilanz darstellen, muß es jedoch nicht. Wenn sie bilanziert, ist sie an die Bilanzierungsrichtlinien des Handelsrechts nicht gebunden, sondern kann eigene Grundsätze aufstellen. In der Praxis lehnen sich Stiftungen, die Unternehmen nahestehen, in der Regel an das Handelsrecht an, während Privatpersonen oder gar öffentliche Stiftungsverwalter einfache Vermögensübersichten erstellen.

Daß dies ein unhaltbarer Zustand ist, liegt auf der Hand. Nicht nur sind Stiftungen auf diese Weise hinsichtlich ihres Vermögens nicht vergleichbar, so daß immer wieder völlig verzerrte Bilder über das deutsche Stiftungswesen in der Öffentlichkeit kursieren. Auch der Führung einer Stiftung ist es auf diese Weise erschwert zu beurteilen, ob das Stiftungsvermögen in einem Berichtszeitraum unter Berücksichtigung von Inflation, Kosten des Geldverkehrs usw. tatsächlich in vollem Umfang erhalten worden und ob der ausschüttungsfähige Betrag richtig berechnet worden ist. Da in absehbarer Zeit nicht mit Initiativen des Gesetzgebers hierzu gerechnet werden kann, sollten die Stiftungen selbst darangehen, einheitliche Grundsätze für ihre Jahresabschlüsse zu entwickeln.

Grundsätzlich zu unterscheiden sind bei jeder Stiftung das Stiftungsvermögen und die Stiftungsmittel. Während das Vermögen auf Dauer zu erhalten ist, sind die Stiftungsmittel zur Verwirklichung des Stiftungszwecks zu verwenden. Für gemeinnützige Stiftungen schreibt die Finanzverwaltung vor, daß dies grundsätzlich in vollem Umfang zeitnah und unmittelbar zu geschehen hat. Insofern besteht auch kein Unterschied in den Regelungen für Stiftungen und Vereine. Bezüglich des Umfangs und der Zeitnähe läßt die Abgabenordnung zwei Ausnahmen zu: Aus den Erträgen des Stiftungsvermögens dürfen bis zu 25 % in eine Rücklage eingestellt werden, die dazu dient, den Wert des Stiftungsvermögens zu erhalten, d.h. die Inflation auszugleichen und besonders im Falle von Unternehmensträgerstiftungen an Kapitalerhöhungen mitzuwirken, um den prozentualen Anteil der Stiftung am Unternehmen nicht zu beeinträchtigen. Eine weitere Ausnahme kann dann gemacht werden, wenn für bereits definierte Projekte angespart wird, etwa für einen Hausbau, der fest geplant, aber noch nicht begonnen ist.

Zur Optimierung der Abläufe der Stiftungsarbeit dient die Einführung eines modernen Rechnungswesens. Natürlich kann in einer kleinen Stiftung, die einmal im Jahr einen Preis zu vergeben hat, eine ehrenamtliche Führungs- oder Verwaltungskraft eine angemessene Buchhaltung einrichten, die Ein- und Ausgaben ordnungsgemäß verbuchen und am Jahresende eine Vermögensübersicht und eine Einnahmen-Ausgaben-Rechnung erstellen. Aber schon bei etwas größeren Volumina beginnt die Überlegung, wie Leistungszentren zu definieren und in ihren Kosten zu erfassen sind. Von besonderer Tragweite ist diese Fragestellung, wenn der Stiftung Betriebe angeschlossen sind. Es ist den Stiftungen nicht verwehrt, Wirtschaftsbetriebe zu unterhalten. Diese müssen aber, auch wenn sie rechtlich nicht verselbständigt sind, in der Buchhaltung getrennt geführt werden. Stiftungseigene Anstalten können erhebliche Ausmaße annehmen und mittleren oder größeren Wirtschaftsunternehmen vergleichbar werden. Der einzige Unterschied besteht darin, daß eventuelle Erträge nicht an private Eigentümer ausgeschüttet, sondern an die Stiftung abgeführt werden, die sie wiederum für diesen Satzungszweck zu verwenden hat.

Gemeinnützige Stiftungen sind gehalten, streng darauf zu achten, daß Tätigkeiten im Rahmen der Stiftungarbeit, die wirtschaftliche Betätigungen darstellen, buchhalterisch von dem ideellen Bereich der Tätigkeit getrennt und auch versteuert werden. Dies kann etwa beim Verkauf von Tagungspublikationen im Rahmen eines sogenannten Zweckbetriebs erfolgen, der steuerlich bestimmten Sonderbedingungen unterworfen ist. Andere Betätigungen, von der Durchführung von Seminaren gegen Entgelt bis letztlich zum Betrieb eines Heimes, müssen, sofern dadurch ein Wettbewerb zu Wirtschaftsunternehmen eintritt, als unselbständige wirtschaftliche Geschäftsbetriebe geführt oder sogar als rechtlich selbständige Betriebe ausgegliedert werden. Diese Trennung bringt freilich auch einige Vorteile mit sich. So empfiehlt sich die Trennung nicht nur wegen der Klarheit, sondern auch wegen der Haftungsfragen und wegen der steuerlichen Möglichkeiten, die sich aus dem Vorsteuerabzug ergeben.

Für solche Stiftungen genügt die sogenannte Schuhkasten-Buchführung gewiß nicht. Auch die aus vergleichbaren öffentlichen Einrichtungen überkommene Systematik des Rechnungswesens ist mit Sicherheit ungenügend und sollte nicht nachgeahmt werden. Einc Stiftung ist und bleibt eine private Organisation und sollte sich bei der Einrichtung eines Rechnungswesens und der Einführung eines modernen Controlling nach der Arbeitsweise des ordentlichen Kaufmanns richten. Der effiziente Einsatz verfügbarer Ressourcen ist nun einmal grundsätzlich in der Wirtschaft am weitesten entwickelt. Sie hat dafür Steuerungs- und Kontrollinstrumente geschaffen; diese haben sich in den rechtlichen Grundlagen und in der wissenschaftlichen Betriebswirtschaftslehre niedergeschlagen. Es kann kein Zweifel daran bestehen, daß es fundamentale Unterschiede zwischen einer Stiftung und einem Wirtschaftsunternehmen gibt, aber diese liegen nicht in den Instrumenten des Rechnungswesens.

Während manche Stiftungsaufsichtsbehörden nach wie vor besondere Rechnungswerke verlangen, die den ihnen geläufigen kameralistischen Grundsätzen entsprechen und nur sehr eingeschränkt über die tatsächlichen Finanzströme in der Stiftung Auskunft geben, erwarten andere inzwischen die Vorlage von Jahresabschlüssen, die von Wirtschaftsprüfern oder Steuerberatern gefertigt wurden. Dies geht sogar so weit, daß manche Behörden solche Abschlüsse selbst auf Kosten der Stiftung in Auftrag geben.

Der Wert solcher Abschlüsse ist beschränkt, solange diese nicht nach einheitlichen, speziell auf Stiftungen zugeschnittenen Grundsätzen erstellt werden. Nur durch Betriebsvergleich läßt sich in den komplizierter strukturierten Stiftungen die Aussagekraft des Rechnungswerkes nachvollziehen und die satzungsgemäße Mittelverwendung zahlenmäßig überprüfen. Die Erarbeitung solcher verbindlichen Richtlinien bleibt daher eine der wesentlichen Forderungen an die Gemeinschaft der Stiftungen. In diesen Richtlinien sollten sich modernste betriebswirtschaftliche Methoden, nach denen Aussagen aus den Leistungs- und Finanzströmen entwickelt werden, mit den speziellen Notwendigkeiten der Stiftungen verbinden.

4.5 Die Finanzierung der Stiftungsarbeit

Es ist ein alter Stiftungsgrundsatz, daß Stiftungsvermögen und Stiftungszweck in einem sinnvollen Verhältnis stehen müssen. Dies heißt aber nicht, daß Stiftungen ihren Zweck ausschließlich aus Erträgen des Vermögens zu erfüllen haben. Von Anfang an können sie ihre Arbeit auch anderweitig finanzieren, wenn glaubhaft gemacht werden kann, daß andere Einnahmequellen tatsächlich zur Verfügung stehen. Ein besonders gutes Beispiel dafür ist wieder die Krankenhausträgerstiftung. Ihr Vermögen besteht in der Regel ausschließlich in der Immobilie Krankenhaus. Diese Immobilie erscheint in der Bilanz, wenn überhaupt, in der Regel mit einem Erinnerungswert von DM 1,00. Auf die Schwierigkeiten der Bilanzierung gerade in diesem Fall sei hier nicht eingegangen. Hier geht es vielmehr darum darzustellen, daß, rein formal betrachtet, das Stiftungsvermögen DM 1,00 und der Stiftungszweck – Betrieb eines Krankenhauses – in einem krassen Mißverhältnis zueinander stehen. Dennoch kann das Finanzierungskonzept der Stiftung insgesamt schlüssig sein, wenn etwa das Krankenhaus in den regionalen Krankenhausbedarfsplan aufgenommen und somit mit einem hohen Wahrscheinlichkeitsgrad eine durchschnittliche Auslastung angenommen werden kann. Die Finanzierung des Krankenhausbetriebs ist durch gesetzliche Regelungen, Abkommen mit den Sozialversicherungsträgern und Einzelverträge mit Privatpatienten sichergestellt; das Krankenhaus erzielt also Einnahmen aus Lieferung und Leistung in, jedenfalls hoffentlich, ausreichender Höhe.

Ein anderes Beispiel ist etwa eine Kunststiftung, deren Vermögen ausschließlich aus Kunstwerken besteht. Diese ist bei der Errichtung nur dann genehmigungsfähig, wenn zugleich dargestellt wird, wer für die Kosten der Verwaltung der Kunstwerke aufkommt. Ein Beispiel dafür ist die Wittelsbacher Landesstiftung für Kunst und Wissenschaft. Sie entstand 1923 im Zuge der vermögensrechtlichen Auseinandersetzung zwischen dem Freistaat Bayern und dem vormals regierenden Königshaus. Ihr Vermögen besteht ausschließlich aus einer großen Zahl hoch bedeutender Kunstwerke. So ist etwa mehr als die Hälfte der Bestände der alten Pinakothek nicht etwa Eigentum des Staates, sondern eben dieser Wittelsbacher Landesstiftung. Bei der Errichtung wurde durch Gesetz festgelegt, daß der Freistaat Bayern für alle mit der Verwaltung und öffentlichen Ausstellung dieser Kunstwerke entstehenden Kosten aufzukommen hat; dafür fließen auch sämtliche damit zusammenhängenden Einnahmen in die Staatskasse. Die Stiftung als solche hat weder Einnahmen noch Ausgaben.

An dem Beispiel der Wittelsbacher Landesstiftung für Kunst und Wissenschaft läßt sich übrigens ein ganz anderer vorteilhafter Aspekt einer Stiftung darstellen. Zum Stiftungseigentum gehören die berühmten Apostelbilder von Albrecht Dürer. Sie wurden während des 30-jährigen Krieges vom Kurfürsten Maximilian von Bayern käuflich erworben. Die entsprechende Korrespondenz und die Quittung sind noch vorhanden. Dennoch muß, um der historischen Wahrheit willen, angemerkt werden, daß der Kauf zu einem Zeitpunkt stattfand, als eine bayerische Armee das Gebiet der Verkäuferin, der Stadt Nürnberg nämlich, umzingelte.

Es ist daher verständlich, daß die Stadt Nürnberg, und mit ihr immer wieder fränkische Landtagsabgeordnete versuchen, diese Bilder nach Nürnberg zurückzuholen. Da die Bilder aber dem Freistaat Bayern nicht gehören und die Wittelsbacher Landesstiftung durch Satzung daran gebunden ist, daß diese Bilder in der Alten Pinakothek in München öffentlich ausgestellt werden müssen, ist eine Rückführung nach Nürnberg in einem rechtlichen Verfahren nicht zu bewerkstelligen. Der Stifterwille ist eindeutig und nachträglich nicht mehr veränderbar. Nur ein Durchbruch durch die Rechtsordnung, etwa bei einer Revolution, könnte die starke Position der Stiftung erschüttern.

Zurück zum Thema! Kann eine Kunststiftung eine solche bindende Abrede etwa mit einer öffentlichen Kunstsammlung oder mit einer anderen Stiftung nicht vorlegen, so müßte sie, um genehmigungsfähig zu werden, zusätzliche Vermögenswerte erhalten, die genügend Mittel erwirtschaften, um die Kunstsammlung ordnungsmäßig zu betreuen.

In vielen Fällen machen Stiftungen eine Mischfinanzierung geltend, d.h. der Stiftungszweck kann zum Teil aus den Erträgen des Stiftungsvermögens, zum Teil aus Erträgen aus Lieferung und Leistung, zum Teil aus öffentlichen Zuschüssen und zum Teil aus Spenden verwirklicht werden. Die letzteren beiden Einnahmearten müssen aber sehr glaubhaft dargestellt werden.

So ist es beispielsweise gelungen, einen bedeutenden Verein, der seine Arbeit ganz wesentlich aus Spenden finanziert, in eine Stiftung umzuwandeln. Der stiftende Verein konnte darlegen, daß er seine gesamte Tätigkeit auf die Stiftung überträgt und ihr keine Konkurrenz machen wird. Er konnte ferner darlegen, daß die Tätigkeit seit einem Jahrzehnt kontinuierlich durch Spenden in hinreichender Höhe ermöglicht worden ist und daß, insbesondere auch angesichts der Mitglieder des Vereins- und künftigen Stiftungsvorstandes, die ihrerseits unmittelbaren Einfluß auf wesentliche Spender haben, die Zukunft dieses Spendeneingangs auch bei der Stiftung sehr wahrscheinlich erscheint.

Im Genehmigungsverfahren scheitern dagegen Ideen, Stiftungen mit einem minimalen Vermögen und einer großen Aufgabe zu errichten, die nur mit Hilfe erheblicher Spenden verwirklicht werden kann. Ein Stifter, der außer der Idee, die er für gut hält, keine Gründe vorweisen kann, warum die erwarteten Spenden auch tatsächlich eintreffen werden, wird sich sagen lassen müssen, daß die Stiftung zumindest eines Zwecks bedarf, der aus den Erträgen des kleinen Stiftungsvermögens in jedem Fall finanzierbar ist. Weitere Zwecke können in der Satzung mit der Maßgabe aufscheinen, daß sie dann verwirklicht werden, wenn genügend Stiftungsmittel zur Verfügung stehen. Ein solcher Minimalzweck ist beispielsweise die Vergabe eines Preises. Geht man von der heute akzeptierten Minimalausstattung einer neuen Stiftung des bürgerlichen Rechts in Höhe von 100 000 DM aus, so kann langfristig damit gerechnet werden, daß etwa 5 000 DM pro Jahr für den Stiftungszweck zur Verfügung stehen. Diese Summe reicht gerade für einen Preis aus. Die Regelung kann dadurch noch optimiert werden, daß man vorschreibt, der Preis solle alle zwei Jahre verliehen werden.

Es ist schon berechtigt, wenn sowohl die Stiftungsaufsichtsbehörden als auch die Finanzämter darauf Wert legen, daß der Stiftungszweck konkret beschrieben wird, um seine spätere Verwirklichung zu gewährleisten. Übrigens besteht das Gebot des sinnvollen Zusammenhangs zwischen Zweck und Mitteln auch im entgegengesetzten Fall. Eine Stiftung mit großem Vermögen darf sich nicht auf einen Zweck beschränken, der zu seiner Verwirklichung gar nicht Mittel in entsprechender Höhe benötigt. Natürlich gibt es hier in der Beurteilung eine Bandbreite, aber Extremfälle sind in jedem Fall auszuschließen. Dies gilt vor allem auch dann, wenn abzusehen ist, daß der primäre Zweck relativ bald erfüllt sein wird. So weist etwa eine Stiftung, deren Zweck es ist, ein bestimmtes Gebäude zu restaurieren und zu erhalten, dann einen Konstruktionsmangel auf, wenn die Erträge des Stiftungsvermögens zwar in den ersten Jahren für die Restaurierung benötigt werden, der laufende Unterhalt und die Pflege aber viel geringere Summen erfordern. Hier müßte der Stifter dafür sorgen, daß es einen Ersatzzweck gibt, dem sich die Stiftung widmen kann, wenn der primäre Destinatär die Mittel nicht abrufen kann.

Fundraising gehört gewiß nicht zu den klassischen Aufgaben einer Stiftung. Fundraising ist die Domäne der Vereine, die prinzipiell darauf angewiesen sind, von Mitgliedern und Spendern die Gelder einzusammeln, die sie benötigen, um ihren Zweck zu erfüllen. Stiftungen sollten hingegen ihren Zweck klassischerweise primär aus den Erträgen ihres Vermögens und subsidiär aus den Einnahmen für die Leistungen, die sie erbringen, erfüllen können. Viele Stiftungen haben aber über Jahre hinweg Programme entwickelt, die ihre finanziellen Möglichkeiten übersteigen. Sie sind daher darauf angewiesen, ihre Einnahmensituation durch Fundraising zu optimieren.

Andere Stiftungen werden von vornherein darauf angelegt, ihre Aufgaben wesentlich auch aus Spenden zu finanzieren. Obwohl dies dem Prinzip der Stiftung nicht entspricht, sind gerade in den letzten Jahren immer häufiger Stiftungen dieser Art entstanden. Die Initiatoren wollen die relativ schwerfällig Vereinsstruktur damit umgehen. Dies ist insbesondere durch die Errichtung einer unselbständigen Stiftung mit sehr geringer Kapitalausstattung möglich.

Fundraising umfaßt mehr als nur das Betteln um Spenden. Fundraising ist die systematische Akquisition von Mitteln zugunsten des gemeinnützigen Zwecks, wobei alle denkbaren Zielgruppen, etwa die Bevölkerung im allgemeinen, Vermögensinhaber, konkrete Interessenten, Industrieunternehmen, Förderstiftungen und öffentliche Körperschaften mit den sie bildenden Bürgern, im allgemeinen auf ihre Ansprechbarkeit untersucht und gegebenenfalls angesprochen werden. Grundsätzlich werden alle Instrumente, wie Förderanträge, persönliche Kontakte, Einzelbriefe, Serienbriefe, persönliche Besuche usw., genutzt, um einen optimalen Erfolg zu gewährleisten. Konkrete Verhandlungen mit einzelnen möglichen Geldgebern sind ebenso Teil einer Fundraising-Strategie wie professionelle Systeme wie Direct mail, Telefonmarketing und sogar Haustür-Werbung. Natürlich kann nicht jede Organisation alle Instrumente und Möglichkeiten ausschöpfen und alle denkbaren Zielgruppen für sich gewinnen. Aber dem klassischen Gelegenheitsgespräch und Zufallserfolg steht heute das Fundraising als professionell durchorganisierte Strategie gegenüber.

Dies gilt grundsätzlich für jede Organisation, die Geld braucht. Ebenso muß jede Organisation gleichermaßen zunächst die Voraussetzungen für den Erfolg bei sich selbst schaffen. Diese Voraussetzungen reichen von formalen Erfordernissen, etwa einer eventuellen Anpassung der Satzung, über Verbesserungen im Management bis zur Modernisierung des nach außen vermittelten Bildes von der Organisation und der Entwicklung einer Marketingstrategie ganz generell. Stets gilt der Grundsatz, daß nur das nach außen vermittelt werden kann, was nach innen auch verwirklicht ist. So kann etwa eine Organisation, die in ihrem Innenleben altmodisch und hierarchiebetont arbeitet, niemals erfolgreich nach außen als moderne teamarbeitsorientierte Organisation auftreten. Staatliche Unternehmen wie etwa die Post bieten die klassischen Beispiele dafür, wie solches mit ungeheurem Aufwand, teuren Werbekampagnen, aber mit miserablem Erfolg immer wieder versucht wird.

Die Marketingstrategie muß alle Zielgruppen der Organisation untersuchen und den Zugang zu diesen Zielgruppen zu einem möglichst schlüssigen Konzept vereinigen. So ist etwa die erfolgversprechendste Zielgruppe für die Spendenakquisition einer Krankenhausträgerstiftung die Gruppe der ehemaligen Patienten. Diese lassen sich aber schon aufgrund der persönlichen Erfahrung nicht primär durch eine von einer Werbeagentur gestaltete Hochglanzbroschüre zu einer Spende überreden, sondern durch einen kunden-, d.h. patientenorientierten Krankenhausbetrieb, gute Pflege- und Serviceleistungen, natürlich auch gute ärztliche Kunst, insgesamt also durch positive Erinnerungen an den Krankenhausaufenthalt, sowie durch die Wahrnehmung, daß die Mittel tatsächlich knapp sind und eine zusätzliche Hilfe sehr wirksam sein könnte.

Eine erfolgversprechende Marketingstrategie setzt daher nicht primär bei der Werbung von völlig anonymen Personen an, denen das Krankenhaus erst bekannt gemacht werden muß, sondern bei der Verbesserung der Dienstleistungen für die Patienten, um diese Zielgruppe als Spender zu gewinnen. Eine solche Verbesserung der Dienstleistungen führt auch durch bessere Auslastung zu höheren Einnahmen, da das Krankenhaus eine größere Attraktivität für die Patienten besitzt. Dadurch werden nicht zuletzt die Mitarbeiter zu besseren Leistungen motiviert.

Das Beispiel soll deutlich machen, daß Fundraising kein isoliertes Thema sein darf, sondern ein integraler Bestandteil eines Marketing-, ja eines ganzheitlichen Managementkonzeptes sein muß. Was hier über das Krankenhaus gesagt wurde, gilt selbstverständlich gleichermaßen für das

Museum und auch für jede Organisation, die keinen eigenen Betrieb zu führen hat. Fundraising bezieht sich nicht nur auf Spenden, auch wenn die Erfahrung der letzten Jahrzehnte zeigt, daß die Organisationen am erfolgreichsten im Fundraising sind, die ihre Mittel in kleinen Portionen vom privaten Bürger beziehen. Die kirchlichen Hilfswerke wie Misereor oder Brot für die Welt, das Deutsche Aussätzigen-Hilfswerk oder auch Greenpeace sind dafür gute Beispiele. Sie zeigen auch, daß sich die Aufgabe der Organisation dem potentiellen Spender möglichst unmittelbar und emotional erschließen muß.

Die Bedeutung von Wirtschaftsunternehmen als Geldgeber wird vielfach überschätzt. Trotzdem bilden auch sie eine wichtige und interessante Zielgruppe, für die eine eigene Akquisitionsstrategie erarbeitet werden muß. Diese muß auch berücksichtigen, daß Unternehmen mehrere Möglichkeiten der Förderung haben, z.B. über Spenden, als Sponsoren, durch Sach- oder Dienstleistungen, Managementhilfe usw.

Zum Fundraising gehören auch das Herantreten an andere Stiftungen oder sonstige private Geldgeberorganisationen sowie die Suche nach öffentlichen Fördermitteln. Keinesfalls sollte aber eine private Stiftung ihren Zweck nur mit Mitteln des Steuerzahlers verwirklichen.

Stiftungen bieten einige besonders günstige Voraussetzungen für erfolgreiches Fundraising. Zunächst bilden sie insgesamt schon aufgrund ihrer geringeren Zahl (6 500 gegenüber 350 000 Vereinen) eine herausgehobene Klasse. Sie gelten als etwas Besonderes, zum Teil auch Exklusives. Gerade im Kunst- und Wissenschaftsbereich können sie größeren Geldgebern zu gesellschaftlichem Ansehen verhelfen, etwa indem sie sie zu Mitgliedern eines Kuratoriums berufen. Der bewußte Einsatz solcher Möglichkeiten ist ein sehr bewährtes Erfolgsrezept. Die Methode ist auch durchaus legitim, denn die Einbindung von erfolgreichen Persönlichkeiten bereichert, richtig genutzt, eine Organisation nicht nur finanziell.

Nicht uninteressant ist es auch für manchen Geldgeber, eine rechtlich unselbständige Stiftung mit eigenem Namen zu errichten, die der werbenden Stiftung angegliedert wird.

Nur die Stiftung hat außerdem nach deutschem Steuerrecht die Möglichkeit, Spenden sowohl für die laufenden Stiftungsmittel wie auch als Zustiftungen zum Stiftungsvermögen entgegenzunehmen. Die Entscheidung darüber steht dem Geldgeber zu. Dieser kann jedoch durchaus im Sinne der Absichten des Stiftungsmanagements im Vorfeld beeinflußt werden.

Vereine stehen gelegentlich in dem Ruf, eingenommene Gelder nicht zweckentsprechend oder zumindest nicht optimal für den Zweck einzusetzen. Stiftungen sind in der Regel über solche Vorwürfe erhaben, da man ihnen zutraut, ihre eigene Organisation aus eigenen Mitteln zu bestreiten und zusätzliche Spenden in vollem Umfang für den genannten Zweck einzusetzen. Diesen durchaus begründeten Anschein der Seriosität machen sich allerdings gelegentlich auch Organisationen zunutze, die entweder richtige Stiftungen bürgerlichen Rechts darstellen, aber über kein nennenswertes Stiftungsvermögen verfügen oder das Wort Stiftung nur im Namen führen, ohne richtige Stiftungen zu sein, etwa die Konrad-Adenauer-, Friedrich-Ebert- und Hans-Seidel-Stiftung, oder auch die Stiftung für Moderne Kunst. Interessanterweise gelingt es gutgeführten und gute Arbeit leistenden Stiftungen, z.B. der Marianne-Strauß-Stiftung, mit der Zeit erhebliche Zustiftungen, Vermächtnisse und dergleichen zu akquirieren und damit langfristig ihr Stiftungsvermögen nachhaltig zu stärken, bzw. ein solches zu begründen.

Dieses Ziel bei der Errichtung bewußt anzustreben ist legitim, solange sich der Stifter über die Langfristigkeit einer solchen Strategie im klaren ist. Die Vorstellung mancher »Stifter«, es genüge eine Idee und andere Menschen würden in kurzer Zeit das Kapital dazugeben, ist in den meisten Fällen eine Illusion. Es gehören schon ein besonderes persönliches Charisma des Initiators, eine besonders zündende Idee oder ein besonderes Akquisitionstalent dazu, eine Stiftung nach diesem Muster zu realisieren, und jeder, der dies im Sinn hat, tut gut daran, sich vorher sehr selbstkritisch zu fragen, welche der drei Voraussetzungen er erfüllt. Ebensowenig trifft es zu, daß es viele Menschen gibt, die auf der Suche nach einer sinnvollen Verwendung für ihr Vermögen sind. Es gibt gewiß Einzelfälle, in denen dies zutrifft, aber verallgemeinern läßt sich dies nicht.

Fundraising bleibt eine Aufgabe, die nur mit einem sehr professionellen Ansatz und vor allem nur mit großer Konsequenz zum Erfolg führt. Einmalaktionen sind meist völlig erfolglos. Erfolgreich ist die kontinuierlich verfolgte, von guter Arbeit und guter Öffentlichkeitsarbeit begleitete Fundraising-Strategie.

4.6 Optimierungsmöglichkeiten des Managements

Es wurde schon ausgeführt, daß Stiftungen im allgemeinen den Ruf der Seriosität und Solidität genießen. Deutlich weniger verbindet sich mit dem Begriff Stiftung der Gedanke an besonders effizientes Management. Dies ist eigentlich zu bedauern. Stiftungen sollten in ihrem Management nicht, wie es leider gelegentlich vorkommt, zu Beschäftigungstherapien für Senioren degenerieren oder in großen Organisationen ohne Engagement für die Sache mitgeführt werden. Ein Beitrag der Stiftungen zur gesellschaftlichen Wirklichkeit sollte auch eine Vorbildfunktion hinsichtlich ihres Managements und ihrer Betriebsführung sein. Hierzu sind die Stiftungen wesentlich besser geeignet als die Vereine, da ihre Gremien in der Regel kleiner und die Entscheidungswege daher wesentlich kürzer sind. Außerdem führen sie in ihren Stiftungsräten oder Kuratorien oft Persönlichkeiten von hohem Rang und profunder Sachkenntnis zusammen, die oft ehrenamtlich engagiert mitarbeiten. Diese Persönlichkeiten sollten sehr viel stärker, als es oft in der Praxis geschieht, ihr außerhalb der Stiftungsarbeit erworbenes oder praktiziertes Expertenwissen zum Wohl der Stiftung einsetzen.

Dennoch wird es manchen, zumal größeren Stiftungen oft nicht gelingen, aus eigener Kraft grundsätzliche Verbesserungsmöglichkeiten zu erkennen und umzusetzen. Deshalb sollten Stiftungen ihre Scheu davor verlieren, externe Berater hinzuzuziehen, was in jedem Wirtschaftsunternehmen seit Jahrzehnten üblich ist. Außenstehende Fachleute haben oft schon deswegen, weil sie eben den Betrieb mit einem gewissen Abstand sehen, einen anderen Überblick über die Abläufe und können daraus hochinteressante Optimierungsvorschläge entwickeln. Dabei sollte auch nicht übersehen werden, daß eine Stiftung im Gegensatz zu einem Verein nicht wesentlich dazu da ist, den dort mitwirkenden Personen zu einem gruppendynamischen Prozeß zu verhelfen. In jedem Verein ist dies ein legitimer Teil des Selbstverständnisses, und das subjektiv aufrechte gemeinsame Bemühen kann eine objektive Optimierung tatsächlich auch wettmachen. Die Stiftung hingegen ist ausschließlich dem in der Satzung verankerten Stifterwillen verpflichtet. Wer als Mitglied eines Organs in einer Stiftung mitwirkt, verpflichtet sich zum Dienst an diesem Stifterwillen. Diese Verpflichtung beinhaltet auch, daß dieser Dienst so gut wie möglich zu erfolgen hat.

Folgende Komplexe bieten sich in der Regel für eine Optimierung des Managements an:

Die Verwaltungskosten

Fast in jeder Stiftungssatzung findet sich der Satz: »Die Stiftungsmittel dürfen nach Abzug der zur Verwaltung der Stiftung notwendigen Kosten ausschließlich für den genannten Stiftungszweck verwendet werden.« Unweigerlich knüpft sich daran eine ständige Diskussion um die Notwendigkeit von Verwaltungskosten. Ebenso wie Vereine werden Stiftungen oft wegen zu hoher Verwaltungskosten kritisiert oder wegen angeblich niedriger Verwaltungskosten gelobt. In der Form, in der dies z. B. in der Presse geschieht, ist es meist blanker Unsinn. Es ist völlig unmöglich, einheitlich festzulegen, wie hoch die Verwaltungskosten einer Stiftung im Verhältnis zu ihren Gesamtausgaben sein dürfen. Zum einen fehlen, wie schon ausgeführt, Grundsätze für das Rechnungswesen einer Stiftung, so daß jede Stiftung selbst und oft recht unüberlegt darüber entscheidet, welche Kosten sie als Verwaltungskosten deklariert.

In einer mittelgroßen Stiftung etwa kann der Vorstand/Geschäftsführer gleichzeitig für die Vermögensverwaltung, für die allgemeinen administrativen Belange und für die Leitung von Stiftungsprojekten zuständig sein. Während die ersten beiden Bereiche eindeutig Verwaltungskosten verursachen, ist die Erfüllung der letzten Aufgabe korrekterweise anteilig den jeweiligen Projekten zuzurechnen oder insgesamt als Projektleitungskosten auszuweisen. Wenn dies nicht geschieht, erscheinen die Verwaltungskosten schnell als besonders hoch.

Zum zweiten kommt es auf die konkrete Aufgabe jeder Stiftung an. Eine Stiftung, die nur einmal im Jahr an einen bestimmten Destinatär den jeweiligen Ertrag des Stiftungsvermögens ausschüttet, z.B. eine Förderstiftung für eine bestimmte Universität, muß notwendigerweise mit sehr viel geringeren Verwaltungskosten auskommen als andere Stiftungen, die sich mit einer großen Zahl von Antragstellern beschäftigen müssen. Letztlich gibt es auch Grenzwerte der Effizienz. Schematisch ausgedrückt, kann ein Mitarbeiter beispielsweise bis zu 100 Vorgänge bearbeiten. Steigt die Zahl der Vorgänge auf 101, muß (theoretisch) ein zweiter Mitarbeiter eingestellt werden. Dadurch steigen die Kosten um 100 %, obwohl die Zahl der Vorgänge nur um 1 % gestiegen ist.

Die Verwaltungskosten einer Stiftung müssen individuell unter die Lupe genommen werden. Nur durch eine eingehende individuelle Analyse kann ermittelt werden, welcher Aufwand erforderlich ist, um eine angemessene Verwaltung zu gewährleisten. Diesem Aufwand sind die Kosten der Organe, Aufwandsentschädigungen, Reisekosten, Sitzungsgelder usw. ebenso zuzurechnen wie die auf der Geschäftsführungsebene entstehenden Kosten für Buchhaltung usw. Andererseits sind Kosten abzuziehen, die einzelnen Projekten, Anstalten, Fördermaßnahmen usw. zuzurechnen sind.

Die Frage, ob eine Stiftung im Rahmen ihrer Möglichkeiten den Mitgliedern ihrer Organe finanzielle Leistungen überhaupt gewähren kann oder sollte, ist dabei in kleineren Stiftungen oft von zentraler Bedeutung. Fraglos kann ein externer Berater aus seinem Überblick und seinen Vergleichsmöglichkeiten mit anderen Organisationen Rückschlüsse ziehen und Lösungen anbieten, etwa, um das eben zitierte schematische Beispiel nochmals zu bemühen, zur Beurteilung der Frage, wieviel Vorgänge ein Mitarbeiter tatsächlich bearbeiten kann. Aus dem externen Überblick läßt sich auch am ehesten die Frage beantworten, ob sich im konkreten Einzelfall die Einrichtung einer eigenen Stiftungsverwaltung lohnt oder nicht. Die Faustregel, daß dies nur ab einem Stiftungsvermögen von 40 Millionen DM oder einem Jahresbudget von 2 Millionen DM effektiv ist, ist in der Tat nicht mehr als eine Faustregel, die auf der Annahme beruht, daß daraus 10 %, also 200 000 DM, für die Verwaltung aufgewendet werden. Sie muß aus guten Gründen in der Praxis häufig durchbrochen werden.

Externe Verwaltungen, die spezialisiert und gut organisiert sind, können den ehrenamtlichen Führungskräften einer Stiftung kostengünstig all das abnehmen, was diese selbst nicht zu leisten imstande sind. Eine periodische Untersuchung der Kosten-Nutzen-Relationen sollte selbstverständlich sein. Immer wieder muß die Frage gestellt werden, ob das Ergebnis nicht hinsichtlich des dazu notwendigen Aufwands optimiert werden kann. Heilige Kühe der Personalverwaltung oder der Art der Aufgabenerledigung darf es auch in der Stiftung nicht geben.

Die Vermögensverwaltung

Fast jede Stiftung arbeitet, sofern sie über liquides Vermögen verfügt, mit professionellen Vermögensverwaltern zusammen. Banken und bankenunabhängige Vermögensverwaltungen haben in einigen Fällen eigene Systeme, zum Teil eigene Abteilungen gebildet, um Stiftungsvermögen bestmöglich zu verwalten. Daß solche Abteilungen sich gelegentlich auch um andere Aspekte der Stiftungsarbeit kümmern, von denen sie sehr viel weniger verstehen, sei nur am Rande vermerkt. Sicher sollte sich ein Stiftungsmanagement von Zeit zu Zeit überlegen, ob die Zusammenarbeit mit einem bestimmten Bankinstitut den Anforderungen entspricht. Gute Bekanntschaft mit einzelnen Persönlichkeiten und eine gewisse Betriebsblindheit und Gewohnheit verstellen oft den Blick für die harten Realitäten eines nicht so guten Ergebnisses. Darüber hinaus sollten aber auch andere Aspekte der Vermögensverwaltung periodisch und systematisch durchleuchtet werden. So erhebt sich etwa bei Rente-Immobilien die Frage, ob der Verkehr mit Mietern durch die Stiftungsverwaltung selbst effizienter ist als die Beauftragung einer professionellen Wohnungsverwaltung. Daß Stiftungen mit land- und forstwirtschaftlichen Betrieben besondere Betriebsberater dieser Fachrichtungen regelmäßig hinzuziehen, ist üblich, aber keineswegs durchgängig der Fall. Daneben sollte von Zeit zu Zeit die grundsätzliche Anlage des Stiftungsvermögens kritisch durchleuchtet werden. Was vor 30 Jahren eine richtige Verteilung war, muß nicht notwendigerweise heute noch eine richtige Verteilung sein.

An den Grundsätzen hat sich wenig geändert. Langfristiger Vermögenserhalt, Risikominimierung und Ertragsstärke sind nach wie vor die Eckdaten. Aber innerhalb dieses Rahmens ist eine regelmäßige Durchforstung ohne Zweifel angebracht.

Die Verwirklichung des Stiftungszwecks

Gegenstand intensiver Überlegungen sollte regelmäßig auch die Verwirklichung des Stiftungszwecks sein, und zwar unabhängig davon, ob die Stiftung operativ tätig ist und eigene Anstalten unterhält oder Projekte durchführt, oder ob es sich um eine Förderstiftung handelt. Allzuoft wird aus der wünschenswerten Autonomie der Stiftungsarbeit eine Selbstzufriedenheit und Isolation abgeleitet, die den Grundprinzipien des Stiftungswesens zuwiderläuft. Immer wieder wird auch behauptet, daß die Stiftungsaufsichtsbehörden darüber wachen, ob der Stiftungszweck optimal erfüllt wird. Die Behörden tun dies nicht, und es ist auch nicht ihre Aufgabe. Natürlich können die zuständigen Beamten auf grobe Verstöße aufmerksam machen oder gelegentlich einen Rat erteilen. Aber der Charakter der staatlichen Stiftungsaufsicht verbietet es grundsätzlich, in die Entscheidungsfreiheit der Stiftungsorgane einzugreifen, solange erkennbar ist, daß dem Stifterwillen und Satzungszweck Rechnung getragen wird. Jedem Versuch der Aufsichtsbehörde, etwa zu kritisieren, daß der Antragsteller A anstatt des Antragstellers B Fördermittel erhalten hat oder daß für den Neubau des Stiftungsmuseums Architekt C beauftragt wurde oder ob ein Tagungsprojekt mit einem Veranstalter D durchgeführt wurde, wäre aus grundsätzlichen Erwägungen energisch entgegenzutreten. Die kritische Bewertung der Qualität der Zweckerfüllung ist ureigenste Aufgabe der Stiftung selbst. Stiftungseigene Anstalten haben in der Regel kollegialen Kontakt mit ähnlichen Anstalten anderer Träger, gewinnen daraus Vergleichsmöglichkeiten und beauftragen gelegentlich externe Berater aus entsprechenden Fachorganisationen. Allerdings werden gerade diese Beratungsorganisationen oft dem Anspruch einer Stiftung nicht gerecht, hinsichtlich der Effizienz, Kreativität und Qualität an der Spitze zu stehen und auch einmal den Mut zu unkonventionellen Wegen aufzubringen. Daher ist es auch den Anstaltsträgerstiftungen anzuraten, periodisch den Rat sehr unabhängiger externer Fachleute zu suchen.

In einer etwas glücklicheren Situation sind Stiftungen, die eigene Projekte durchführen. Solche Projekte haben meist ein natürliches Ende und beinhalten in der Regel einen intensiven Dialog mit Außenstehenden. Daraus ergibt sich, daß aus Fehlern gelernt wird, daß die Arbeitsgrundsätze kontinuierlich weiterentwickelt werden und daß man es beim nächsten Mal besser machen kann. Jedoch ist auch die Projektarbeit vor Stagnation nicht gefeit, so daß eine kritische Revision im Grundsätzlichen wie im Verfahren anzuraten ist.

In besonderem Maße gilt dies für Förderstiftungen. Allzu leicht bürgert es sich ein, eine bestimmte Förderpolitik immer weiter zu verfolgen, obwohl die Notwendigkeit der Förderung vielleicht längst nicht mehr besteht oder sich andere Gesichtspunkte ergeben haben. Der wichtige Beitrag der Stiftungen zur Förderung gemeinnütziger Projekte könnte wesentlich verstärkt werden, wenn die Förderpolitik mancher Stiftungen innovativer und phantasievoller wäre. Kleinere, neuerrichtete Stiftungen laufen oft Gefahr, allgemein bekannten Einrichtungen, womöglich solchen, die eine gute Pressearbeit betreiben, Mittel allzu unkritisch zuzuwenden. Keineswegs sollen bewährte Organisationen von der Förderung durch Stiftungen ausgeschlossen werden, aber dem Stiftungsprinzip würde es letztlich doch mehr entsprechen, Energie und auch Stiftungsmittel darauf zu verwenden, besonders innovative und kreative, aber bislang unbekannte Initiativen aufzuspüren und gerade diese durch eine Anschubfinanzierung in die Lage zu versetzen, sich zu bewähren und durchzusetzen.

Ein besonderes Problem stellt die häufig zu große Nähe der Stiftungsarbeit zur Arbeit öffentlicher Körperschaften dar. Diese ergibt sich gelegentlich aus gutgemeinten, aber irrigen Ratschlägen von Aufsichtsbehörden, die Unsicherheit bei den Stiftungsorganen hervorrufen, noch häufiger allerdings aus einer Besetzung von Stiftungsorganen mit Angehörigen oder ehemaligen Angehörigen des öffentlichen Dienstes. Zu der zu großen Staatsnähe vieler Stiftungen trägt letztlich der Umstand bei, daß viele Stiftungen für Anstalten oder Projekte öffentliche Zuschüsse erhalten und die Zuschußgeber den Empfängern die Beachtung von Grundsätzen des öffentlichen Dienstrechts und der Kameralistik zur Auflage machen.

Aus Stiftungssicht sind Tendenzen dieser Art scharf zu kritisieren. Stiftungen des bürgerlichen Rechts sind keine Staatsbetriebe, sie sind solchen nicht vergleichbar, und sie haben nicht den geringsten Anlaß, sich solchen anzugleichen. Im Gegenteil: Stiftungen bilden ein Gegengewicht zu staatlichem Handeln, und dies muß auch in ihrer Betriebsführung zum Ausdruck kommen. Nach einem Grundsatzurteil, bei dem es um das Gehalt von Lehrern an einer stiftungseigenen Schule ging, ist der Staat nicht berechtigt, den Stiftungen Vorschriften über das Gehalt ihrer Mitarbeiter zu machen. Ebensowenig kann der Staat verlangen, daß eine Stiftung ihre Buchführung kameralistisch einrichtet, und letztlich und vor allem sollten Stiftungen niemals die Arbeitsweise einer öffentlichen Verwaltung auch nur in Ansätzen übernehmen. Auch in dieser Hinsicht kann eine Betriebsberatung wertvolle Hilfestellung leisten.

In den kommenden Jahren werden die strukturellen Defizite unserer Gesellschaft zu immer größeren Problemen führen. Unübersehbar große Organisationen, Industriekonzerne ebenso wie staatliche Verwaltungen oder große Wohlfahrtsverbände werden es besonders schwer haben, die immer knapperen Mittel effizient einzusetzen. Die autonome Stiftung hat die Chance, ein Modell vorzuleben. Dies kann aber nur gelingen, wenn sie beweist, daß ihre Tätigkeit nicht nur gut gemeint, sondern auch gut gemacht ist.

Um diesen Beweis antreten zu können, ist ein Innovationsschub vonnöten. Nur die Stiftungen, die tatsächlich Motoren der Innovation sind, wie der Gründer der z. Zt. größten deutschen Stiftung, der Bertelsmann-Stiftung, Reinhard Mohn gesagt hat, werden sich mittelfristig behaupten können.

5. Die Wirkung von Stiftungen

5.1 Die operative Stiftung

Die Begriffe operative Stiftung und Förderstiftung sind bereits mehrfach gebraucht worden. Im folgenden sollen dazu einige Ausführungen gemacht werden.

Stiftungen unterscheiden sich u.a. dadurch, daß sie entweder ihren Zweck selbst verwirklichen oder die Erträge des Stiftungsvermögens Dritten zur Verfügung stellen. Die ältesten deutschen Stiftungen waren operative Stiftungen, d.h. der Stifter bestimmte, daß eines seiner Häuser auf Dauer den Armen, Kranken usw. zur Verfügung stehen solle. In den ersten Jahrhunderten entstanden Förderstiftungen, wenn überhaupt, nur als rechtlich unselbständige Stiftungen, d.h. ein Stifter übereignete seiner Vaterstadt oder Kirchengemeinde oder Universität ein Vermögen mit der Maßgabe, daß aus seinem Ertrag Arme unterstützt, Studenten gefördert und Kranke geheilt würden. Es gab daher traditionell auch eine Parallelität zwischen der Art der Verwirklichung und der Vermögensausstattung einer Stiftung.

Heute gibt es ungezählte Mischformen, und die klassische Zuordnung ist im Einzelfall oft gar nicht so leicht. In den letzten Jahrzehnten hatte sich darüber hinaus die Auffassung verbreitet, daß die moderne Stiftung die mit Kapital ausgestattete Förderstiftung sei. Diese Auffassung ist weder in der Gesamtstatistik noch im Trend empirisch belegbar. Gerade in jüngster Zeit entstehen vor dem Hintergrund der Entstaatlichung und der Attraktivität autonomer operativer Gebilde wieder vermehrt operative Stiftungen. Sie beziehen eine besondere Attraktivität aus der Eigentümerlosigkeit der Stiftung, d.h. die operative Tätigkeit wird vom Prinzip her nicht durch Partikularinteressen außenstehender Eigentümer, etwa das Interesse, einen Gewinn zu entnehmen, bestimmt. Es ist vorauszusehen, daß die operative Stiftung in diesem Zusammenhang eine Zukunft vor sich hat, die über die traditionellen Tätigkeitsbereiche der Stiftungen weit hinausgeht.

Doch schon heute spielen die operativen Stiftungen eine nicht zu unterschätzende Rolle in unserer Gesellschaft.

Sie lassen sich in zwei deutlich voneinander abgegrenzte Bereiche gliedern. Die klassische operative Stiftung ist die Anstaltsträgerstiftung, während moderne operative Stiftungen häufig auch Projektträgerstiftungen sind.

Das Stiftungsarchiv weist in Deutschland insgesamt 1258 Stiftungen aus, die eigene Anstalten unterhalten. Tabelle 18 zeigt, wie sich diese Anstalten auf die Bundesländer und verschiedene Arten von Institutionen verteilen.

Überraschend ist in diesem Zusammenhang die Erkenntnis, daß nicht nur, wie zu erwarten gewesen wäre, soziale Einrichtungen, etwa Altenheime in großer Zahl, von Stiftungen betrieben werden, sondern z.B. auch 63 Bibliotheken und Archive, 85 Schulen, 57 Museen und 76 wissenschaftliche Einrichtungen. Aus diesen Zahlen läßt sich die Aussage ableiten, daß Stiftungen in ganz vielen unterschiedlichen, gesellschaftlich relevanten Bereichen Aufgaben nicht nur finanzieren, sondern tatsächlich selbst erfüllen, die andernfalls wohl subsidiär von öffentlichen Einrichtungen erfüllt werden müßten. Es ist nicht zu bestreiten, daß viele dieser Einrichtungen, zumal die sehr alten, häufig in sehr enger Anlehnung an die öffentliche Hand tätig sind. Sie sind eingebunden in Krankenhausbedarfspläne, regionale Altenheimplanungen und dergleichen. Sie sind durch die vom Gesetzgeber verordnete Struktur der Entgelte für ihre Dienstleistungen gezwungen, ihre Investitionen mit öffentlichen Mitteln zu finanzieren, und sind durch die daran geknüpften Bedingungen einer schleichenden Vermögensauszehrung unterworfen. Diese für den gesamten nicht staatlich organisierten Sozialbereich zutreffende Aussage bezeichnet einen der großen Skandale öffentlicher Förderpolitik, denn das Subsidiaritätsprinzip, das zu den Grundfesten des freiheitlichen Staates gehört und vom Grundgesetz garantiert ist, wird dadurch de facto auf den Kopf gestellt.

Im Wissenschafts- und Kulturbereich ist die Situation etwas anders. Nichtstaatliche wissenschaftliche Einrichtungen, Museen usw., erhalten öffentliche Subventionen eher auf der Basis des tatsächlichen Wertes der

Tabelle 18: Stiftungen mit Anstalten in den Bundesländern

	KH	AH	WE	M	B/A	BEH	BIL	JE	SCH	KG	SO
Baden-Württemberg	13	32	9	5	7	8	18	13	15	8	34
Bayern	12	69	19	10	14	11	21	14	14	22	54
Berlin	4	4	5	4	3	1	5	2	2		15
Brandenburg					1						1
Bremen		2	2	2	2			2			3
Hamburg	5	31	10	3	7	10	6	8	6	4	33
Hessen	21	17	9	6	7	5	8	1	7	6	24
Mecklenburg-Vorpommern		1		1	1				1		1
Niedersachsen	16	30	2	1	5	6	6	13	7	4	38
Nordrhein-Westfalen	35	52	17	11	10	15	15	19	22	15	56
Rheinland-Pfalz	4	7	1	1	2	3	1	3	6	3	11
Saarland	1	2	1	1				3	1	3	3
Sachsen											1
Sachsen-Anhalt		5		1	1		1		1		
Schleswig-Holstein		13		9	3		2	3		1	14
Thüringen		2		1							1
NB	3	3	2	5	2	2	4	1	3	2	7
GES	116	269	77	61	65	61	87	82	85	68	296

GES Gesamt
KH Krankenhaus
AH Altenheim
WE Wissenschaftliche Einrichtung
M Museum
B/A Bibliothek/Archiv
BEH Behinderteneinrichtung
BIL Bildungseinrichtung
JE Jugendeinrichtung
SCH Schule
KG Kindergarten
SO Sonstige Einrichtung

Einrichtung für die Allgemeinheit und können ihr Vermögen und ihre Finanzierungsstruktur in stärkerem Maße selbst bestimmen. Aber auch sie hatten in den vergangenen Jahrzehnten einen ständigen Kampf – sei es gegen staatliche Bevormundung oder gegen staatliche Eifersucht – zu führen.

Ein Beispiel bietet das von der Kurhessischen Hausstiftung betriebene Schloßmuseum Fasanerie bei Fulda, dem die städtischen Behörden mit Rücksicht auf städtische kulturelle Einrichtungen über Jahre hinweg die Anbringung von Hinweisschildern im Stadtgebiet verwehrten, was einen deutlich negativen Einfluß auf die Besucherzahlen hatte. Erst als aufgrund einer Fernsehsendung die Besucherzahlen stark anstiegen und die Polizeibehörden nunmehr darauf drängten, Hinweisschilder anzubringen, um insbesondere die Reisebusse direkter zum gewünschten Zielort zu führen, verbesserte sich auch nachhaltig die Besuchersituation.

Ein anderes gutes Beispiel einer Museumsträgerstiftung ist die Vater-und-Sohn-Eiselen-Stiftung in Ulm. Sie ist Eigentümerin und alleinige Betreiberin des Deutschen Brotmuseums, das im Jahr rund 60 000 Besucher anzieht. Das Deutsche Brotmuseum erhält keine öffentlichen Zuschüsse für den laufenden Betrieb. Die Finanzierung erfolgt vielmehr ausschließlich durch Eintrittsgelder, durch den Verkauf von Büchern und anderen museumsrelevanten Dingen, in geringem Umfang durch Spenden, in ganz wesentlichem Umfang aber durch laufende Zuwendungen der Stiftung.

Eine besonders berühmte operative Stiftung ist die Fuggerei-Stiftung in Augsburg, eine von zahlreichen von der Familie Fugger errichteten Stiftungen, die zugleich ein frühes und bis heute durchgängig betriebenes Musterbeispiel einer Sozialsiedlung darstellt. Seit dem 16. Jahrhundert leben in der Fuggerei bedürftige Augsburger Bürgerinnen und Bürger nicht nur zu extrem niedrigen Kosten, sondern auch in einer extrem menschenwürdigen Umgebung. Die Fuggerei kann ihre Betriebskosten nur zu einem ganz geringen Teil aus Mieteinnahmen decken. Den weit überwiegenden Teil trägt die Stiftung aus den Erträgen ihrer Forstwirtschaft bei.

Im 19. Jahrhundert gründete Pastor Gustav Stutzer die Stiftung Neuerkerode bei Braunschweig, damals ein modellhaftes Vorhaben für die Betreuung von geistig behinderten Menschen. Diese Stiftung deckt ihre Kosten im Gegensatz zu den bisher beschriebenen im wesentlichen aus den von öffentlichen Kostenträgern bezahlten Leistungsentgelten sowie kirchlichen und öffentlichen Zuschüssen. Dennoch hat sie ihren Charakter als autonome, im Geist der evangelischen Kirche arbeitende Sozialeinrichtung bewahrt und ist nach wie vor eine der bedeutendsten der Region.

Die Projektträgerstiftungen, die vor allem seit dem 2. Weltkrieg als operative Stiftungen entstanden sind, verzichten meist auf eigene Anstalten und verwirklichen selbst den Stiftungszweck, indem sie immer wieder neue Projekte selbst entwickeln und durchführen. Hierfür beschäftigen sie im Rahmen der Projektleitung in der Regel eigenes Personal. Kleinere Projektträgerstiftungen sind jedoch darauf angewiesen, für jedes Projekt die personellen Ressourcen gesondert bereitzustellen, was sehr häufig auch auf ehrenamtlicher oder nebenamtlicher Basis geschieht. Kleinere Projektträgerstiftungen können in der Regel auch ihre Projekte nicht nur aus den Erträgen des Stiftungsvermögens finanzieren, sondern müssen die Finanzierung auch wieder jeweils gesondert durch Einnahmen, Subventionen, Allianzen und andere Möglichkeiten sicherstellen.

Eine besonders kleine operative Stiftung ist beispielsweise die Kulturstiftung Haus Europa, errichtet von der letzten Regierung der DDR, die Projekte des europäischen Kulturaustauschs, der europäischen Kulturpolitik und der Vernetzung initiiert und mit Hilfe ihrer Organe selbst durchführt. Die Tagungen, deren Ergebnisse publiziert wurden, konnten nur mit Unterstützung Dritter durchgeführt werden. Auch für weitere Projekte ist die Stiftung auf Dauer auf fremde Hilfe angewiesen.

Die Körber-Stiftung ist naturgemäß in einer völlig anderen Situation. Aus den Erträgen ihres Stiftungsvermögens kann sie neben einer Reihe von Fördermaßnahmen auch immer wieder neue Eigenprogramme finanzieren. Mit den Bergedorfer Gesprächen, die schon seit mehr als zwei Jahrzehnten durchgeführt werden, hat sich die Stiftung zu Recht besondere Anerkennung erworben. Selbst in Zeiten der fast totalen Gesprächslosigkeit zwischen Ost- und Westeuropa konnte die Stiftung interessante Menschen aus unterschiedlichen Ländern und Gesellschaftssystemen um einen Tisch versammeln. Politische Denker, Multiplikatoren, ältere und jüngere Wissenschaftler hatten oft zum ersten Mal die Gelegeheit zum intensiven Gedankenaustausch mit Kollegen. Gegenseitiges Kennenlernen erzeugte Verständnis, Achtung und vielfach Freundschaft.

Die Friedrich-Naumann-Stiftung, die einzige unter den sogenannten Parteistiftungen, die tatsächlich eine Stiftung des bürgerlichen Rechts ist, kann dennoch ihre Aktivitäten nicht aus dem Stiftungsvermögen finanzieren. Wie die anderen Parteistiftungen auch, erhält sie in großem Umfang Mittel der Steuerzahler für ihre politische Bildungsarbeit, die sie mit eigenen Büros weltweit organisiert. Tagungen, Publikationen, Forschungsprojekte gehören ständig zum Programm.

Zu den operativen Projektträgerstiftungen gehört schließlich auch die Bertelsmann-Stiftung, die in Zukunft die Mehrheitseigentümerin eines der größten Medienkonzerne der Welt sein wird. Daß diese Stiftung sich besonders für Bücher, Medien, Informationsaustausch und verwandte Themen interessiert, überrascht nicht. Ihr Programm ist aber durchaus weiter gefaßt. Auf einer ganzen Reihe von Gebieten versucht sie dem Anspruch des Stifters gerecht zu werden, Motor der gesellschaftlichen Innovation zu sein.

Besondere Problemfelder hat sich die Herbert-Quandt-Stiftung für ihre Projekttätigkeit ausgesucht. Austausch-, Forschungs- und Tagungsprojekte im südlichen Afrika und in den USA gehören ebenso zu ihrem Programm wie die Heranführung von Lehrern aus den neuen Bundesländern an ein marktwirtschaftliches Umfeld.

Schließlich sei in diesem Zusammenhang noch auf die Robert-Bosch-Stiftung hingewiesen. Diese ist eine Stiftungs-GmbH, aber in ihrer Tätigkeit eine echte operativ tätige Stiftung. Sie hat sich u. a. über Jahrzehnte hinweg mit Projekten zum amerikanisch-deutschen, französisch-deutschen und polnisch-deutschen Austausch ein ganz besonders Ansehen erworben.

5.2 Förderung durch Stiftungen

Die Mehrzahl der deutschen Stiftungen ist fördernd tätig. Das heißt, der Ertrag des Stiftungsvermögens und sonstige Einnahmen werden dazu verwendet, Projekte finanziell zu unterstützen, in vielen Fällen überhaupt zu ermöglichen, die von Dritten erdacht und durchgeführt werden. Ordnet man die Stiftungen nach ihren Zwecken, so ergibt sich, daß der Prozentsatz in den einzelnen Sparten recht unterschiedlich ist.

In allen Sparten überwiegt die Zahl der Förderstiftungen, wobei große Stiftungen häufig operativ und fördernd tätig sind. Für jeden, der ein Projekt durchführt, das zunächst, grob gesagt, in den Aufgabenbereich gemeinnütziger Stiftungen fällt, lohnt es durchaus, die Frage zu untersuchen, ob das Projekt von einer Stiftung gefördert werden kann. In der Tat ist es auch so, daß viele wissenschaftliche Vorhaben, kulturelle Projekte, soziale Anliegen usw. ohne die tätige Mithilfe von Stiftungen überhaupt nicht durchführbar wären. Es gibt Forschungseinrichtungen und Kulturinstitutionen, die geradezu darauf spezialisiert sind, den Stiftungen Mittel zu entlocken, um ihre Projekte auf den Weg zu bringen. Andere Projektträger tun sich schwer, da sie die besonderen Umstände einer Förderung durch Stiftungen nicht erkennen. Keinesfalls kann die Förderung durch Stiftungen andere Förderarten grundsätzlich ersetzen. Anders als in den USA ist etwa eine Hochschule ohne die Förderung durch den Steuerzahler kaum vorstellbar. Aber der qualitative Anteil, den die Förderstiftungen an der Fördertätigkeit insgesamt haben, ist doch sehr viel höher, als gemeinhin angenommen oder auch von den Verwaltern staatlicher Fördermittel zugegeben wird.

Die allein vom Willen ihres Stifters und von der von ihm gegebenen Satzung abhängige Stiftung ist nicht an einen Konsens vieler Gremien, an einen Proporz, an langwierige hierarchische Entscheidungsgänge und schon gar nicht an politische Rücksichten gebunden. Das Entscheidungsgremium einer Stiftung kann, wenn es will, rasch zu einer Entscheidung kommen. Entscheidungsträgern ist es durchaus gestattet, sich auf ihr Gefühl zu verlassen. Gerade lebende Stifter, die in ihren Stiftungen mitwirken, entscheiden oft sehr spontan, ob ihnen ein Projekt gefällt oder nicht. Dieses Korrektiv zu objektivierten Entscheidungsvorgängen ist dringend notwendig, denn letztere führen oft zu einer Erstarrung und lassen Innovationen, Alternativen und unbequemen Projekten zu wenig Raum.

Nicht allen Förderstiftungen ist dies bewußt. In der Vergangenheit haben manche der sehr großen Förderstiftungen zum Teil etwas krampfhaft versucht, ihre Entscheidungen zu systematisieren, und in vielen Fällen sogar ausdrücklich dem Entscheidungsweg staatlicher Verwaltungen angepaßt. Die Folge war eine Bürokratisierung und eine Konzentration auf Althergebrachtes, Bewährtes und Sicheres. Natürlich ist es nicht Aufgabe der Stiftungen, jeder verrückten Idee eine Plattform oder ein Budget zu geben. Und selbstverständlich sollte die Förderpolitik einer Stiftung letztlich transparent und nachvollziehbar sein. Aber gerade in der aktuellen Krisensituation, die sich ja nicht nur auf die Wirtschaft, sondern auf die Gesellschaft ganz allgemein, auf deren Werte und Grundüberzeugungen erstreckt, ist die gezielte Suche nach Innovationen, nach neuen Wegen, Kern einer stiftungsgemäßen Förderpolitik. Manchen Stiftungsverwaltern muß dringend anempfohlen werden, über die Aufgabe von Förderstiftungen in unserer Gesellschaft nachzudenken und die Ersatz- und Ergänzungsfunktion zu staatlichen Subventionsmechanismen aufzugeben.

Den öffentlichen Verwaltungen ist dagegen zu raten, darüber nachzudenken, ob das in der Regel praktizierte System der Fehlbedarfssubventionierung immer sinnvoll ist. Wenn der Umfang der Subventionierung nicht nach dem Wert des Projekts für den Subventionsgeber, sondern nach dem Vorhandensein oder Fehlen anderer Finanzierungsquellen beurteilt wird, wird die ernsthafte Suche nach einem gesunden Finanzierungsmix möglicherweise von der Suche nach den bequemeren Gesprächspartnern abgelöst. Die Suche nach zusätzlicher Subventionierung aus privaten Quellen liegt dann nicht mehr im Interesse des Projektträgers. Stiftungen sind oft großzügige und unbürokratische, aber selten bequeme Förderer. Ihre sachkundigen Gremien verlangen in der Regel weniger formalisierte Verwendungsnachweise, aber schlüssige und inhaltsreiche Arbeitsberichte.

Eindeutige Grenzen findet jede Förderung durch Stiftungen an der je eigenen Satzung. Als zweckgewidmetes Vermögen darf die Stiftung über den satzungsmäßigen Zweck nicht hinausgehen. Ein noch so gutes Projekt darf nicht gefördert werden, wenn der satzungsmäßige Zweck der Stiftung dies nicht ausdrücklich gestattet. Ein Verstoß gegen diese Regeln kann zu Recht zu erheblichen Beanstandungen durch die Stiftungsaufsichtsbehörde und sogar zum Entzug der Gemeinnützigkeit führen.

Antragsteller sind daher gut beraten, wenn sie vorher abklären, ob die Stiftung, an die sie sich wenden wollen, überhaupt fördernd tätig ist und ob das Projekt in den Satzungszweck der Stiftung fällt. Gerade im Zusammenhang mit den Versuchen, Stiftungen zu mehr Transparenz in ihrer Förderpolitik zu bewegen, ist es sehr wichtig, Befürchtungen auszuräumen, daß sie von einer Flut unqualifizierter Anträge überschwemmt werden, die sie aus Höflichkeit auch noch beantworten müssen. Stiftungsverwaltungen sind klein und leben oft vom ehrenamtlichen Engagement. Korrespondenzen, die zu nichts führen und die bei rechtzeitiger Information hätten unterbleiben können, schaffen naturgemäß Verdruß und führen zu noch größerer Zurückhaltung gegenüber der Öffentlichkeit.

Ein weiterer für jeden Antragsteller wichtiger Punkt ist die Beachtung des von der Stiftung eingerichteten Verfahrens. Große Stiftungen haben in der Regel relativ formalisierte Antragsverfahren mit Formularen und dergleichen entwickelt und halten für Antragsteller entsprechende Merkblätter bereit. Es lohnt sich, diese anzufordern und nicht gleich Pakete von Unterlagen zu übersenden.

Kleinere Stiftungen handhaben das Verfahren meist formloser und erbitten, was ihr gutes Recht ist, sehr individuell ausführliche oder weniger ausführliche Unterlagen, führen Gespräche oder auch nicht, halten viel oder wenig von Gutachten, usw. Es lohnt sich daher, vor einer formellen

Antragstellung der Stiftung zu schreiben, das Vorhaben kurz zu skizzieren und anzufragen, ob dieses Vorhaben möglicherweise gefördert werden kann und welche Unterlagen eingereicht werden müssen.

Unübertroffen in der Wirksamkeit ist naturgemäß ein persönlicher Kontakt. Wer einer Stiftung bereits bekannt ist oder von einem Bekannten eingeführt wird und wer im persönlichen Gespräch zu überzeugen vermag, hat in der Praxis sicher oft bessere Chancen als der, der als Unbekannter einen Antrag einschickt. Da aber gerade die neuen Ideen oft von Trägern kommen, die noch nicht bekannt sind, müssen diese versuchen, diese Nachteile durch andere Vorteile zu überwinden. Dafür eignen sich vor allem zwei Wege:

1. Die systematische Suche nach möglichen Förderern. Wer nicht seinen Förderer bereits kennt, denkt meist nur kurz über mögliche Quellen nach und identifiziert meist einige wenige entweder sehr große oder am Ort besonders bekannte Stiftungen, die häufig in der Presse stehen oder ähnliches. Dies hat den Nachteil, daß der Antragsteller damit in einen harten Wettbewerb eintritt, denn diese Stiftungen werden aus den gleichen Gründen von besonders vielen Antragstellern angeschrieben. Es lohnt sich, vor Antragstellung genauere Recherchen anzustellen. Das Verzeichnis der Deutschen Stiftungen bietet dafür eine Möglichkeit. Noch präziser und vor allem aktueller können über die Stiftungsdatenbank einschlägige Adressen recherchiert werden. Es erweist sich, daß mittlere und kleinere Stiftungen auch relativ sehr viel weniger Anträge auf den Tisch bekommen und in manchen Fällen positiv reagieren, wenn die Auswahlmöglichkeiten für die Vergabe ihrer Mittel steigen. Mit sehr viel Glück kann es sogar gelingen, eine Stiftung zu identifizieren, die, etwa weil ein anderes Projekt gerade zu Ende gegangen ist, froh ist, ein vom Thema und von der Größenordnung her passendes Nachfolgeprojekt vorgelegt zu bekommen, und bereit ist, diesem Projekt eine Art Exklusivität einzuräumen.
2. Ein wesentlicher Erfolgsfaktor ist auch die Sorgfalt bei der Erarbeitung eines Förderantrags. Einerseits legen die Stiftungen, sofern sie ein formalisiertes Verfahren haben, Wert darauf, daß dieses genau eingehalten wird, d.h. daß etwa Formulare sauber und vollständig ausgefüllt, angeforderte Unterlagen in der vorgeschriebenen Zahl und in guter Qualität beigefügt werden. Ist das Verfahren nicht formalisiert, bleibt es dem Antragsteller überlassen, wie er seinen Antrag so formuliert und mit Unterlagen anreichert, daß der Stiftung ein überzeugendes Bild

von dem Projekt vermittelt wird. Es ist erstaunlich, wie wenig es sich noch herumgesprochen hat, daß hektographierte oder fotokopierte Briefe mit anmaßenden Texten nur ärgerlich sind und kaum Aussicht auf Erfolg bieten. Ein höfliches Anschreiben, das aber deutlich macht, daß dem Antragsteller an seinem Projekt wirklich etwas liegt, daß er mit dem Herzen dabei ist und daß er es in allen Facetten sorgfältig konzipiert hat, ist das mindeste, was eine Stiftung verlangen kann. Sind die Unterlagen von der Natur der Sache her sehr umfangreich, ist eine kurze Zusammenfassung zweckmäßig. Sind sie in einer fremden Sprache gehalten, sollte eine kurze Erläuterung in deutscher Sprache beigefügt werden. Daß ein Finanzierungsplan beigefügt ist, aus dem ersichtlich wird, welchen Beitrag die angeschriebene Stiftung leisten soll, sollte selbstverständlich sein.

Schließlich wollen viele Stiftungen auch den Eindruck vermittelt bekommen, daß ihre Fördermittel für das Projekt wichtig und notwendig sind.

Nicht zu unterschätzen ist auch in manchen, wenn auch nicht in allen Fällen das Angebot an die Stiftung, an der Gestaltung des Projekts mitzuwirken. Hier gilt es zwischen der Arroganz, nur Geld, aber keinen Rat haben zu wollen, und dem Verdacht, das Projekt sei noch gar nicht richtig durchdacht, einen guten Mittelkurs zu steuern und sich auch nach den Besonderheiten der einzelnen Stiftungen zu richten. Für viele Projekte kann das Know-how, über das manche Stiftungen auch inhaltlich verfügen, eine sehr viel wertvollere Hilfestellung sein als eine finanzielle Zuwendung. Daher sollte das Angebot einer Förderstiftung, in einem konkreten Fall nicht Geld, aber Expertise, und sei es auch nur die Hilfestellung bei der Gewinnung einer Finanzierung von anderer Seite, zur Verfügung zu stellen, nicht ausgeschlagen, sondern dankbar angenommen werden.

Stiftungen sind keine Schalter, an denen Anträge abgegeben und nach bürokratischen Richtlinien bearbeitet und beschieden werden. Sie sind sehr lebendige Organismen, die in der Regel eine Partnerschaft suchen und in eine echte Zusammenarbeit mit dem Projektträger eintreten wollen.

Dieser Zusammenarbeit darf sich kein Projektträger verschließen, wenn er Fördermittel einer Stiftung erhält. Daß die als Bedingung für die Bewilligung geforderten Präsentationen, Zwischenberichte, Abschlußberichte, Abrechnungen und dergleichen pünktlich und vollständig eingereicht werden oder daß die Stiftungen, falls dies einmal nicht möglich ist, rechtzeitig und begründet darauf hingewiesen werden, sollte selbstverständlich sein – ist es aber in der Praxis leider oft nicht. Daß aber ein Projektträger darüber hinaus, natürlich abhängig von der Natur des Projekts und sicher auch von den tatsächlich zur Verfügung gestellten Mitteln, versucht, die Förderstiftung in die Arbeit einzubinden, die Organe bei passenden Gelegenheiten einzuladen, ihnen zu danken usw., ist nicht nur eine Anstandspflicht, sondern ist auch im Hinblick auf eine eventuelle weitere Zusammenarbeit eine gute Vorbereitung. Auf kleine Eigenheiten eines Stiftungsvorstandes und vielleicht sogar auf kleine Eitelkeiten zumal lebender Stifter etwas Rücksicht zu nehmen sollte dabei auch nicht allzu schwierig sein.

Auf drei formale Dinge sei noch hingewiesen:

1. Eine Stiftung kann nicht noch mal stiften. Das deutsche Gemeinnützigkeitsrecht verbietet es einer Stiftung, ihrerseits einen Kapitaltopf zu bilden, aus dessen Ertrag dann wiederum irgendein Projekt gefördert wird. Anders als in den USA kann also eine Stiftung beispielsweise nicht ein sogenanntes endowment für einen Lehrstuhl zur Verfügung stellen, sondern nur im Rahmen einer Projektförderung die Finanzierung des Lehrstuhls für einige Jahre übernehmen. Es ist also sinnlos, eine Stiftung mit einem solchen Ansinnen zu behelligen. (Anders ist es natürlich, wenn ein Stifter eine Stiftung errichtet, deren Stiftungszweck es ist, einen Lehrstuhl ganz oder teilweise zu finanzieren.)
2. Jede Förderstiftung ist gesetzlich verpflichtet, einen Nachweis über die Verwendung ihrer Mittel zu verlangen. Sie muß also zwingend die spätere Vorlage eines Verwendungsnachweises zur Bedingung für die Bewilligung einer Förderung machen. Das heißt nicht, daß sie nicht in ein Projekt investieren kann, das später scheitert. Die Verwendung der Mittel muß lediglich nachvollziehbar dargelegt werden. Ebensowenig ist eine Stiftung an Abrechnungsgrundsätze des öffentlichen Haushaltsrechts oder gar des Reisekostenrechts gebunden. Im Gegenteil, die Grundsätze des ordentlichen Kaufmanns sind einer Stiftung sehr viel gemäßer. Daß manche Stiftungen die Auszahlung der Fördermittel oder zumindest eines Teils davon von der vorherigen Vorlage der Abrechnung abhängig machen, ist legitim. Allerdings muß gerade die Stiftung immer daran denken, daß sie das Projekt auch tatsächlich ermöglichen muß, und manche Kosten eines Projekts fallen nun einmal zu Beginn an. Ebenso sollte eine Stiftung stets bedenken, daß ein Projektträger, der sinnvolle Projekte durchführen will, auch Gemeinko-

sten hat, seien dies nun Vorbereitungskosten, allgemeine Verwaltungskosten, Kosten der Geschäftsführung oder wie sie nun immer dargestellt werden. Einen vernünftigen Anteil zur Abdeckung solcher Kosten sollte also jeder Projektträger abrechnen dürfen.

Keine Verwendung hat eine Stiftung für eine Spendenquittung eines gemeinnützigen Projektträgers. Zum einen ist die Zuwendung einer Stiftung aus der Sicht des Empfängers keine Spende, und zum anderen will die Stiftung die Fördermittel ja auch nicht steuerlich als Sonderausgabe absetzen, sondern sie erfüllt damit ihren Satzungszweck und muß dies anhand der Abrechnung nachweisen.

3. Förderstiftungen fördern mit ganz wenigen Ausnahmen stets Projekte Dritter und nicht deren Grundkosten. Die sogenannte institutionelle Förderung ist nur im Rahmen von Modellversuchen oder dann denkbar, wenn eine Stiftung von vornherein mit einer operativen Einrichtung gekoppelt ist.

   Man mag dies bedauern. Manche Stiftung könnte es sich durchaus angelegen sein lassen, einem Projektträger dadurch finanziell zu helfen, daß sie einen Teil seiner Grundkosten übernimmt, damit er sich etwas unbeschwerter Projekten widmen kann. Wenn die Satzung dies gestattet, würde eine solche Förderpolitik dem Selbstverständnis einer Stiftung durchaus entsprechen. Aber die Praxis sieht anders aus. Sie begünstigt große, etablierte Antragsteller, die ihre Grundkosten, z.B. als öffentliche Einrichtungen, gedeckt wissen, gegenüber Anfängern und kleinen Initiativen.

Ein hervorragendes Beispiel einer Förderstiftung bietet die schon mehrfach erwähnte größte deutsche Stiftung, die Volkswagen-Stiftung. Sie ist ausschließlich fördernd tätig und vergibt Mittel für eine Fülle von Projekten, insbesondere aus dem wissenschaftlichen Bereich. Natur- und Ingenieurwissenschaften sowie Medizin werden ebenso gefördert wie Geistes- und Gesellschaftswissenschaften. In den ersten drei Jahrzehnten ihres Bestehens konnte die Volkswagen-Stiftung Fördermittel in Höhe von 3,4 Mrd. DM bewilligen.

Ein Beispiel besonderer Art für die Tätigkeit von Förderstiftungen bietet der Stifterverband für die deutsche Wissenschaft. Diese Organisation, ein gemeinnütziger eingetragener Verein, hat die satzungsmäßige Aufgabe, Mittel aus der Wirtschaft für wissenschaftliche Zwecke zu erbitten und sachgerecht zu verteilen. Dieser Verpflichtung kommt der Stifterverband auch dadurch nach, daß er rechtsfähige und nicht rechtsfähige Stiftungen verwaltet, die durchweg Förderstiftungen darstellen. Die Mittel aus diesen Förderstiftungen fließen in die Förderprogramme des Stifterverbandes ein, sofern sie nicht nach Satzung schon für spezifische Aufgaben bestimmt sind.

Neben diesen und einer Reihe von anderen sehr bedeutenden und finanzstarken Förderstiftungen leisten freilich auch kleine Stiftungen oft Erstaunliches. Diese haben zwar einen sehr viel engeren Förderungsrahmen, können aber bei geschicktem Mitteleinsatz ebenso wertvolle Arbeit leisten. So fördert etwa die mit nur knapp 500 000 DM Vermögen ausgestattete Schmölders-Stiftung für Verhaltensforschung im Wirtschaftsleben regelmäßig Forschungsprojekte der Forschungsstelle für empirische Sozialökonomik Köln, z. Zt. ein mehrjähriges Forschungsvorhaben, das Probleme beim Übergang von der Planwirtschaft zur sozialen Marktwirtschaft in den neuen Bundesländern empirisch untersucht. Andere kleine Stiftungen vergeben Stipendien usw.

Es kann nicht deutlich genug herausgestellt werden, daß zwar die Existenz und Fördertätigkeit großer Stiftungen sicher wünschenswert ist, daß aber schon mit relativ bescheidenen Mitteln eine Förderstiftung eine sinnvolle Tätigkeit entfalten kann.

5.3 Preisverleihung durch Stiftungen

Preise haben sich in den letzten Jahrzehnten zu wichtigen Instrumenten öffentlichen und gemeinnützigen Handelns entwickelt. Durch die Würdigung herausragender Leistungen, die bereits abgeschlossen sind, sollen diese Leistungen in der Öffentlichkeit bekannter werden und damit andere Menschen anregen, Herausragendes zu leisten. Der Preisträger soll über den materiellen Lohn hinaus, den er im Verlauf seiner Arbeit vielleicht erhalten hat, öffentlich belobigt, gewürdigt und beschenkt werden. Nicht jeder Preis ist weltweit so sehr zum Maßstab geworden wie die Preise, die die Nobelstiftung jedes Jahr verleiht. Nicht jeder Preis ist auch so üppig ausgestattet wie dieser. Viele Preise sind mit einer nur sehr geringen materiellen Zuwendung oder auch ganz ohne eine solche sehr renommiert; andere schaffen es trotz bedeutender Zuwendungen nicht, das gleiche Ansehen zu gewinnen. Insgesamt aber sind Preise begehrt und auch bei denen beliebt, die sie zu vergeben haben, denn der Ruf des Preisträgers strahlt auch auf den Geber zurück.

Es ist daher nicht verwunderlich, daß neben öffentlichen Körperschaften und Vereinen, Unternehmen und Privatpersonen gerade auch Stiftungen Preise ausgesetzt haben, die auf ganz unterschiedlichen Gebieten hervorragende Leistungen auszeichnen sollen.

Besonders bekannt ist sicher die Stiftung F.V.S. des Unternehmers Alfred Toepfer geworden, die heute fast 40 verschiedene Preise vergibt und weit über die deutschen Grenzen hinaus und in einer großen Palette von Gebieten Persönlichkeiten auszeichnet. Typisch für eine preisverleihende Stiftung ist aber gerade auch die kleine Stiftung, die ihren Stiftungszweck überhaupt nur dadurch individuell erfüllen kann, daß sie eine bereits abgeschlossene Leistung auszeichnet. So kann etwa eine Stiftung mit einem Vermögen von 100 000 DM, aus dem ein Ertrag von etwa 6 000 DM zu erwarten ist, auf bestimmten Gebieten durch einen Preis wirksam tätig werden und ein eigenes Profil entwickeln, während ein Förderbeitrag von 6 000 DM zu einem größeren Projekt kaum ins Gewicht fallen würde.

Die steuerliche Gesetzgebung läßt es geraten erscheinen, Preise nur für eine Gesamtleistung des Preisträgers zu vergeben. Das Preisgeld, das etwa ein Schriftsteller für ein im vergangenen Jahr fertiggestelltes Werk erhält, wäre von diesem als Einkommen zu versteuern, da es aus der Logik der Finanzbehörden den Honoraren für dieses Werk zugerechnet wird. Das Finanzamt will damit dem Mißbrauch entgegenwirken, der dadurch entstehen könnte, daß ein Verlag von vornherein einen Teil des Honorars als Preis deklariert, um ebendiesen Teil dem Autor steuerfrei zukommen lassen zu können. Ob dieses Mißtrauen grundsätzlich gerechtfertigt ist, erscheint zumindest zweifelhaft, aber daß es zu Mißbräuchen kommen kann, ist gewiß nicht zu verkennen.

Diese Auffassung hat dazu geführt, daß viele preisvergebende Stiftungen dazu übergegangen sind, vor allem ältere Persönlichkeiten auszuzeichnen, da sie nur dort eine Gesamtlebensleistung zu erkennen glauben. Dies ist aber so nicht richtig. Auch ein 25jähriger Künstler hat eine Gesamtlebensleistung, auch wenn er möglicherweise weitere Leistungen vor sich hat. Gerade die Förderung junger Künstler ist aber nicht nur über einen Preis möglich, sondern auch über Fördermittel, die als Reisestipendien oder dergleichen ebenso steuerbegünstigt vergeben werden können.

Es ist übrigens gar nicht so unüblich, daß Preisträger, vor allem wenn es sich um materiell relativ üppig ausgestattete Preise handelt, das Preisgeld nicht persönlich vereinnahmen, was ihnen an und für sich selbstverständlich zusteht, sondern es für eine gemeinnützige Aufgabe, für ihre Tätigkeit, beispielsweise die Forschung, oder gar für die Errichtung einer neuen Stiftung verwenden.

Preisverleihungen sind grundsätzlich öffentliche Ereignisse. Preisgeber und Preisträger sind daran interessiert, daß Außenstehende von dem Preis, dem Preisträger und der preiswürdigen Leistung erfahren. Daher ist es das Bestreben fast jeder Stiftung, die einen Preis vergibt, öffentliche Aufmerksamkeit, etwa durch die Anwesenheit von Persönlichkeiten des öffentlichen Lebens und durch eine Berichterstattung in der Presse, zu gewinnen. Dies setzt allerdings voraus, daß das Vergabeverfahren transparent ist und den Grundsätzen der Objektivität genügt. Daher kommt der Zusammensetzung der Jury stets große Bedeutung zu, denn nicht nur hat sie unter mehreren, im Idealfall möglichst vielen möglichen Kandidaten einen Preisträger auszuwählen, sondern sie muß auch dafür sorgen, daß es möglichst gute und möglichst viele Kandidaten gibt, und sie muß mit den Namen ihrer Mitglieder für die getroffene Entscheidung geradestehen. Stiftungsorgane andererseits tun gut daran, die Entscheidungen der Jury, sei es durch eine entsprechende Satzungsbestimmung oder durch die tatsächliche Geschäftspolitik, zu akzeptieren, auch und gerade wenn sie vielleicht einmal unbequem sind oder Partikularinteressen einzelner Gremienmitglieder widersprechen. Nur so gewinnt der Preis das Renommé, das er braucht, um in der Öffentlichkeit wirksam werden zu können, denn letztlich ist die Wirksamkeit für eine gesellschaftliche Entwicklung, sei es nun im wissenschaftlichen, künstlerischen oder einem anderen Bereich, für die Einrichtung eines Preises ausschlaggebend und nicht der Kontakt mit »Prominenten« anläßlich der Preisverleihung.

Als Beispiel einer Förderstiftung, die ihren Auftrag durch die Zuerkennung von Preisen erfüllt, kann die Global-Umwelt-Stiftung genannt werden. Aus den Erträgen ihres Vermögens und zusätzlichen Dotationen der stiftenden Unternehmensgruppe ist sie in der Lage, jährlich rund 100 000 DM Persönlichkeiten und Institutionen zuzuerkennen, deren Leistungen auf dem Gebiet des Umweltschutzes gewürdigt werden sollen. Vor allem für Umweltschutzorganisationen, die oft über sehr wenig Mittel verfügen, ist ein Förderpreis von 20 000 bis 30 000 DM eine ganz wichtige Unterstützung. Die öffentliche Anerkennung ihrer Arbeit bedeutet darüber hinaus einen Auftrieb und eine Ermutigung zur Weiterarbeit.

5.4 Die Öffentlichkeitsarbeit von Stiftungen

Die Medien berichten über die Arbeit der deutschen Stiftungen durchaus gern und regelmäßig. Der Zeitungsauschnittdienst, der das Stiftungsarchiv ständig mit neuen Informationen aus den Medien versorgt, schickt täglich Berichte über Stiftungen ins Haus. Wollte man alle regionalen und lokalen Zeitungen mitbeobachten lassen, bekäme man die Ausschnitte paketweise. Aber merkwürdigerweise handelt es sich zum einen immer um die gleichen Stiftungen, über die berichtet wird. So genießen etwa die mit großen Presseabteilungen ausgestatteten politischen Stiftungen, die ja keine Stiftungen im Rechtssinne sind, eine ständige Aufmerksamkeit in der Presse. Über viele andere Stiftungen hingegen wird niemals berichtet. Auch ist die Berichterstattung regelmäßig auf eine Darstellung bestimmter Ereignisse beschränkt, die in irgendeiner Weise mit einer Stiftung in Verbindung stehen, sei es, daß diese eine Tagung veranstaltet, einen Preis vergibt, einen Krankenhausneubau einweiht, ein neues Kunstwerk ankauft usw. Das Thema Stiftungswesen als solches wird nur selten behandelt, und wer die wenigen Berichte liest, merkt, daß dieselben, oft falschen Klischeevorstellungen immer wieder auftauchen. Da gibt es das Bild vom reichen Mann, der nicht weiß, wohin mit seinem Geld, und daher nach einem sinnvollen Zweck sucht. Dieses unausrottbare Bild führt dazu, daß immer wieder Menschen auftreten, die eine Idee haben, die sie für gut halten und glauben, man könne sie ohne weiteres mit einem ideenlosen Geldgeber zusammenbringen. Daß die meisten Vermögensinhaber, von anderen Stiftern ganz zu schweigen, über Jahrzehnte entwickelte gemeinnützige Anliegen oder einschneidende Erlebnisse oder das Ergebnis sehr gründlicher strategischer Untersuchungen zur Grundlage einer Stiftungserrichtung machen, bleibt unbekannt. Ebensowenig vermögen es die deutschen Stiftungen insgesamt, hinreichend deutlich zu machen, wie wichtig ein blühendes Stiftungswesen in einem freien Gemeinwesen ist, welch wichtigen qualitativen Beitrag Stiftungen zu einer positiven gesellschaftlichen Entwicklung leisten können, wie unverzichtbar in manchen Arbeitsgebieten der ideelle und finanzielle Beitrag der Stiftungen ist usw.

Die Darstellung in der Presse ist gewiß nur ein Aspekt der Öffentlichkeitsarbeit. Aber auch der Kontakt zu Entscheidungsträgern und Multiplikatoren in anderen Bereichen wird zu häufig nur dann gesucht, wenn ein kurzfristiges, konkretes Anliegen dies unmittelbar erforderlich macht.

Die langfristige Pflege guter Beziehungen zu unterschiedlichen wichtigen oder interessanten Zielgruppen unterbleibt.

Es kann daher nicht verwundern, daß die Arbeit vieler Stiftungen entweder als selbstverständlich angesehen und in ihrer Besonderheit verkannt oder schlicht nicht zur Kenntnis genommen wird. Verbandstagungen und andere Treffen sind von dem Lamento über diesen Zustand durchzogen, wenn auch manche Stiftungen damit ganz einverstanden sind. Diese suchen absichtlich keinen Kontakt zur Öffentlichkeit, sei es aus nobler, aber sachlich nicht begründbarer Bescheidenheit, sei es aber auch, weil interne Defizite nicht nach außen dringen sollen. Über kurz oder lang werden diese Stiftungen aber erleben müssen, daß die Öffentlichkeit zu ihnen kommt – und sie dann unvorbereitet und zu einem für sie besonders ungünstigen Zeitpunkt antrifft.

Die Misere haben sich die Stiftungen also in sehr großem Maße selbst zuzuschreiben. Sie haben nicht erkannt, daß bestehende Stiftungen die Aufgabe haben, neue Stiftungen nachzuziehen, daß die Werbung für den Stiftungsgedanken eine primäre Aufgabe der Stiftungen selbst ist und daß die Bescheidenheit des Stifters diesen zwar ehrt, aber nicht, oder jedenfalls zur Zeit nicht, der gesellschaftlichen Realität angemessen ist. Nur wenn es gelingt, staatliches Handeln zurückzustufen und privates Handeln zu stärken, kann sich unsere Gesellschaft entwickeln; daran müssen die Stiftungen einen wesentlichen Anteil haben, da ihre spezifische Autonomie einen entscheidenden Aspekt dafür darstellt. Aus dieser Konstellation entsteht sogar für die Stiftungen, die keine eigenen Gründe für eine kontinuierliche Öffentlichkeitsarbeit erkennen, ein Werbebedürfnis. Wenn sie dieses Bedürfnis nicht erkennen, laufen sie Gefahr, bei Reformen, auch des Steuerrechts, vernachlässigt zu werden. Sie werden z.B. hinter den mitgliedsstarken und wortgewaltigen Sportverbänden schlicht übersehen. Sie laufen Gefahr, daß ihre Anliegen nicht genügend Berücksichtigung finden, und letztlich laufen sie sogar Gefahr, aus der Gesellschaft Angriffen ausgesetzt zu sein, deren sie sich nur schwer erwehren können.

Öffentlichkeitsarbeit für Stiftungen ist also ein dringendes Erfordernis. Dies bedeutet freilich nicht, daß jede Stiftung unentwegt Pressekampagnen zu veranstalten hätte oder bei jeder Aktivität die Öffentlichkeit suchen muß. Es ist ganz unbestritten, daß der Wert der Stiftungsarbeit in manchen Fällen auch darin liegt, daß sie im verborgenen stattfindet, daß stille Pflänzchen dort ungestört gedeihen können. Wichtig ist, daß es gelingt, eine grundsätzliche Trendwende der Informationspolitik der deutschen Stiftungen zu erreichen.

Der Grund für die Zurückhaltung liegt freilich auch darin, daß Stiftungen in keiner Weise gesetzlich verpflichtet sind, Jahresberichte, Jahresabschlüsse oder dergleichen zu veröffentlichen oder auch auf Anfrage Informationen zur Verfügung zu stellen. Unter diesen Umständen war es schon erstaunlich, daß bei der Erfassung aller Stiftungen für das Verzeichnis der Deutschen Stiftungen 1989/90 ein solcher Erfolg eintrat. Keine Stiftung konnte hierzu in irgendeiner Weise gezwungen werden. Dieser Erfolg beweist, daß mehrheitlich durchaus Bereitschaft zu mehr Publizität besteht. Was fehlt, sind ein stärkerer öffentlicher Druck, wenn es denn sein müßte, eine gesetzliche Regelung und nicht zuletzt das Handwerkszeug. Es fehlen Regelungen über ein vernünftiges Maß und System der Veröffentlichung, zum Beispiel verbindliche Bilanzierungsrichtlinien, die Jahresabschlüsse von Stiftungen miteinander vergleichbar machen. Gerade einheitliche Bilanzierungsrichtlinien würden beispielsweise dazu führen, daß die Stiftungsverwaltungen anhand des Vergleichs mit anderen Stiftungen Erkenntnisse über den Mitteleinsatz ihrer eigenen Stiftung gewinnen und diesen vielleicht optimieren könnten. Auch für die Stiftungen selbst wäre diese Information von großem Interesse. Eine solche Transparenz wäre darüber hinaus die beste Werbung für die bestehenden Stiftungen und für ihre Anliegen. Vor allem aber würde sie dem Stiftungswesen zu größerer Bekanntheit und damit zu mehr Neustiftern verhelfen.

Der Wille und die praktische Möglichkeit zu spezifischen Kontakten zwischen den Stiftungen und zu den Stiftungen sind infolge der Datenbank in den letzten Jahren stark angestiegen. Die Möglichkeit zu systematischer Suche hat den Zugang wesentlich erleichtert und auf eine breite Basis gestellt. Dies kommt der Wirkung der Stiftungen zugute.

Dies zeigt, daß Stiftungen, wenn entsprechende Instrumente zur Verfügung gestellt werden, in eigener Verantwortung gemeinsame Aufgaben anpacken. Aus alldem folgt, daß es dringend geboten erscheint, Mindestanforderungen für die Publizität von Stiftungen im allseitigen Einvernehmen möglichst verbindlich festzulegen. Dabei können durchaus unterschiedliche Richtlinien für Stiftungen verschiedener Größenordnung oder Struktur eingerichtet werden. So braucht sicher eine Förderstiftung mit einem in Wertpapieren festgelegten Stiftungsvermögen von 100 000 DM nicht eine Bilanz aufzustellen, wie dies die Volkswagen-Stiftung tut. Aber es ist wohl für jede Stiftung zumutbar, einmal im Jahr einen kurzen Bericht über die Tätigkeit und einen wie immer gearteten Überblick über die finanziellen Verhältnisse zu erstellen und zumindest der interessierten Öffentlichkeit verfügbar zu machen. In den USA geschieht dies dadurch, daß mit der Zuerkennung der Gemeinnützigkeit die Bedingung verknüpft ist, daß die von den Stiftungen jährlich einzureichenden Steuererklärungen von jedermann eingesehen werden können. Diese Bedingung hat dazu geführt, daß das Foundation Center, das Forschungs- und Informationszentrum der amerikanischen Stiftungswelt, von den Finanzbehörden diese Steuererklärungen übermittelt erhält und daraus den Grundstock für sein eigenes Informationssystem bildet. Selbstverständlich werden auch dort die Stiftungen zusätzlich angeschrieben und um Publikationen, Berichte und sonstige Informationen gebeten. Aber die Tatsache, daß Grunddaten bereits veröffentlicht sind, führt dazu, daß die Auskunftsbereitschaft der Stiftungen wesentlich höher ist.

Auf europäischer Ebene wird zur Zeit versucht, die Grundsteine für den Aufbau eines ähnlichen Informationssystems zu legen. Das europäische Stiftungszentrum in Brüssel (European Foundation Centre – EFC), das sich u.a. als Netzwerk und Informationssystem für das europäische Stiftungswesen versteht, hat das Orpheus-Programm in Gang gesetzt, das dazu dienen soll, vorhandene und noch zu gründende Stiftungsdatenbanken in den europäischen Ländern einschließlich Mittel- und Osteuropas miteinander zu vernetzen, die Systeme möglichst zu vereinheitlichen und somit europaweit für Interessenten zur Verfügung zu stellen. Die deutschen Partner, neben Maecenata Management GmbH der Stifterverband für die Deutsche Wissenschaft, können mit ihrem Material einen wertvollen Beitrag zu diesem Netzwerk leisten.

Dennoch enthebt all dies die einzelnen Stiftungen nicht von der Pflicht, von sich aus eine gezielte Öffentlichkeitsarbeit zu betreiben. Neben der Erstellung von Jahresbericht und Jahresabschluß sollte es das Anliegen jeder Stiftung sein, über interessante Ereignisse, Projekte, Trends usw. Informationen zu publizieren. Ein regelmäßiger, nicht übertriebener, aber kontinuierlicher Kontakt mit den Presseorganen, die für die Stiftung relevant sind, sollte ebenso selbstverständlich sein wie die Erteilung von Auskünften an Interessenten, insbesondere wenn sich Fragesteller mit dem Stiftungswesen insgesamt beschäftigen. Die Stiftungen sollten nicht verkennen, welche Chancen für sie auch darin liegen, daß fremde Menschen auf die gute Arbeit aufmerksam werden und sie vielleicht verstärkt unterstützen wollen. Dies trifft selbst für Stiftungen zu, die für ihre Arbeit auf zusätzliche Spenden nicht angewiesen sind. In besonderem Umfang sollten aber die Stiftungen, die zusätzlich Spenden einwerben müssen, ihre Öffentlichkeitsarbeit als Voraussetzung für ihr Spendenmarketing professionalisieren und verstärken. Eine Stiftung, die nicht über eine solide und kontinuierliche Informationsarbeit den Boden dafür bereitet hat, kann unmöglich aus dem Stand in großem Stil Spenden einwerben. Zu Recht will der Spender erfahren, wer hinter dem Absender eines Spendenaufrufs steht. Er will wissen, was mit seiner Spende geschieht, ob die Organisation insgesamt ein gutes Programm hat und wie sie mit eingenommenen Geldern umgeht. Er will sicher sein, daß seine Spende eine optimale Wirkung hat. In dem dichtbesetzten Markt der Spendensammler hat nur die Stiftung eine Chance, diese berechtigten Ansprüche zu erfüllen, die ein eindeutiges Bekenntnis zu einer offenen Informationspolitik und einer kontinuierlichen Öffentlichkeitsarbeit abgelegt hat.

Gleiches gilt für die Stiftungen, die auf anderen Gebieten Marketing betreiben müssen. Die Krankenhausträgerstiftung sucht Patienten – und diese Suche wird in Zukunft härter sein –, die Museumsträgerstiftung sucht Besucher, die Projektträgerstiftung sucht Projekte, die Förderstiftung sucht Anträge. Es ist ein glatter Selbstbetrug zu glauben, davon werde die Stiftung ohnehin über Gebühr belastet, denn woher will die Stiftungsverwaltung wissen, ob sie tatsächlich die besten Anträge bekommt?

Ziel einer Stiftung sollte nicht sein, in eingefahrenen Gleisen mit möglichst geringem Aufwand ihren Zweck zu erfüllen. Eine solche Dienst-nach-Vorschrift-Mentalität wird dem Ideal des Stifters nicht gerecht.

In der gegenwärtigen Krise unserer Gesellschaft wird vielmehr die Wirkung der Stiftungen davon bestimmt, daß sie ihr Potential offensiv, vielleicht sogar aggressiv ausschöpfen.

Stiftungen, die nach langem Zögern und großer Skepsis diesen Weg gegangen sind, berichten einhellig von den Erfolgen, die sie damit erzielen, sei es im Spendenmarketing, in der öffentlichen Wirksamkeit, in der Gewinnung von Zustiftern oder wo immer sie konkrete Bedürfnisse haben.

6. Die Stiftung in ihrem Umfeld

6.1 Stiftungswesen im internationalen Vergleich

Bei internationalen Fachtagungen und informellen Zusammenkünften von Fachleuten des Stiftungswesens erregt der deutsche Teilnehmer immer wieder Erstaunen, wenn er berichtet, daß die ältesten deutschen Stiftungen über 1000 Jahre alt sind und daß es rund 6500 Stiftungen in Deutschland gibt. Deutschland gilt im Ausland als das Subventionsparadies, als das Land, in dem alle öffentlichen Angelegenheiten über Steuergelder finanziert werden, darüber hinaus als ein Land mit einer vielfach gebrochenen Geschichte und deswegen ganz und gar nicht als ein klassisches Stiftungsland. Ein Blick auf die Nachbarländer zeigt jedoch, daß das deutsche Stiftungswesen im internationalen Rahmen einen guten Mittelplatz einnimmt.

Österreich

Österreich ist erstaunlicherweise relativ arm an Stiftungen. Zwar heißen die großen Klöster dort allesamt Stifte, aber der Eindruck einer alten und reichen Stiftungstradition täuscht dort insofern, als seit dem Ende des 18. Jahrhunderts Stiftungen als unliebsame Konkurrenz zu staatlichem Handeln gesehen wurden. Erst in den 70er Jahren dieses Jahrhunderts wurde ein Stiftungs- und Fondsgesetz erlassen, das im wesentlichen die bundesweite Registrierung von Stiftungen regelt. 183 Stiftungen sind heute in Österreich bundesweit registriert.

Seit September 1993 ist das Privatrechtsstiftungsgesetz in Kraft, das als Reform des Stiftungsrechts konzipiert war, aber im wesentlichen die Errichtung der nicht gemeinnützigen Stiftungen regelt. Hintergrund dieses Gesetzesvorhabens war es, den Abfluß gebundener Familienvermögen nach Liechtenstein zu bremsen. Ob das Gesetz insgesamt zu einer Belebung der österreichischen Stiftungslandschaft führen wird, bleibt abzuwarten. Voraussichtlich wird dies nur gelingen, wenn auch das Gemeinnützigkeitsrecht, wie zur Zeit geplant, reformiert wird, um den gemeinnützigen Stiftungen Steuererleichterungen und den Stiftern und Spendern fiskalische Anreize zu geben.

Schweiz

Ganz anders ist die Situation in der Schweiz. Dort existieren rund 25 000 Stiftungen, von denen allerdings nur 6 500 gemeinnützige Stiftungen sind, die unseren gemeinnützigen Stiftungen vergleichbar sind. Die übrigen dienen ganz unterschiedlichen Zwecken; sie sind Träger von Pensionskassen von Unternehmen und dergleichen. Die typisch schweizerischen Traditionen des Vermögenserhalts über viele Generationen hinweg haben auch das Entstehen von Stiftungen begünstigt und gefördert. Auch in der Schweiz liegende Vermögenswerte ausländischer Eigentümer sind vielfach in Stiftungen nach Schweizer Recht eingebracht worden. Es ist sicher nicht übertrieben zu sagen, daß die Schweizer gemeinnützigen Stiftungen einen wichtigen Beitrag zur Erfüllung gemeinnütziger Aufgaben in der Schweiz leisten. Der traditionelle Vorrang privater Tätigkeiten gegenüber staatlichem Handeln in der Schweiz ist für den hohen Stellenwert der Stiftungen zusätzlich von großer Bedeutung.

Großbritannien

Großbritannien ist ein klassisches Stiftungsland, wobei die Rechtsform des Trusts gegenüber der Foundation überwiegt. Im Hinblick auf die sehr ähnlichen praktischen Auswirkungen können die Trusts in Großbritannien in der Regel unseren Stiftungen gleichgesetzt werden.

Ein Trust unterscheidet sich von der Stiftung im praktischen Gebaren kaum, aber in der rechtlichen Grundstruktur grundlegend. Er ist an und für sich ein typisches Produkt des angelsächsischen Rechts und beruht auf dem System der Treuhänderschaft. Im Gegensatz zu den meisten kontinentaleuropäischen Ländern, einschließlich Deutschlands, in denen es für die Treuhänderschaft kaum eine rechtliche Ausgestaltung gibt, spielt diese in den angelsächsischen Ländern eine herausragende Rolle. Ein Trust ist ebenfalls eine Vermögensmasse, die einem bestimmten Zweck gewidmet und dem Vermögen oder dem Nachlaß des Treugebers auf Dauer entnommen wird. Im Gegensatz zur Stiftung, die sich selbst gehört und keine fremden Eigentümer oder Mitglieder kennt, gehört jedoch ein Trust rechtlich den Treuhändern, englisch Trustees, die darüber zwar im Sinne der Errichtungsurkunde und im Rahmen von deren Bestimmungen, grundsätzlich aber frei verfügen können. Eine sehr praktische Konsequenz dieser Konstruktion ist z.B., daß als Leihgeber bei Ausstellungen häufig nicht ein englisches Museum auftritt, sondern »The Trustees of the ... Museum«, d.h. die Treuhänder des Museums. Diese sind nämlich die rechtlichen Eigentümer.

Es führt zu weit, in diesem Zusammenhang die rechtlichen Vor- und Nachteile von Trust oder Stiftung im einzelnen darzulegen. Kurz gesagt, ist ein Trust variabler, eine Stiftung hingegen langfristiger orientiert.

Auch das englische Recht unterscheidet zwischen dem zivilrechtlichen Teil und dem steuerrechtlichen Teil. Interessanterweise erfolgt die Anerkennung der Gemeinnützigkeit (registered charity) nicht durch die Finanzbehörde, sondern durch eine Selbstverwaltungsorganisation, genannt Charity Commission, die, wenn die entsprechenden Voraussetzungen vorliegen, eine gemeinnützige Organisation einträgt und die Einhaltung der entsprechenden Vorschriften auch überwacht.

Der starke englische Glaube an bürgerschaftliche private Initiativen hat zur Folge, daß Stiftungen und Trusts im öffentlichen Lebens Großbritanniens eine ganz herausragende Rolle spielen. Es erstaunt nicht, daß die älteste noch existierende gesetzliche Regelung, die Statute of Charitable Uses, aus dem Jahr 1601 stammt. Organisationen wie The National Trust, der sich um das Kultur- und Naturerbe kümmert und keineswegs nur Schlösser unterhält, sondern z.B. auch ein Drittel der Küste Englands, sind Grundpfeiler des britischen Selbstverständnisses. Um dieses Gedankengut noch zu fördern und zu stützen, gibt es eine eigene Stiftung, deren Aufgabe es ist, Serviceleistungen für andere Stiftungen zu erbringen und Informationen zu geben. Die Charities Aid Foundation publiziert Handbücher, erarbeitet Studien usw. Einen Überblick über die Gesamtzahl der englischen Stiftungen zu erhalten ist schwierig. Die Angabe, daß es etwa 2500 größere Förderstiftungen (einschließlich Trusts) gibt, ließe darauf schließen, daß die Stiftungslandschaft quantitativ etwa der unseren entspricht.

Liechtenstein

Eine absolute Sonderstellung nimmt das Stiftungswesen in Liechtenstein ein. Liechtenstein ist das einzige kontinentaleuropäische Land, in dem sowohl eine Stiftung als auch ein Trust errichtet werden können.

Liechtenstein bietet Vermögensinhabern beide Möglichkeiten an. Eine Gemeinnützigkeit in unserem Sinne kennt Liechtenstein hingegen nicht. Es erlaubt jedoch eine Pauschalversteuerung der Erträge nach Selbsteinschätzung, was in der Praxis zur Zahlung eines Minimalbetrages führt. Voraussetzung für die Errichtung einer Stiftung in Liechtenstein, die unter bestimmten Umständen auch für den deutschen Stifter durchaus von Interesse sein kann, ist die Beteiligung eines Liechtensteiner Bürgers, in der Regel natürlich eines Fachmanns, an der Errichtung und an der Verwaltung der Stiftung. Die entsprechenden Fachleute in Liechtenstein lassen sich diese Mitwirkung, die auch die Erledigung der laufenden Verwaltungsarbeiten beinhaltet, angemessen honorieren.

Eine Liechtensteiner Stiftung ist relativ leicht wieder aufzulösen. Insbesondere kann sie auch von vornherein endlich gestaltet werden. Für den deutschen Stifter ist allerdings zu beachten, daß die Errichtung einer Liechtensteiner Stiftung Schenkungssteuer auslöst. Der Steuerpflichtige ist zunächst zwar der Beschenkte, also die Stiftung. Der deutsche Fiskus hält sich aber an den inländischen Schenker, wenn er von dem ausländischen Beschenkten die Steuer nicht eintreiben kann. Dies wird in der Regel so geschehen, denn die Liechtensteiner Stiftung ist weder verpflichtet, dem deutschen Fiskus irgendwelche Auskünfte zu erteilen oder gar Zahlungen anzuweisen, noch wird sie es in der Praxis tun. Daß eine in Liechtenstein ansässige Stiftung durchaus Vermögenswerte in Deutschland halten kann und insbesondere auch Fördermittel nach Deutschland vergeben kann, ist selbstverständlich.

Frankreich

Frankreich ist, ähnlich wie Österreich und aus ähnlichen Gründen, nicht reich an Stiftungen. Gesetzliche Maßnahmen des ausgehenden 18. Jahrhunderts, so ein Edikt Ludwigs XV. von 1749, machten den alten Stiftungen, die wohl in großer Zahl vorhanden gewesen sein müssen, den Garaus. Hierfür gab es durchaus theoretische Begründungen, so etwa den Abschnitt über Stiftungen im 7. Band von Diderots Enzyklopädie, veröffentlicht 1757. Im ganzen 19. und im 20. Jahrhundert ist es kaum gelungen, wieder eine lebendige Stiftungslandschaft zu schaffen, zumal der französische Staat nach seinem Selbstverständnis daran keinerlei Interesse hatte. Erst im Zusammenhang mit der Gewinnung privater Mittel für soziale und kulturelle Zwecke ist es geglückt, der Stiftungsidee auch in Frankreich wieder zum Durchbruch zu verhelfen. Typischerweise wurde aber als eine der ersten eine Fondation de France errichtet, die eine Mischform aus zweckgewidmetem Vermögen, Spendensammelstelle, Stiftungsverwaltung und Stiftungsverband darstellt. Die Fondation de France ist heute eine bedeutende Institution, die eine ganze Palette von gemeinnützigen Anliegen fördert, aber zugleich eine Fülle kleinerer Stiftungen mitverwaltet und eine Überorganisation für die anderen Stiftungen darstellt. Diese anderen Stiftungen, sofern sie überhaupt aufgrund ihrer Größe eine eigene Verwaltung unterhalten können, sind verpflichtet, einen Staatskommissar in ihrem Organ zu haben, eine für deutsche privatrechtliche Stiftungen völlig systemfremde Vorstellung. Besondere Bedeutung hat das Stiftungswesen in Frankreich allerdings dadurch, daß, anders als in anderen Ländern, das sogenannte mécénat industriel, also die unternehmerische Förderung gemeinnütziger Anliegen mit Stiftungen, instrumentalisiert wurde. Mäzenatentum und Sponsoring, Themen, die wir strikt voneinander trennen, fließen in diesem mécénat industriel zusammen. Der von französischen Unternehmen aus Kommunikationsgründen errichteten Stiftung ist es auch ausdrücklich gestattet, werbend für das Unternehmen tätig zu werden.

Einen gesetzlichen Rahmen erhielt das Stiftungswesen erst 1987. 1990 wurde für die Unternehmensstiftungen ein besonderes Gesetz erlassen. Heute bestehen in Frankreich knapp 500 selbständige Stiftungen zuzüglich etwa 360, die von der Fondation de France geführt werden. Eine Sonderstellung nehmen etwa 1 000 Einheiten ein, die unter dem Dach des Institut de France geführt werden und wohl im wesentlichen als nicht rechtsfähige Stiftungen bezeichnet werden können. Von den Möglichkeiten nach dem Gesetz von 1990 haben bisher 22 Unternehmen Gebrauch gemacht.

USA

Nicht zu Unrecht gelten die USA als Spitzenreiter im Stiftungswesen. Dies hat viel mit amerikanischen Traditionen zu tun. Schon lange vor der Unabhängigkeit war es ein Grundsatz des Lebens, daß Bürger ihre Angelegenheiten möglichst selbst ordnen und nur sowenig als möglich dem Staat, damals der englischen Kolonialmacht, überlassen sollten. Ein anderer Grundsatz war die aus der calvinistisch-puritanischen Glaubensform gewachsene Sozialverpflichtung des Eigentums. Es war und ist für einen Vermögensinhaber fast nicht vorstellbar, ein wie auch immer erworbenes oder ererbtes Vermögen ausschließlich für seine privaten Bedürfnisse zu verwenden. Wer viel verdient hat, gibt an die Gesellschaft zurück; wer geerbt hat, kümmert sich um gesellschaftliche Belange. Dies sind Grundsätze des Zusammenlebens amerikanischer Bürger. Daraus erwuchs die Tradition, soziale, kulturelle und wissenschaftliche Anliegen fast durchweg mit privaten Initiativen und privaten Mitteln zu betreiben. Die berühmtesten amerikanischen Universitäten sind durchweg Stiftungskonglomerate; die bedeutendsten amerikanischen Museen werden von Stiftungen unterhalten; im gemeinnützigen Sektor spielen die Förderstiftungen die herausragende Rolle überhaupt.

Heute gibt es in den USA rund 32 000 Stiftungen. In keinem anderen Land der Erde sind sie so gut dokumentiert und statistisch erfaßt, insbesondere dank der Tätigkeit des Foundation Center. Keine Stiftung entzieht sich mehr grundsätzlich der Bitte um Zusammenarbeit, da die Stiftungen und ihre Verwaltungen durchweg den Segen dieser offenen Informationspolitik erkannt haben.

Als größte US-amerikanische Stiftung gilt die Ford Foundation mit einem Vermögen von über 5 Milliarden Dollar. Wie eine solche Stiftung mit der Öffentlichkeit umgeht, erfuhr der Verfasser, als er unangemeldet das Hauptquartier der Stiftung in New York betrat und am Empfangsschalter um Informationen bat. Ohne seinen Namen oder den Grund nennen zu müssen, bekam er selbstverständlich ausführliche Unterlagen einschließlich eines Jahresberichts, des Jahresabschlusses usw.

Im Gegensatz zu den deutschen Stiftungen ist die Innenorganisation der amerikanischen Stiftungen sehr stark standardisiert. Fast überall findet sich das gleiche Schema, auch die gleichen Richtlinien für Förderverfahren, Jahresabschlüsse und dergleichen, so daß die Stiftungen untereinander sehr gut vergleichbar sind. Vier Grundtypen von Stiftungen werden unterschieden:

1. die Grant Making Foundation, eine Förderstiftung im allgemeinen;
2. die Corporate Foundation, eine Stiftung, die von einem Unternehmen errichtet wurde;

3. die Operating Foundation, eine Stiftung, die eigene Einrichtungen unterhält oder Projekte durchführt, darunter wohl die spektakulärste, die Getty Foundation in Malibu;
4. die Community Foundation, eine Stiftung, die häufig von mehreren oder vielen Stiftern zugunsten einer breiten Palette von gemeinnützigen Zwecken in einer bestimmten Gemeinde oder Region errichtet wird.

Gerade der letzte Typ symbolisiert das amerikanische Selbstverständnis des Zusammenlebens in der Gemeinde. Diese Stiftung versucht, Mittel wohlhabenderer Bürger für die Bedürfnisse der Allgemeinheit und der ärmeren Bevölkerungsschichten in der eigenen Gemeinde zu mobilisieren. Es ist sicher nicht übertrieben zu sagen, daß der erfolgreiche amerikanische Geschäftsmann und Vermögensinhaber einen besonderen Ehrgeiz daransetzt, als Stifter in die Geschichte einzugehen. Die von ihm unter seinem Namen errichtete Stiftung ist die höchste Stufe des »Denkmals«, das er in seiner Umgebung für sich schaffen kann. Und während solche Gedanken naturgemäß auch dem europäischen und deutschen Stifter keineswegs fremd sind, so sind sie doch in den USA besonders deutlich herausgebildet und für das Handeln bestimmend geworden.

Der internationale Überblick

Schon seit 1990 läuft an der Johns Hopkins University in Baltimore ein großangelegtes internationales Forschungsprojekt über Philanthropie. Teils generell, teils anhand ausgewählter Länder, darunter Deutschland, wird eine ganze Reihe von Aspekten des gemeinnützigen Handelns untersucht. Man erhofft sich von dem Projekt Aussagen über die Bedeutung und Wirksamkeit des gemeinnützigen Sektors ganz allgemein, aber im besonderen auch der Stiftungen. Interessant wird es sein, die Forschungsergebnisse auch daraufhin auszuwerten, ob sich Aspekte des Stiftungswesens, Trends und auch Ideen, die in einem Land entwickelt wurden, auf andere Länder übertragen lassen. Es besteht kein Zweifel daran, daß sich auch das Stiftungswesen dem Trend der Internationalisierung und Globalisierung anschließen muß. Schon heute wissen wir, daß es keineswegs nur in europäischen oder von Europa beeinflußten Kulturen wie Nord- und Südamerika Stiftungen mit alter Tradition gibt. Im arabischen

Raum bestehen Stiftungen, und auch Indien und Japan kennen von jeher die Stiftung.

Europa

Dem gleichen Trend folgten auch die großen europäischen Stiftungen und Stiftungsverwaltungen, als sie auf Anregung der Europäischen Kulturstiftung, Amsterdam, 1989 in Brüssel das Europäische Stiftungszentrum (European Foundation Centre – EFC) gründeten. Hier ging es zum einen darum, auf die europäische Gesetzgebung konzentriert und gemeinsam Einfluß zu nehmen. Dies ist in der Tat von Bedeutung, da schon seit 1992 in der Generaldirektion XXIII der Europäischen Kommission an einem einheitlichen europäischen Stiftungs- und Vereinsrecht gearbeitet wird. Zum anderen betrachtet es das Europäische Stiftungszentrum als seine Aufgabe, den Stiftungsgedanken auch in die Länder Mittel- und Osteuropas zu tragen, in denen sich Privatinitiativen gerade erst entwickeln. Seit 1989 wird in allen Ländern Mittel- und Osteuropas die Stiftung als hervorragendes Mittel zur Entwicklung einer modernen Gesellschaft, die auf der Freiheit und Verantwortung des Bürgers beruht (englisch »civic society«), gesehen. Fast in all diesen Ländern sind bereits Stiftungsgesetze erlassen worden. Aus dem Ausland (leider zuwenig aus Deutschland) sind ebenso Stiftungen initiiert worden, wie auch schon Bürger der Länder selbst gestiftet haben. Auch die Staaten selbst haben durch Stiftungen Privatisierungsakzente gesetzt. Am bekanntesten ist der aus Ungarn gebürtige Währungsspekulant Georg Soros mit seinem Netz von sehr gut dotierten Stiftungen in allen Staaten Mittel- und Osteuropas geworden. Die Soros-Stiftungen und das Europäische Stiftungszentrum sowie eine ganze Reihe von anderen in der Region tätigen Stiftungen können hier komplementär zusammenarbeiten, um den politischen Umwälzungsprozeß gesellschaftlich nachzuvollziehen und eine Fülle von Ideen und Projekten auf einen guten Weg zu bringen.

Schließlich hat das Europäische Stiftungszentrum die Aufgabe des Informationsaustausches unter den Mitgliedsstiftungen und die europaweite Verbreitung von Informationen in der Öffentlichkeit. Mit einigen zusätzlichen Fachthemen beschäftigen sich gesonderte Arbeits- und Projektgruppen.

Dieses Stiftungszentrum erfüllt eine wichtige Funktion, indem es die sehr unterschiedlichen Traditionen der europäischen Länder offenlegt, vergleicht, anderen zugänglich macht und für einen Austausch aufbereitet. Es kann dabei nicht darum gehen, die nationalen und regionalen Traditionen über einen Kamm zu scheren, abzuschneiden oder einem einheitlichen Schema zu unterwerfen oder dergleichen. Auch im Bereich des Stiftungswesens lebt Europa von seiner Vielfalt und seiner Unterschiedlichkeit, aber gerade für den deutschen Stifter wird es immer spannend sein, sich bei der Errichtung und auch später bei der Stiftungsarbeit umzuhören, ob Erfahrungen in anderen europäischen Ländern seine Idee ergänzen oder erweitern können, ob es Partnerschaften im europäischen Rahmen und Aktivitäten im Ausland gibt, die gemeinsam unternommen werden können. Der gesellschaftliche Trend scheint in die Richtung der europäischen Bürgergesellschaft zu weisen. Weder der Nationalstaat noch der alles regelnde und meist selbst handelnde Staat scheinen eine Zukunft zu haben. Andererseits leben historische Traditionen, die längst vergessen schienen, wieder auf. Aus diesem Ansatz ist es also nicht verwunderlich, wenn die uralte Stiftung wieder zu Ehren kommt, die keinem Staat, keinem politischen Willen verpflichtet ist, keine Kompromisse eingehen muß, sondern im Rahmen ihrer Satzung autonom handeln und Innovationen anstoßen kann.

6.2 Der Dritte Sektor

Das Umfeld einer Stiftung bestimmt sich nicht nur aus dem internationalen Vergleich. Fast noch wichtiger, aber sehr viel weniger im Bewußtsein ist die Tatsache, daß die Stiftung als Instrument von der Systematik her Teil eines gesellschaftlichen Bereichs und nicht etwa eine exotische Einzelpflanze ist. In den folgenden Abschnitten soll daher die Stiftung in dieses Umfeld eingeordnet werden. Aus dem Vergleich mit den nächstliegenden Organisationsmodellen können Wesenselemente der Stiftung darüber hinaus, aus einem anderen Blickwinkel nochmals beleuchtet, klarer erkannt werden.

In der wissenschaftlichen Diskussion ist es üblich geworden, gesellschaftlich wirksames Handeln in drei Sektoren einzuteilen. Dabei wird der Staat ganz allgemein als der erste Sektor, die Wirtschaft als der zweite Sektor bezeichnet. Den dritten Sektor bilden die im weitesten Sinne gemeinnützigen Einrichtungen. An dieser Einteilung wird immer wieder Kritik geübt. Zum Beispiel wird die Bezeichnung Dritter Sektor als mißverständlich angesehen, weil in der Volkswirtschaft der Ausdruck schon lange anders gebraucht wird. Eine andere Kritik ist die, daß das private Handeln, etwa des Künstlers, Arztes oder Anwalts, das ja vielfach ebenfalls gesellschaftlich wirksam sein kann, darin nicht erfaßt ist. Trotzdem scheint sich der aus den USA kommende Ausdruck Dritter Sektor als Sammelbezeichnung einzubürgern, wobei das Attribut gemeinnützig sich nicht unbedingt mit dem steuerrechtlichen Gebrauch deckt. Interessanterweise verwenden die Briten dafür den Ausdruck »Voluntary Sector«, also »Freiwilliger Sektor«. Dort wie in anderen europäischen Ländern, besonders Frankreich und den Niederlanden, wird seit langem intensiv an der Weiterentwicklung dieses Sektors gearbeitet. In Deutschland geschieht auf diesem Gebiet wenig.

Betrachtet man die drei Sektoren etwas genauer, so ist der Sektor Wirtschaft am eindeutigsten zu definieren. Diesem Sektor ist jede gewinnorientierte Tätigkeit, Handel und Wandel, kommerzielle Betätigung, zuzuordnen. In der Marktwirtschaft – und auch historisch – bildet dieser Sektor in vieler Hinsicht die Grundlage des Zusammenlebens überhaupt.

Staatliches Handeln, der erste Sektor, umfaßt das Handeln aller Gebietskörperschaften, in Deutschland also von Bund, Ländern und Gemeinden, soweit es mit hoheitlicher Gewalt verbunden und im demokratischen Staatswesen durch die grundsätzliche Willensäußerung aller Bürger und die ständige Aufsicht von Bürgervertretern legitimiert ist. Daß solches Handeln im Urgrund funktionalen, dienenden Charakter hat und keinesfalls per se existiert, wird von seinen Protagonisten leider oft vergessen.

Der dritte Sektor ist dagegen sehr viel schwieriger zu beschreiben. Relativ einfach ist es, zu sagen, daß er alle Arten von gemeinnützigen Einrichtungen umfaßt, also Kunstmuseen ebenso wie Wohlfahrtsverbände, ökologische Vereine ebenso wie Krankenhäuser, Nachbarschaftshilfen ebenso wie Universitäten, Sportklubs ebenso wie Stiftungen.

Weniger einfach ist es, im Einzelfall zu erkennen, ob eine konkrete Einrichtung dem ersten, zweiten oder dritten Sektor zuzuordnen ist. Dazu ist zunächst zu klären, ob das Hauptkriterium die operative Tätigkeit der Einrichtung oder die Eigentumsverhältnisse sein sollen. Von der operativen Einheit auszugehen führt zu mehr Systematik bei der Betrachtung einzelner Aspekte. Unumstritten ist dies aber nicht.

Weiterführend mag es sein, den Begriff des ideell orientierten Unternehmens einzuführen. Als Unternehmen kann hierbei jede Einrichtung definiert werden, in der Menschen in organisierter und strukturierter Form Ziele zu verwirklichen suchen, und zwar frei und tendenziell auch im Wettbewerb. Als ideell orientierte Unternehmen sind die Unternehmen zu kennzeichnen, deren primäres Ziel nicht das Erzielen eines Gewinns für die Eigentümer darstellt, sondern die Verfolgung eines ideellen Ziels, das durch Satzung festgelegt ist, die also zuerst die Frage stellen: »Wie verfolge ich ein Ziel?«, und nicht: »Wie verdiene ich Geld?« In dieser Klassifikation tritt die Frage des Eigentums am Unternehmen in den Hintergrund. Dem Dritten Sektor können generell die ideell orientierten Unternehmen zugeordnet werden. Er umfaßt mehr als nur diese, aber sie stellen doch den größten Anteil. So wäre denn ein Krankenhaus auch dann dem Dritten Sektor zuzurechnen, wenn es ein öffentliches, also im Eigentum einer öffentlichen Körperschaft stehendes Krankenhaus ist. Dann wäre auch eine Universität unabhängig von ihrem Auftrag dem Dritten Sektor zuzurechnen. Öffentliche Aufträge erfüllen nämlich viele, nicht nur öffentliche, sondern auch gemeinnützige und kommerzielle Einrichtungen und auch Privatpersonen, etwa Notare.

Es gibt freilich schwierige Grenzfälle. Ist z.B. ein kommerziell betriebenes Krankenhaus dem Dritten Sektor zuzurechnen? Nach der oben gegebenen Definition nicht. Es arbeitet gewinn- und nicht ideell orientiert. Die Einteilung beschreibt den tatsächlichen Zustand und nicht ein Postulat.

Es würde zu weit führen, die recht komplizierten Fragen, die in der Forschung über den Dritten Sektor – leider noch nicht intensiv genug – erörtert werden, hier weiter auszubreiten. Wichtiger erscheint es, auf zwei Dinge hinzuweisen:

1. Auch ideell orientierte Unternehmen sind Unternehmen. An ihre Führung werden unternehmerische Anforderungen gestellt. Strategie, Produktion, Marketing, Akquisition, Verkauf, Kosten-Nutzen-Relation, Controlling dürfen für sie keine Fremdwörter sein.
2. Der Dritte Sektor stellt in unserer Gesellschaft keine vernachlässigbare Größe dar. Er gehört von der Aufgabenstellung ebenso wie von den wirtschaftlichen Eckdaten her zu den bestimmenden Faktoren unserer Gesellschaft und fordert daher zu öffentlicher und wissenschaftlicher Aufmerksamkeit heraus.

Die Wohlfahrtsverbände, die einen wesentlichen Teil des Dritten Sektors bilden, gehören zu den größten privaten Arbeitgebern in Deutschland.

Lange Zeit galt, daß der Deutsche Caritasverband vor dem Siemens-Konzern der größte private Arbeitgeber überhaupt ist. Krankenhäuser mit Jahresumsätzen bis zu einer Milliarde DM sind Großunternehmen vergleichbar, Opernhäuser mit Jahresumsätzen bis 100 Millionen DM großen mittelständischen Unternehmen, und selbst Museen mit Umsätzen bis 20 Millionen DM sind respektable Unternehmen. Auch Vereine können Unternehmen sein. Greenpeace setzt z.B. rund 50 Millionen DM im Jahr um. Hinzu kommt natürlich, daß der Dritte Sektor erhebliche Verantwortung für unsere Gesellschaft trägt und auch nicht unwesentlich von allen Bürgern finanziert wird. Letztlich haben natürlich auch die Stiftungen hier einen wichtigen Platz. Ein Blick auf die größten Stiftungen zeigt, welche Wirtschaftskraft sie im Rahmen des Dritten Sektors einbringen. Tabelle 19 stellt die zehn größten deutschen Stiftungen auf der Basis ihrer jährlichen Ausgaben dar; Tabelle 20 zeigt die zehn größten Stiftungen auf der Basis ihres Vermögens.

Es wird deutlich, daß trotz aller Fragezeichen in der Terminologie und aller Grenzfälle und Überschneidungen die getroffene Einteilung klärend und der Gegenstand relevant genug ist, um eine intensive Beschäftigung lohnend erscheinen zu lassen. Diese Beschäftigung ist auch keineswegs nur akademisch, sondern hat sehr konkrete Auswirkungen, z.B. auf Anforderungen, die an das inhaltliche Selbstverständnis, die Struktur und das operative Konzept eines Unternehmens des Dritten Sektors zu stellen sind.

Jede dem Dritten Sektor zuzurechnende Einrichtung bedarf zuallererst eines Ziels, also eines inhaltlichen Konzepts, einer grundsätzlichen Idee. Während das gewinnorientierte Unternehmen in letzter Konsequenz frei darüber entscheiden kann, ob es die bei ihm vorhandenen Ressourcen für ein Produkt A oder ein Produkt B einsetzen will, kann dies das ideell orientierte Unternehmen nicht.

So haben beispielsweise traditionell mit der Herstellung von Rüstungsgütern befaßte Unternehmen heute die Aufgabe zu lösen, diese Produktlinie abzubauen und statt dessen andere Produkte herzustellen, die auf dem Markt verkäuflich sind. Diese sogenannten Konversionsstrategien sind für solche Unternehmen von fundamentaler Bedeutung, denn oberstes Ziel des Unternehmens bleibt es, von der Bereitstellung von Arbeitsplätzen und der Bedienung des Marktes mit Gütern und Dienstleistungen einmal abgesehen, einen Gewinn zu erwirtschaften, der den Eigentümern, z. T. vielen tausend Aktionären, zugute kommt.

Eine Stiftung hingegen, die gegründet wurde, um ein Museum zu betreiben, kann vom Prinzip her nicht beschließen, in Zukunft ein

Tabelle 19: Die zehn größten deutschen Stiftungen auf der Basis ihrer jährlichen Ausgaben

Rang	Name	Sitz	Errichtungs-jahr	Rechtsform	Ausgaben Mio. DM
1	Anstalt Bethel	Bielefeld	1867	Kirchliche Stiftung des privaten Rechts	480
2	Stiftung Rehabilitation Heidelberg	Heidelberg	1966	Stiftung des bürgerlichen Rechts	320
3	Volkswagen-Stiftung	Hannover	1961	Stiftung des bürgerlichen Rechts	194
4	Bundesstiftung »Mutter und Kind«	Bonn	1982	Stiftung des öffentlichen Rechts	180
5	Stiftung Preußischer Kulturbesitz	Berlin	1957	Stiftung des öffentlichen Rechts	173
6	Deutsche Bundesstiftung Umwelt	Osnabrück	1990	Stiftung des bürgerlichen Rechts	150
7	Diakonie Anstalten Bad Kreuznach	Bad Kreuznach	1889	Kirchliche Stiftung des öffentlichen Rechts	133
8	Sparkasse zu Lübeck	Lübeck	1817	Stiftung des bürgerlichen Rechts	132
9	Spitalstiftung Konstanz	Konstanz	1225	Stiftung des öffentlichen Rechts	122
10	Kirchliche Stiftung St. Bernward-Krankenhaus Hildesheim	Hildesheim	1868	Kirchliche Stiftung des privaten Rechts	95

Anmerkungen: Alle Zahlen beruhen auf eigenen Angaben der Stiftungsverwaltungen.

Krankenhaus zu betreiben, es sei denn, der Stiftungszweck wäre weder Museum noch Krankenhaus, sondern ein übergreifendes Ziel, etwa der Betrieb einer bürgerschaftlichen Einrichtung ganz allgemein.

Natürlich wird diese reine Theorie häufig durchbrochen. So sind etwa viele Krankenhäuser zu Altenheimen geworden, weil die Träger es für wichtiger hielten, die Ressourcen, etwa das Haus und deren Mitarbeiter, weiter zu nutzen, als das Herausfallen aus einem Bedarfsplan zum Anlaß für eine Schließung zu nehmen. Dies ist innerhalb gewisser Grenzen akzeptabel, aber die Akzeptanz von Einzelfällen sollte nicht darüber hinwegtäuschen, daß im ideell orientierten Unternehmen das festgelegte Ziel

Tabelle 20: Die zehn größten deutschen Stiftungen auf der Basis ihres Vermögens

Rang	Name	Sitz	Errichtungsjahr	Rechtsform	Vermögen Mio. DM
1	Bertelsmann-Stiftung	Gütersloh	1977	Stiftung des bürgerlichen Rechts	5.000
2	Volkswagen-Stiftung	Hannover	1961	Stiftung des bürgerlichen Rechts	2.735
3	Deutsche Bundesstiftung Umwelt	Osnabrück	1990	Stiftung des bürgerlichen Rechts	2.519
4	Bayerische Landesstiftung	München	1972	Stiftung des öffentlichen Rechts	765
5	Robert-Bosch-Stiftung	Stuttgart	1921	GmbH	713
6	Körber-Stiftung	Hamburg	1959	Stiftung des bürgerlichen Rechts	200
7	Alfried-Krupp-von-Bohlen- und Halbach-Stiftung	Essen	1967	Stiftung des bürgerlichen Rechts	557
8	Carl-Zeiss-Stiftung	Heidenheim/B.	1889	Stiftung des bürgerlichen Rechts	500
9	Gemeinnützige Hertie-Stiftung	Frankfurt/M.	1974	Stiftung des bürgerlichen Rechts	319
10	Hilfswerk für behinderte Kinder	Bonn	1972	Stiftung des öffentlichen Rechts	224

Anmerkungen: Alle Zahlen beruhen auf eigenen Angaben der Stiftungsverwaltungen. Nicht bewertet sind Vermögensgegenstände, die unmittelbar der Verwirklichung des Stiftungszwecks dienen (z.B. Kunstwerke).

oberste Richtschnur des Handelns bleibt. Konversionsstrategien des ideell orientierten Unternehmens haben einen engeren Rahmen und müssen sich anderen Prioritäten unterordnen.

Wohlfahrtsverbände, die sich die Linderung des Elends dieser Welt zum Ziel gesetzt haben, sind in der Konkretisierung flexibel, da sie die jeweils konkrete Not im Auge behalten müssen. Ein Museumsträger, dem von vornherein eine gleichbleibend konkrete Sammlung anvertraut wurde, ist dies nicht. Aber es ist nicht zu übersehen, daß hier ein Konfliktpotential besteht, und zwar nicht nur wegen des Selbsterhaltungstriebs jeder Organisation, sondern vor allem wegen der dem Dritten Sektor innewohnenden Besonderheit des ehrenamtlichen, freiwilligen Handelns. Eine Gruppe von Menschen, die sich ohne Zwang und ohne wirtschaftliche Interessen zusammentut, um ein ideelles Ziel zu verfolgen, durchläuft auch einen gruppendynamischen Prozeß. Am Schluß kann die Kohäsion stärker sein als die Erkenntnis, das Ziel sei erreicht. Für nicht wenige Organisationen besteht diesbezüglich Handlungsbedarf. Eine Stiftung, deren Ziel prinzipiell zu Beginn langfristig definiert worden ist, entwickelt hierzu ein besonderes Problembewußtsein.

Jedes Unternehmen – auch das ideell orientierte Unternehmen – überprüft – hoffentlich – ständig seine wirtschaftlichen Zielvorstellungen. Darüber hinaus ist es dem ideell orientierten Unternehmen aber aufgegeben, ständig zu prüfen, ob die konkrete Tätigkeit dem inhaltlichen Grundgedanken noch entspricht und ob die konkrete Tätigkeit uberhaupt noch Aufgabe eines ideell orientierten Unternehmens ist, eine Frage, die sich spätestens dann stellt, wenn Wettbewerber aus dem kommerziellen Bereich gleiche oder ähnliche Ziele verfolgen. Ist z.B. angesichts der Tatsache, daß Krankentransport heute auch von kommerziellen Unternehmen in guter Qualität betrieben wird, dies weiterhin eine Aufgabe, der sich ein Idealverein widmen sollte? Macht es Sinn, weiterhin gemeinnützige Krankenhäuser zu betreiben und dafür Spenden und Steuergelder der Bürger einzusetzen, wenn Wettbewerber unter Beweis stellen, daß ein Krankenhaus als Wirtschaftsunternehmen nicht nur effizienter, sondern vielfach auch qualitativ gleich gut geführt werden kann? Die Antwort auf diese Frage ist keineswegs einfach, und es mag in der Tat gute Gründe geben, warum im Einzelfall ein Unternehmen des Dritten Sektors mit einem des Zweiten Sektors in Wettbewerb tritt. Aber es gehört zum Selbstverständnis jedes ideell orientierten Unternehmens, daß es eine solche Entscheidung schlüssig, überzeugend und konkret begründen kann. Kein ideell orientiertes Unternehmen darf je vergessen, daß sein inhaltliches Selbstverständnis und die Abgrenzung von kommerziellem und hoheitlichem Handeln die Meßlatten aller Überlegungen darstellen.

Ein zweites Wesenselement jeder gemeinnützigen Einrichtung ist das operative Konzept, das durch die jeweilige Struktur begründet wird. Gerade in dem Bereich, in dem Idealismus, Ehrenamtlichkeit und Vertrauen großgeschrieben werden und auch von ganz großer Bedeutung für den Erfolg sind, wird häufig geglaubt, man könne auf Strukturen ganz oder weitgehend verzichten oder diese müßten vollkommen andere sein als in einem Wirtschaftsbetrieb, um dann später, oft zu spät, festzustellen, daß man dort einiges hätte lernen können. Die unvoreingenommene und kontinuierliche Beschäftigung mit dieser Frage wird von deutschen Einrichtungen des Dritten Sektors vernachlässigt.

6.3 Strukturmodelle des Dritten Sektors im Vergleich

In der europäischen Kultur haben sich für Aktivitäten des Dritten Sektors drei Grundmodelle einer Struktur herausgebildet:

1. der Verein,
2. die Stiftung,
3. die Handelsgesellschaft.

Es ist erstaunlich festzustellen, mit welchen Argumenten oft welche Struktur gewählt wird. Dabei gibt es für jede der genannten Organisationsformen grundsätzliche Attribute, deren Vorhandensein oder Fehlen klare Hinweise auf das richtige Modell gibt.

Der Verein

Der Verein ist sehr grundsätzlich immer ein Zusammenschluß von Menschen. Menschen, Bürger, auch juristische Personen, die ein von ihnen als wichtig empfundenes Ziel gemeinsam verfolgen wollen, schließen sich als gleichberechtigte Partner zu einem Verein zusammen. Das Gesetz schreibt aus diesem Grund zu Recht den Vereinen eine demokratische Grundstruktur vor. Oberste Autorität jedes Vereins ist die Mitgliederversammlung, die über alle Fragen von grundsätzlicher Bedeutung, insbesondere auch über Änderungen oder Anpassungen des Vereinszwecks beschließen kann und muß. Das Wohl und Wehe jedes Vereins ist grundsätzlich von seinen Mitgliedern abhängig. Letztlich haften die Mitglieder auch für alles, was der Verein tut.

Für viele Tätigkeiten ist diese Form die richtige. Sie birgt allerdings auch Gefahren in sich. Jeder, der irgendwo in einem Verein tätig ist, hat sicherlich schon erlebt, wie eine Mitgliederversammlung unter dem Einfluß eines wortgewaltigen Mitgliedes, häufig eines Mitgliedes, das sich weder vorher noch nachher um die Einzelheiten der Vereinsarbeit gekümmert hat und kümmern wird, Beschlüsse faßt, die die bisherigen

Grundsätze der Vereinsarbeit völlig umstoßen oder schlicht nicht vollziehbar sind. Dies ist, solange der Verein nur ein gemeinsames Handeln, etwa das gemeinsame Züchten von Kaninchen, zum Ziel hat, von keiner weiteren Bedeutung und geht nur die Mitglieder etwas an. Schwierig wird es dort, wo ein Verein nach außen wirkt und Aufgaben für Dritte übernimmt, etwa die Aufgabe, ein Krankenhaus zu betreiben. Einerseits kann ein solcher Beschluß erhebliche Konsequenzen für völlig Unbeteiligte haben, die einen Vertrauensschutz genießen müssen, andererseits ist es für Vereinsmitglieder unzumutbar, durch solche Sachzwänge in ihren originären Rechten allzusehr beschnitten zu werden.

Der Verein ist die bei weitem beliebteste Organisationsform gemeinnütziger Aktivitäten. Die Gesamtzahl der sogenannten eingetragenen Vereine, die eine eigene Rechtsperson darstellen, wird auf über 350 000 geschätzt. Die Karikatur des Deutschen als Vereinsmeier ist in der ganzen Welt gängig. Unter diesen 350 000 sind Vereine zu finden, die größte Mühe haben, die erforderliche Mindestzahl von sieben Mitgliedern zu halten, aber auch solche mit Millionen von Mitgliedern. Vereine, in denen erbittert um die Erhöhung des Mitgliedsbeitrages von 10 auf 12 DM und damit des Umsatzes von 100 auf 120 DM im Jahr gestritten wird, stehen neben Vereinen, die viele hundert Millionen oder gar Milliarden jährlich umsetzen. Viele Vereine haben sich längst von dem demokratisch bestimmten Urmodell entfernt. In komplizierten Satzungsbestimmungen versuchen sie, die für sie notwendige betriebliche Kontinuität oder die gewünschte verstärkte Einflußnahme einzelner Mitglieder abzusichern. Vielen Vereinen ist daher dringend anzuempfehlen, auch über den Grundsatz ihrer Strukturen immer wieder einmal nachzudenken und gegebenenfalls diese Strukturen auch zu ändern.

Die Stiftung

Das zweite Modell stellt die Stiftung dar. Sie lebt nicht aus dem gemeinsamen Willen von Menschen zu einem gemeinsamen Tun, sondern aus dem Willen eines oder mehrerer Stifter zur zweckbestimmten Hingabe von Vermögen. Gerade in den letzten Jahren hat der Stiftungsgedanke eine Renaissance erfahren, und zwar nicht nur wegen eines größeren Reichtums deutscher Bürger, sondern z.B. auch deswegen, weil Vereine in Stiftungen umgewandelt wurden oder Vereine und Gesellschaften Teilbereiche ihrer Tätigkeiten in Stiftungen ausgegliedert haben.

Es gäbe noch mehr Stiftungen, wenn nicht Informationsmängel und unbegründete Vorurteile dies verhindern würden.

Das Grundkonzept jeder Stiftung wird bei der Errichtung vom Stifter festgelegt. Anpassungen sind später möglich, ihnen sind engere Grenzen gesetzt als im Verein. Diese grundsätzliche strukturelle Autonomie befähigt die Stiftung zu einer langfristigen kontinuierlichen Arbeit. Ein anderes konstitutives Element – die Ausstattung mit eigenem Vermögen – verleiht ihr einen besonders hohen Unabhängigkeitsgrad. Während für den Verein Mitglieder, also Menschen, konstitutiv sind, ist es für die Stiftung das Vermögen, das vom Stifter unwiderruflich hergegeben wird.

Die Handelsgesellschaft (GmbH oder gGmbH)

Die dritte Organisationsform für gemeinnützige Aktivitäten wird häufig übersehen oder falsch angewendet. Es ist die Handelsgesellschaft, fast immer in der Form der Gesellschaft mit beschränkter Haftung oder der gemeinnützigen Gesellschaft mit beschränkter Haftung.

Diese Struktur eignet sich vorzugsweise für Organisationen, die zwar wegen ihres Zwecks dem Dritten Sektor zuzurechnen sind, die aber, unternehmerisch betrachtet, Betriebe darstellen.

Ein wichtiger legitimer Grund für die Einrichtung von GmbHs im gemeinnützigen Bereich ist zudem die Haftungsbegrenzung. Trotz der bekannten Tendenz der Rechtsprechung hinsichtlich der Haftung oder Mithaftung der Eigentümer sollte man angesichts der hohen Risiken auf den Grundsatz der Haftungsbeschränkung nicht verzichten.

Wie jede Handelsgesellschaft ist natürlich auch das ideell orientierte Unternehmen in dieser Rechtsform von dem Willen seiner Eigentümer abhängig. Die Eigentümer, die Gesellschafter, bestimmen über das Wohl und Wehe ihrer Gesellschaft. Allerdings gibt es zu den Mitwirkungsrechten von Vereinsmitgliedern einige wesentliche Unterschiede. Zum einen können sich Gesellschafter im Gesellschaftsvertrag grundsätzlich undemokratisch verhalten. Eine Bestimmung etwa, die von den Eigentumsverhältnissen abweichende Stimmrechte festschreibt, ist in der GmbH völlig normal. Ebenso ist natürlich eine GmbH mit nur einem Gesellschafter möglich, ein Instrument, dessen sich Stiftungen und Vereine und sogar öffentliche Körperschaften in der Form der sog. Betriebsgesellschaft zunehmend bedienen. Durch sie werden Eigentum und Betriebsführung strukturell getrennt. Die Kontrolle bleibt gewährleistet. Die

GmbH bietet darüber hinaus den Vorteil, daß die Eigentümer in der im Gesellschaftvertrag festgelegten Weise die Satzung jederzeit auch ganz radikal ändern und die Gesellschaft auch relativ leicht wiederauflösen können, ein wesentlicher Unterschied zur schwer auflösbaren Stiftung.

Da sie in der Praxis viel seltener vorkommen, sollen andere privatrechtliche Modelle, etwa die Genossenschaft oder die Gesellschaft bürgerlichen Rechts, hier ebenso außer Betracht bleiben wie öffentlich-rechtliche Formen, etwa die Körperschaft oder Anstalt, die sich zwar nach eigenem Selbstverständnis dem Staatsbereich zuordnen, systematisch aber eindeutig dem Dritten Sektor zugehören. Sonderformen gemeinnützigen Handelns mit zum Teil sehr unterschiedlichen gesetzlichen Grundlagen, von der angeblich strukturlosen Bürgerinitiative, die tatsächlich, wenn nicht einen e.V., meist einen nicht rechtsfähigen Verein oder eine Gesellschaft bürgerlichen Rechts darstellt, über den Verband, etwa Berufsverband, bis zur Partei, seien hier nur am Rande erwähnt.

Die drei genannten Formen – Verein, Stiftung und GmbH – können und sollten in vielen Fällen in sinnvoller Weise miteinander verknüpft werden. So ist, um nur ein Beispiel zu nennen, ein Modell denkbar, das aus einer Stiftung als Vermögensträgerin, einem Verein als Gemeinschaft der Förderer und einer Betriebsgesellschaft als Trägerin des Betriebs in enger Verflechtung zueinander besteht. Völlig unabhängig von der Frage der Zielorientierung besteht in der Betriebsführung vieler gemeinnütziger Einrichtungen eine enge Verwandtschaft zu der Betriebsführung eines Wirtschaftsunternehmens. Der wesentliche Unterschied liegt in der Gewinnverwendung, die im ideell orientierten Unternehmen nicht dem Unterhalt oder der Vermögensmehrung der Eigentümer dient, sondern der weiteren Verfolgung des gemeinnützigen Ziels. Die betrieblichen Fragestellungen sind hingegen die gleichen. Die rund 80000 deutschen Wirtschaftsunternehmen haben über die Jahrzehnte hinweg Modelle der Betriebsführung entwickelt, die zumindest nicht völlig ungeeignet sind. Das Handelsrecht hat diesen Modellen einen Rahmen gegeben, der sich bewährt hat. Es besteht daher kein vernünftiger Grund dafür, diese bewährten Modelle nicht zu übernehmen. So kann beispielsweise einem gemeinnützigen Betrieb nur empfohlen werden, eine kaufmännische Rechnung und einen kaufmännischen Jahresabschluß zu erstellen, der, nach den strengen Grundsätzen des Handelsrechts aufgestellt, Erkenntnisse über Vergleiche zuläßt.

Stiftungen und Vereine können bilanzieren, sind aber dazu nicht verpflichtet und, wenn sie es tun, nicht an die Bilanzrichtlinien gebunden. In der Praxis stellen sie aus durchaus nachvollziehbaren Gründen zum Teil eigene Bilanzierungsgrundsätze auf, so daß jede Vergleichsmöglichkeit wegfällt. Dieser Mangel schadet jedem Betrieb, auch dem gemeinnützigen.

An dieser Stelle sollte darauf hingewiesen werden, daß die Vorschriften öffentlicher Zuschußgeber, insbesondere des Bundes, nach welchen privatrechtlich verfaßte Zuschußempfänger die Jahresabrechnung nach den Vorschriften der Bundeshaushaltsordnung zu erstellen haben, in keiner Weise vernünftig sind. Nur um den Beamten, die nur Kameralistik gelernt haben, die Lektüre zu erleichtern, werden durch diese Vorschrift Tausende von gemeinnützigen Betrieben von einer vernünftigen Finanzplanung vorsätzlich abgehalten.

Solange es nicht gelingt, diesen groben Mißstand grundsätzlich zu beseitigen, kann man den betroffenen Betrieben nur empfehlen, für die Zwecke der Verwendungsnachweise eine zusätzliche kameralistische Abrechnung zu erstellen, im übrigen aber eine kaufmännische Buchhaltung einzurichten. Ebenso abwegig und schädlich ist die Haltung mancher Zuschußgeber, die den Empfängern Vorschriften über ihre Struktur machen und etwa GmbHs grundsätzlich ausschließen.

Die wirtschaftliche Betätigung gemeinnütziger Organisationen wird neu zu bewerten sein. Entgegen vielen öffentlich geäußerten Ansichten ist der gemeinnützigen Organisation eine wirtschaftliche Betätigung ja keineswegs verboten. Sie beeinträchtigt auch bei richtiger Handhabung nicht die Gemeinnützigkeit. Sie ist lediglich den Gesetzmäßigkeiten sonstigen wirtschaftlichen Handelns unterworfen; das heißt auch, sie ist steuerpflichtig, und dies ist auch völlig in Ordnung so. Übrigens findet sich die Forderung an eine gemeinnützige Gemeinschaft, von der Arbeit der eigenen Hände zu leben und nicht von Subsidien der Gesellschaft, schon in der Regel des hl. Benedikt. Subsidien sind Ultima ratio, nicht Ausgangspunkt eines Finanzierungskonzepts.

Jeder Manager einer gemeinnützigen Einrichtung wird sich fragen müssen, welche seiner Betätigungen wirtschaftlich zu betreiben sind, und die, bei denen dies zu bejahen ist, werden darauf zu untersuchen sein, ob sie selbst weiterbetrieben werden oder abgegeben, schlicht verkauft werden; denn nicht jede Aktivität gemeinnütziger Organisationen bedarf zu ihrer Wirksamkeit des ideellen Daches. Dagegen gibt es andere Tätigkeiten, die über den Markt nicht zu bedienen sind, und hier wird der künftige Manager ein sehr viel größeres Augenmerk auf Fundraising legen müssen. Dazu gehört die professionelle Akquisition von Spenden, Zustiftungen, Vermächtnissen, Erbschaften, Mäzenen und Sponsoren. Dazu gehört die Einbindung von Menschen mit ihren Fachkenntnissen. Dazu gehört das Eingehen von Allianzen mit Wirtschaftsunternehmen oder wem auch immer, der für den ganz speziellen Zweck nützlich erscheint. Dazu gehören ganz generell die Entwicklung und der Vollzug einer Strategie, die darauf abzielt, größtmögliche Autonomie zu erlangen und die verfügbaren Ressourcen optimal zu nutzen. Daß die optimale Nutzung von Ressourcen etwas ganz anderes ist als die vom Staat dekretierte sparsame Haushaltsführung, sei nur nebenbei erwähnt.

6.4 Die Ausgestaltung einer Struktur

Dreh- und Angelpunkt jeder Struktur ist die Satzung. Bei ihrer Formulierung kommt es nicht so sehr darauf an, das Mißtrauen gegen den amtierenden Vorstand zu Papier zu bringen, sondern dafür zu sorgen, daß auf eine mittlere bis lange Frist eine optimale Zielerfüllung möglich ist. Ein unausgegorene, eine undurchdacht aus dem Musterbuch abgeschriebene, eine zu komplizierte und nicht handhabbare, eine zu stark aus gegebenem Anlaß gefertigte oder korrigierte Satzung führt unweigerlich zu Problemen und Krisen und kann eine Organisation zur Handlungsunfähigkeit verurteilen. Eine gute Satzung dagegen führt zur Optimierung der Zweckerfüllung.

Einige Elemente müssen unabhängig von der Rechtsform notwendigerweise in jeder Satzung auftauchen. Zunächst müssen Name und Sitz der Organisation dort niedergelegt sein. Dies klingt äußerst banal, aber Name und Sitz sind schon ein Stück Programm. So verlegt etwa ein bedeutender, in den politischen Bereich hineinwirkender Verein, der sich zur Zeit in eine Stiftung umwandelt, gleichzeitig, aus offensichtlich programmatischen Gründen, seinen Sitz von Frankfurt am Main nach Berlin. Ebendiese Organisation ringt, und dies seit Monaten, in allen Gremien um einen neuen Namen, weil der bisherige Vereinsname als zu flach empfunden wird. Der Name ist ein primäres Marketinginstrument. Ziel und Weg scheinen im Namen auf.

Des weiteren bedarf jede gemeinnützige Organisation, jedes ideell orientierte Unternehmen zwingend einer Darstellung des Zwecks in der

Satzung. Eine besondere Kunst ist die Formulierung des Zwecks in der Stiftungssatzung. So hat z. B. das Gericht einer Stiftung verwehrt, satzungsmäßig vorgeschriebene Realleistungen – es ging in dem Fall um wollene Unterwäsche für Bedürftige – in Geldleistungen umzuwandeln, weil aus dem formulierten Zweck eindeutig herausgelesen werden konnte, daß dies genau nicht der Wille des Stifters gewesen war. Die Formulierung des Zwecks in der Vereinssatzung ist etwas einfacher, weil die Mitgliederversammlung auch größere Änderungen beschließen kann, und eine GmbH-Satzung gibt den Zweck ohnehin meist nur relativ vage wieder. Dennoch spielt die Formulierung auch hier, wie bei den anderen Formen, durchaus eine wichtige Rolle, weil die steuerliche Gemeinnützigkeit ursächlich mit dem Satzungszweck zusammenhängt. Bei der Formulierung ist aber auch an das Marketing zu denken. Spender und Destinatäre, um nur zwei wichtige Zielgruppen des Marketings zu nennen, wollen wissen, was die Organisation wirklich tut. Der oft gebrauchte Einleitungssatz »Die Stiftung erfüllt gemeinnützige Zwecke im Sinne der Abgabenordnung« ist daher das Gegenteil von einer auch marketingorientierten Zweckformulierung.

Als viertes Wesenselement muß jede Satzung Auskunft geben über die operative Struktur. Auch hier gibt es große Unterschiede zwischen den einzelnen Grundmodellen. Vom Grundsatz her bestimmen in der GmbH die Eigentümer. Daher steht an der Spitze jeder GmbH-Organisationstruktur die Gesellschafterversammlung. Diese kann durch einen Gesellschafterrat ergänzt, in manchen Fällen ersetzt werden. In der GmbH mit nur einem Gesellschafter bedarf es natürlich für die Gesellschafterversammlung nur sehr geringer Präzisierungen. Als handelndes Organ schreibt das Handelsrecht jeder GmbH eine Geschäftsführung vor. Weitere beratende Gremien sind möglich, aber relativ unüblich.

Im Verein bestimmen grundsätzlich die Mitglieder. Daher ist die Mitgliederversammlung stets oberstes Organ jedes Vereins. Dies stößt allerdings dort auf unüberwindliche Schwierigkeiten, wo die Zahl der Mitglieder die Abhaltung einer Versammlung unmöglich macht. Die absolute Obergrenze für eine Versammlung, in der ja auch entscheidende Beschlüsse zu fassen sind, liegt sicher bei einigen hundert Teilnehmern. Daher müssen Vereine mit mehr Mitgliedern eine abgestufte Form der Mitwirkung entwickeln. Regionale Mitgliederversammlungen, welche die Wahl von Delegierten zu zentralen Versammlungen durchführen, sind das übliche System. Manche, vor allem ältere Vereine führen an dieser Stelle auch Formen der Manipulation oder gelenkten Demokratie ein, die in manchen Fällen den einzelnen Mitgliedern de facto kaum noch Mitwirkungsrechte lassen.

In der Stiftung ist der Stifter und Satzungsgeber bei der Einrichtung der Aufbauorganisation sehr viel freier. Zwar hat sich eine Stiftungsorganisation mit zwei Organen, einem legislativen Organ, meist Stiftungsrat oder Kuratorium genannt, und einem Exekutivorgan, meist Vorstand genannt, als Normalform durchgesetzt. Es gibt aber eine Fülle von Abweichungen und Sonderformen, und man könnte nicht von vornherein sagen, daß diese sich nicht bewährt haben.

Stiftung und Handelsgesellschaft kennen als fünftes Wesenselement das Vermögen. Während aber die sogenannte Einlage in die GmbH, fast immer eine relativ kleine Geldeinlage, recht klar ist, ist die Vermögensausstattung einer Stiftung oft eine sehr schwierige Frage in der Gründungsphase. Es ist ein weitverbreitetes Mißverständnis, daß ein Stiftungsvermögen in Geld bestehen muß. Grundsätzlich unterscheidet die Stiftung zwischen Vermögenswerten, die unmittelbar der Erfüllung des Stiftungszwecks dienen, also einem Betriebsvermögen, und solchen, aus deren Ertrag der Stiftungszweck zu verwirklichen ist. Beide Vermögensarten müssen in ihrem Bestand auf Dauer erhalten werden. Dabei sind aber Umschichtungen durchaus statthaft. Ebenso kann eine Stiftung grundsätzlich jede Art von Vermögenswerten halten.

Oberster Grundsatz ist, daß Stiftungsvermögen und Stiftungszweck in einem sinnvollen Verhältnis zueinander stehen müssen, d. h., eine nachhaltige Erfüllung des Stiftungszwecks muß möglich sein. Natürlich kann eine Stiftung auch Einnahmen aus Lieferung und Leistung, aus Spenden, aus Zuwendungen anderer Stiftungen und öffentlichen Zuschüssen erhalten, und die diesbezüglichen realistischen Erwartungen werden zur Beurteilung des Gesamtbildes herangezogen. Nicht möglich ist es allerdings, und dies aus gutem Grund, eine kleine rechtsfähige Stiftung nur mit dem Zweck zu errichten, Spenden einzusammeln, wenn man nicht sehr schlüssig darlegen kann, daß diese tatsächlich auch eintreffen werden. Spenden zu sammeln ist eine typische Tätigkeit motivierter Menschen – die richtige Struktur dafür ist daher in der Regel der Verein, ggf. in der Form eines nicht notwendigerweise rechtsfähigen Fördervereins für eine Stiftung, die das operative Geschäft besorgt. Denkbar ist für solche Zwecke auch die nicht rechtsfähige gemeinnützige Stiftung.

Die drei genannten Organisationsformen sind selbstverständlich gesetzlich normiert. Sobald der gemeinnützige Bereich berührt wird, finden zwei ganz unterschiedliche Gesetzeskomplexe Anwendung, das Zivilrecht, im Falle der GmbH einschließlich des Handelsrechts, und das Steuerrecht, das die Gemeinnützigkeit regelt. Während bei den Stiftungen und Vereinen die Gemeinnützigkeit fast immer angestrebt und in der Regel auch zuerkannt wird, ist dies natürlich bei der Handelsgesellschaft eine Ausnahme. Dies heißt aber nicht, daß es nicht möglich ist. Allerdings macht es keinen Sinn, wenn etwa eine gemeinnützige Stiftung eine GmbH als Betriebsgesellschaft für eine bestimmte Tätigkeit als Alleingesellschafterin gründet und für diese dann noch mal die Gemeinnützigkeit beantragt. Diese Betriebsgesellschaft soll ja Gewinne erwirtschaften, die an die Stiftung für deren gemeinnützige Tätigkeit ausgeschüttet werden.

Es ist allgemein bekannt, daß die Finanzbehörden die Vorschriften der Abgabenordnung bezüglich der Gemeinnützigkeit zunehmend eng und streng sehen. Verschiedene, auch in der Öffentlichkeit hochgespielte Ereignisse und Vorkommnisse haben dazu geführt, daß gemeinnützige Körperschaften heute eingehend geprüft und häufig auch beanstandet werden.

6.5 Anforderungen an die Struktur

Die in den Dokumenten niedergelegte Struktur stellt das wichtigste Element eines operativen Konzepts dar. Die Struktur bestimmt sich aus der Satzung. Außerhalb der Satzung stehende Praktiken sind grundsätzlich schädigend. Anders als Wirtschaftsunternehmen kommen insbesondere Verein und Stiftung an einer peniblen Erfüllung ihres eigenen Satzungszwecks nicht vorbei. Um so wichtiger ist es, daß diese Satzung den Anforderungen genügt und optimale Voraussetzungen für die Erfüllung des Zwecks bietet. Die Satzung ist nicht für das Archiv und nicht primär als Nachschlagewerk für Unzufriedene gedacht, sondern ist ein Instrument, das die Erreichung organisationspolitischer Ziele wesentlich unterstützen kann.

Die wichtigste Anforderung überhaupt an jede Struktur ist ihre Zielorientierung. Dies klingt selbstverständlich, ist es aber in der Praxis keineswegs. Es gibt genügend Satzungen, die über das Selbstverständnis und die inhaltlichen Ziele der Organisation mit wenigen dürren Worten hinweggehen, aber seitenlang sämtliche Formalien der Gremien regeln. Vor allem Satzungen, die von Beratern aufgesetzt werden, die keine Managementerfahrung im gemeinnützigen Bereich haben, leiden häufig unter diesem Mangel.

Dies vorausgeschickt, ist eine wichtige Anforderung an eine gute Struktur ihre Einfachheit. Je komplizierter die Bestimmungen sind, desto schwieriger wird die Handhabung, die Fehlerquote steigt, und die offensive Wirkung sinkt.

Satzungsbestimmungen müssen stets eindeutig sein. Die Satzung ist auch eine wichtige Absicherung für Dissens und Krisensituationen, und gerade da spielt die Eindeutigkeit eine primäre Rolle. Dies fängt bei Kleinigkeiten an. So öffnet beispielsweise die vordergründig ganz verständliche Bestimmung, ein bestimmtes Gremium solle drei bis fünf Mitglieder haben, der Manipulation und Uneinigkeit von vornherein Tür und Tor. Aber es gibt natürlich auch noch schwierigere Probleme, die eindeutig geklärt sein müssen.

Eine Satzung muß die tatsächlichen Verhältnisse widerspiegeln. Gerade in diesem Punkt ist auch eine Änderung jederzeit möglich. So kommt, um ein Beispiel zu geben, eine kleine Förderstiftung sicher mit einem Stiftungsrat von drei Personen gut aus. Fällt aber dieser Stiftung ein Krankenhaus zu, das sie betreiben will, dann muß sie mehr Menschen einbinden, um der neuen Aufgabe gerecht zu werden. Die Aufsichtsbehörden – Stiftungsaufsicht, Vereinsregister und Finanzamt – reagieren übrigens zunehmend ablehnend gegenüber überdimensionierten Gremien, und dies vollkommen zu Recht.

Nicht nur im öffentlichen Bereich, sondern auch in der Wirtschaft hat es sich in Deutschland seit langem eingebürgert, zwischen legislativen und exekutiven Funktionen klar zu trennen. Diese Systematik empfiehlt sich auch für die gemeinnützige Organisation. Mitgliederversammlung und Vorstand im Verein, Stiftungsrat und Vorstand in der Stiftung, Gesellschafterversammlung oder Gesellschafterrat und Geschäftsführung in der GmbH sollten klar voneinander zu unterscheidende Kompetenzen haben. Dabei ist es von herausragender Bedeutung, daß dem Exekutivorgan, also dem Management, Vorstand oder der Geschäftsführung, ein klar umrissener Freiraum eingeräumt wird. Ein Vorstand, der in jeder Kleinigkeit von seinem Stiftungsrat oder seiner Mitgliederversammlung gegängelt wird, kann nicht erfolgreich arbeiten, d.h. wenn er erfolglos bleibt, ist dies nicht mehr als eine sich selbst erfüllende Prophezeiung. Ein Vorstand, der nichts entscheiden kann, wird auch nicht verantwortungsbewußt handeln. In einen solchen Vorstand werden gute Kräfte auch nicht eintreten. Einem Vorstand muß eine Gesamtverantwortung übertragen, er muß nach einer Gesamtleistung beurteilt werden. Ein solcher Vorstand muß das Risiko der Entlassung tragen, wenn die Gesamtleistung den Anforderungen nicht entspricht. Aber er darf unter keinen Umständen dazu gezwungen werden, jede Einzelentscheidung mit einem übergeordneten Gremium abzustimmen. Ein Vorstand, dem man nicht zutraut, eine verantwortliche Gesamtleistung zu erbringen, gehört gar nicht erst berufen. Gleiches gilt ggf. für eine dem Vorstand nachgeordnete Geschäftsführung.

Hierzu gehört auch, daß Aufbau- und Ablauforganisation in einem sinnvollen Verhältnis zueinander stehen. Das bedeutet: Entscheidungsvorbereitung, Entscheidungsvollzug und Kontrolle müssen an klaren Kompetenzen innerhalb der Organisation festgemacht und ohne Behinderungen in einem ständigen Kreislauf ablaufen können.

Die Struktur einer Organisation ist das Vehikel, auf dem das Ziel angestrebt wird. Die Struktur übersetzt das inhaltliche in das operative Konzept.

Solch modernen Managementgrundsätzen wird in gemeinnützigen Organisationen in Deutschland noch nicht die Bedeutung zuerkannt, die sie verdienen. Spezielle Ausbildungsgänge für Führungsaufgaben in Non-Profit-Organisationen – so heißen sie international – gibt es in der Schweiz, in Frankreich, in Großbritannien, in Deutschland dagegen nur ansatzweise. Interdisziplinärer Austausch ist im Ausland die Regel, bei uns die Ausnahme. Professionelle Dienstleistungen und Beratungen für diesen Bereich sind in Europa selbstverständlich – außer in Deutschland.

Schon am Anfang wurde betont: Museen, Krankenhäuser, Universitäten, natürlich auch kleinere Einrichtungen, sind Stätten einer ideellen Verwirklichung. Sie sind aber auch Dienstleistungsbetriebe mit einer Verpflichtung und Verantwortung gegenüber ihren Besuchern, Patienten, Studenten, Ratsuchenden, Schützlingen – kurz gesagt: ihren Kunden, und müssen danach trachten, ihre Dienstleistungen qualitativ und wirtschaftlich zu optimieren. Andere Länder sind uns voraus, wenn es gilt, modernstes Management und hohen Idealismus in Einklang zu bringen.

Gutes Management und Idealismus sind keine Antipoden. Sie sind Komplemente! In den USA hat vor zwei Jahren die Organisation der Pfadfinderinnen im Wettbewerb mit sämtlichen Wirtschaftsunternehmen den Preis für das beste Management erhalten. Niemand hat in diesem Zusammenhang den Vorwurf erhoben, das gute Management ginge auf Kosten der Idee. In der Denkmalpflege ist das englische und schottische Konzept des National Trust, einer privatrechtlichen Stiftung, unerreichtes Vorbild, dessen Nachahmung bei uns an Vorurteilen scheitert. Vorbild ist der National Trust nicht nur wegen des guten Managements, sondern auch und gleichzeitig wegen der besseren Inhalte.

Solche Beispiele gibt es viele, Anlaß genug für jeden Verantwortlichen, darüber nachzudenken, wie er seine Arbeitsformen verbessern, sein gemeinnütziges Handeln über bessere Strukturen optimieren kann. Die Chancen dazu bestehen immer und sollten immer genutzt werden. In anderen europäischen Ländern werden sie schon lange genutzt. Heute leben wir aber in einer besonderen Situation. Das Klima der Zukunft wird rauher sein, und es ist höchste Zeit, selbstkritisch zu fragen, ob unser gemeinnütziger Sektor für dieses Klima gerüstet ist. Wir wissen heute, daß das Machtmonopol des Staates kein Regelungs- und schon gar kein Handlungsmonopol ist. Die steuerliche Belastung des Bürgers hat die Grenze des Erträglichen bei weitem überschritten. Unser Staat droht an seiner Verkrustung, Inflexibilität und schieren Größe zu zerbrechen. In dieser Situation kommen auf die beiden anderen Sektoren aus gesellschaftspolitischen Gründen neue große Aufgaben zu. Der Sektor Wirtschaft tut zur Zeit viel, um sich für diese Aufgaben zu rüsten, aber tut es auch der gemeinnützige Sektor? Welchen Beitrag leistet dieser Sektor, um Klarheit zu schaffen, welche Aufgabe aus welchen Gründen vom Staat, von der Wirtschaft oder eben von diesem Sektor angepackt werden soll?

Es fällt schwer, mit vernünftigen Argumenten zu erklären, warum der Staat einerseits fundamental hoheitliche Aufgaben wie die Luftverkehrsüberwachung privatisiert, weil er seine Besoldungsordnung nicht in den Griff bekommt, andererseits aber eisern daran festhält, eine Brauerei zu betreiben. Gleiches gilt natürlich für die städtischen Krankenhäuser. Das Institut der Deutschen Wirtschaft (IW) hat in einer 1993 veröffentlichten Untersuchung festgestellt, daß der durchschnittliche Tagespflegesatz der öffentlichen Krankenhäuser in Westdeutschland 1992 bei DM 409,00 lag. Die privaten Krankenhäuser kommen mit durchschnittlich DM 269,00, die freien gemeinnützigen Häuser mit durchschnittlich DM 343,00 aus. Untersuchungen mit ähnlichen Ergebnissen gibt es für den Schul- und andere Bereiche, in denen Staat und gemeinnütziger Sektor im Wettbewerb stehen.

Es wird ganz und gar unvermeidlich sein, daß die staatliche Verwaltung sich aus der Erledigung konkreter Aufgaben zurückzieht. Der Konzern Staat ist so nicht mehr zu führen. Subsidiarität taucht als Rettungsanker aus der Fast-Vergessenheit auf. Viele Staatsbetriebe werden aber nicht in den Wirtschaftssektor, sondern in den gemeinnützigen Sektor zu überführen sein.

Um für diese Entwicklung gerüstet zu sein, muß der gemeinnützige Sektor selbst seine Arbeit optimieren. Er muß seinerseits Bereiche, die nicht originär dazugehören, abstoßen. Er muß seine Abhängigkeit von öffentlichen Zuschüssen und damit von Entscheidungen staatlicher Organe drastisch verringern. Er muß sich profilieren als echte Alternative in unserem gesellschaftlichem System.

Erfahrungsgemäß werden neugegründete Organisationen in diesem Prozeß eine wesentliche Aufgabe zu übernehmen haben – ein Grund mehr, besondere Anstrengungen zu unternehmen, um Vereinsgründer und vor allem potentielle Stifter zu ermutigen.

Immer wird es Bereiche geben, die über den Markt nicht zu bedienen sind. Für die Aufgabe, diese Bereiche in die Hand zu nehmen, ist der Sektor mangelhaft gerüstet. Es fehlen nicht die Fachkräfte, sondern Führungskräfte, und es fehlen zukunftsorientierte Strategien. Es wird eine Kernaufgabe sein, für kleine, mittlere und große Einrichtungen die Führungskräfte heranzubilden, die gebraucht werden, um die neuen Herausforderungen anzunehmen. Zugleich steht der strukturelle Reformprozeß an.

Es kommt hinzu, daß die Finanzierung gemeinnütziger Aktivitäten in Zukunft erheblich schwieriger werden wird. Insbesondere werden die Zuschüsse aus öffentlichen Kassen abnehmen und über weite Strecken wohl ganz wegfallen. So beklagenswert dies zunächst erscheint, so sehr sollte man auch die Chancen sehen, die in dieser Krise stecken. Die Abhängigkeit von öffentlichen Subventionen, oft verbunden mit einer vermeintlichen Abhängigkeit vom Wohlwollen der Politik und Verwaltung, hat den gemeinnützigen Sektor auch ideell in eine Abhängigkeit vom Staat gebracht. Eine autonome Finanzierungsstruktur, und zwar eine möglichst gemischte, gibt jeder Organisation auch inhaltliche Autonomie zurück. Mit dem Einheitsbrei von Werten, den wir in den letzten Jahrzehnten gekocht haben, kann es auch inhaltlich nicht weitergehen. Die Interessen der Beamtenschaft, private Initiativen zu Handlangern eines diffusen öffentlichen Willens und in der Praxis oft genug eines politischen Partikularinteresses zu machen, werden schon wegen der leeren Kassen so nicht fortgesetzt werden können. Dies bedeutet allerdings, daß die Finanzierung gemeinnütziger Aktivitäten eine der entscheidenden Managementaufgaben werden wird. In den USA wird schon seit langem ein Universitätskanzler nur nach seinen Fähigkeiten im Fundraising ausgesucht. Das ist seine Aufgabe. Mit einem gewissen Einblick in die von Universitäten verwalteten Stiftungen ist zu fragen, welcher unserer Universitätskanzler eine Chance hätte, Kanzler einer amerikanischen Universität zu werden.

In diesem Zusammenhang sei daran erinnert, wie leichtfertig viele Organisationen an den Spendenmarkt herangehen. Stümperhafte Vorbereitungen – etwa der Verzicht auf vorausgehende strukturelle Reformen –, Fundraising ohne Strategie, Geheimniskrämerei oder gar Betrug bei der Rechenschaftslegung, mangelhafte oder inkorrekte Mittelverwendung, Verstöße gegen Buchstaben oder Geist von Zweckbestimmungen und Angst vor Kritik oder vor der Öffentlichkeit oder ganz einfach mangelnde Transparenz sind Sünden, die der Spender nicht mehr als läßlich ansieht. Die Irrationalität der Diskussion um Verwaltungskosten ist keine zukunftsorientierte Verteidigungslinie.

Und noch etwas: Auch auf den gemeinnützigen Sektor kommt der Rahmen Europa zu. Ein europäisches Vereins- und Stiftungsrecht ist bereits in Vorbereitung. Kartelle und Marktumgehungen werden durch die EG-Kommission auch in diesem Bereich systematisch angeprangert werden. Und aus dem europäischen Ausland drängen hervorragend geführte gemeinnützige Organisationen aggressiv in unseren Spenden- und Dienstleistungsmarkt. Wenn unsere Verbände in diesem Wettbewerb nicht bestehen, werden sie auch ihre ideelle Botschaft nicht mehr verkünden können.

In dem Dreigestirn öffentlicher Sektor, Wirtschaftssektor und gemeinnütziger Sektor steht der gemeinnützige Sektor immer noch dem öffentlichen Sektor zu nahe und dem wirtschaftlichen Sektor zu distanziert gegenüber. Es wird darauf ankommen, eine echte Mittelposition einzunehmen.

Ein gemeinnütziger Sektor, der sich nicht länger vorwerfen lassen muß, er sei über weite Strecken altmodisch strukturiert und schlecht geführt und hänge am staatlichen Subventionstropf, kann sehr viel stärker seine ideellen Werte und Anliegen in der Gesellschaft offensiv vertreten. Diese ideellen Werte sind Ausgangspunkt des Handelns jeder gemeinnützigen Organisation. Sie hat per definitionem eine Botschaft zu verkünden. Sie ist es sich schuldig, dies auch in die Zukunft hinein zu tun. Es werden aber auch Anliegen an sie herangetragen. Es gibt Maximen gesellschaftlicher Koexistenz, Formen menschlicher Begegnung, die idealerweise nur im gemeinnützigen Bereich entwickelt, erprobt und deutlich gemacht werden können. Die Spezifika zu entfalten und zu einer Relevanz für den Staat, für die Wirtschaft, für jeden Bürger zu führen ist originäre und unverzichtbare Aufgabe jeder Organisation dieses Sektors. Auf diesen Beitrag wartet unsere Gesellschaft. Die ohne Zweifel harte Realität des Wirtschaftslebens und der Egoismus der Staatsverwaltung bedürfen dringend des im echten Sinn altruistischen Korrektivs, das ihnen nur das ideell orientierte Unternehmen in kleinen und großen Modellen vorleben kann. Dieses Vorleben aber hat, um glaubwürdig zu sein, eine wichtige Voraussetzung: Der Sektor muß sich durch optimales Management und optimale Strukturen unangreifbar positionieren. Dem Kritiker muß er an jedem Punkt entgegenhalten können: Wir arbeiten mindestens genauso effektiv wie ihr. Unser ideelles Gerüst ist keine Entschuldigung für Fehler, sondern eine zusätzliche Attraktivität.

Schlußbetrachtung

»Stiftungen sind ein Stück Anarchie«, hat der frühere Hamburger Oberbürgermeister Klaus von Dohnanyi einmal formuliert. Er meinte dies durchaus positiv. Stiftungen sind, wie er meint, ein Korrektiv zum immer allmächtiger werdenden Staat. Max Webers totalitäre Demokratie, d.h. der grundsätzlich auf dem Willen des Volkes beruhende und vom Volk kontrollierte Staat, übt über den einzelnen Bürger sehr viel mehr Macht aus, als die absolute Monarchie des 18. Jahrhunderts dies vermocht hätte. Nicht nur die totalitären Diktaturen des früheren Ostblocks, sondern durchaus auch die westlichen Demokratien haben über Jahrzehnte hinweg den Anspruch verfestigt, alle gesellschaftlich wirksamen Prozesse zu regeln, zu kontrollieren, möglichst sogar selbst in die Wege zu leiten. Immer stärker sind die Organisationen, die dem allgemeinen Wohl dienen, Wohlfahrtsverbände, Vereine usw., und immer mehr ist sogar die Wirtschaft in den Sog der staatlichen Subventionen und damit des besonderen staatlichen Regelungsanspruchs geraten.

Diesem Anspruch widersetzen sich die Stiftungen mit dem größten Erfolg. Ihre Vermögensausstattung gewährt ihnen nicht nur eine relativ finanzielle Unabhängigkeit, um ihre Ziele frei von äußeren Einflüssen verwirklichen zu können. Sie gibt ihnen auch eine innere Unabhängigkeit, die sie befähigt, eigenen Einsichten zu folgen, Risiken auf sich zu nehmen, Alternativen auszuprobieren und die gesellschaftliche Entwicklung durch eigenständiges modellhaftes Handeln zu beeinflussen.

Reinhard Mohn hat die Stiftungen als Motor der Innovation bezeichnet. Er wies damit den Stiftungen innerhalb des gemeinnützigen Sektors die Rolle des selbständig denkenden und handelnden Einzelunternehmers zu, des Unternehmers also, der auf eigenes Risiko Ideen in die Tat umsetzt, Niederlagen in Kauf nimmt, aber letztlich erfolgreich bleibt.

Für die Entwicklung einer freien Gesellschaft ist dieses Element der staatsfernen Initiative unverzichtbar. Nur durch einen ständigen Prozeß der Auseinandersetzung mit neuem Gedankengut entstehen neue brauchbare Handlungsmodelle. Daher kommt den Stiftungen in der Tat eine besonders verantwortungsvolle und wichtige Aufgabe in der Gesellschaft zu.

Damit ist freilich noch nicht gesagt, daß alle Stiftungen diesen Anspruch tatsächlich auch verwirklichen. Vor allem ältere Stiftungen neigen dazu, konservativ zu agieren und das Risiko zu scheuen. Dies ist, was die Vermögensverwaltung angeht, ohne Zweifel im Grundsatz richtig, denn keine Stiftung darf durch Spekulation ihr Vermögen aufs Spiel setzen. Viele Stiftungen sind auch von der Natur ihrer Zweckbestimmung her nicht für das Vorleben von Innovation prädestiniert. Aber dies allein ist nicht der Grund, warum viele Stiftungen hinter dem Idealbild einer den gesellschaftlichen Prozeß bereichernden Institution zurückbleiben.

In unserer Gesellschaft hat sich über weite Strecken ein Konformismus entwickelt, von dem insbesondere auch die gemeinnützigen Organisationen betroffen sind. 40 Jahre vom Frieden begünstigte Aufbauzeit, 40 Jahre Wohlstand haben dazu geführt, daß das Innovationsbedürfnis abgenommen hat. Eine Folge dieser Entwicklung ist auch, daß viele gemeinnützige Organisationen und gerade auch Stiftungen sich zunehmend an den Staat anlehnen und kaum mehr sind als Erfüllungsgehilfen staatlichen Denkens und Handelns. Diese Tendenz geht zweifellos zu Lasten der gesellschaftspolitischen Wirksamkeit der Stiftungen. Hinzu kommt, daß eine Reihe von Stiftungen, die ganz oder teilweise mit öffentlichen Mitteln ausgestattet wurden oder die aus anderen Gründen den Kontroll- und Prüfungsmechanismen der öffentlichen Hand unterliegen, einen Stil vorleben, der dem prinzipiell alternativen Charakter der Stiftungstätigkeit nicht entspricht. Antragsformulare, Bewilligungsbescheide, kameralistische Buchführungssysteme, Prüfungen durch die Rechnungshöfe haben sich in der Welt der Stiftungen breitgemacht, in der eigentlich flexibles, schnelles Handeln, modernstes Management und betriebswirtschaftliches Controlling herrschen sollten.

Die gegenwärtige fundamentale Krise staatlichen Handelns, einschließlich der Krise der Staatsfinanzen, gibt den Stiftern und Stiftungen eine historisch einmalige Chance, sich aus dieser allzu großen Nähe zu staatlichem Handeln zu befreien und wieder eine eigenständige Position einzunehmen. Wesentlich unterstützt wird diese Chance auch durch die Tatsache, daß in diesen und in den kommenden Jahren eine überdurchschnittlich hohe Zahl von Stiftungsneuerrichtungen zu erwarten ist, da die Vermögenssituation der Bürger in den letzten 40 Jahren sehr viel besser geworden ist, als sie es in der deutschen Geschichte je war. Natürlich werden Stiftungen quantitativ auch in ihrer Gesamtheit in Relation zur öffentlichen Hand unvergleichlich weniger leisten können. Qualitativ aber haben sie die Chance, jetzt verstärkt wieder den gesellschaftspolitischen Beitrag zu leisten, für den sie als Instrument geschaffen wurden. Der Wille eines einzelnen Stifters oder einer kleinen Gruppe, eines Unternehmens oder sogar eines Vereins, ein Vermögen auf Dauer abzugeben und aus dem Ertrag langfristig die Verwirklichung eines der Allgemeinheit dienenden Zwecks zu betreiben, ist qualitativ eine starke Kraft. Daß Bürger aus freien Stücken ihr Vermögen zur Verfügung gestellt haben, ist in sich bereits ein gesellschaftspolitisches Signal. Das Signal heißt: Öffentlich wirksames Handeln ist nicht Monopol des Staates, sondern steht jedem Bürger nach seinen spezifischen Möglichkeiten offen. Es heißt weiter: Jeder Vermögensinhaber und jeder, der in seinem Beruf wirtschaftlich erfolgreich gewesen ist, ist aufgerufen, darüber nachzudenken, ob und inwieweit er materielle und persönliche Ressourcen für die Allgemeinheit zur Verfügung stellen sollte.

Es heißt außerdem: Der Staat muß sich überlegen, ob es wirklich notwendig ist, höheres Einkommen und Vermögen so weitgehend als möglich über Steuern für die Allgemeinheit abzuschöpfen und damit die staatliche Verwaltung zum absoluten Monopolisten der Verteilung von Mitteln für öffentliche Aufgaben zu machen, oder ob es nicht wirksamer, zweckmäßiger und einer freien Gesellschaft angemessener ist, die Bildung freier und unabhängiger Initiativen zu begünstigen und zu fördern. Es heißt schließlich: Die Wirksamkeit des Handelns für die Allgemeinheit ist nicht notwendigerweise von der Quantität der eingesetzten Mittel und auch nicht vom Vorhandensein eines großen oder übergroßen Apparates abhängig. Im Gegenteil: Kleine autonome, gut geführte Organisationen können ein erheblich günstigeres Verhältnis zwischen Leistung und Kosten erzielen.

Neben diesen für alle Stiftungen bzw. das Stiftungswesen insgesamt typischen gesellschaftspolitischen Aussagen formulieren natürlich einzelne Stiftungen wichtige Aussagen, die sich auf den jeweiligen Stiftungszweck beziehen. Die Förderung der Bertelsmann-Stiftung und der Schweisfurth-Stiftung für die private Universität Witten-Herdecke ist zweifellos ein wichtiges Instrument dafür gewesen, daß sich die Idee einer staatsunabhängigen Universität in der Praxis bewähren und damit als gültiges Modell vorstellen konnte. Die Bergedorfer Gespräche der Körber-Stiftung haben in den frühen 70er Jahren, also noch lange vor der Unterzeichnung der Schlußakte von Helsinki, des vielleicht ersten Vorboten für das Ende des kalten Krieges, Menschen aus West-, Mittel- und Osteuropa zu Gesprächen zusammengeführt. Die Stiftung hat unter Beweis gestellt, daß es mit entsprechender Energie gelingen kann, Menschen aus unterschiedlichen Gesellschaftsordnungen auch gegen massive Widerstände zu konstruktivem Gedankenaustausch zusammenzuführen. Damals sind Bekanntschaften und sogar Freundschaften entstanden, die viele Jahre später wesentliche Impulse für die gesellschaftliche Entwicklung geben konnten.

Überfleißige Politiker und deren beamtete Helfer haben immer wieder versucht, Stiftungen für kurzfristige politische Ziele zu instrumentalisieren. Es ist nie wirklich gelungen. Die Stiftung muß nach ihrer eigenen Satzung handeln und ist für politische Effekte nicht zu haben. Sie steht daher auch für die wichtige Aussage, daß es Felder in der Gesellschaft gibt, die der Stetigkeit und Kontinuität bedürfen und sich für eine Vermarktung im (partei-)politischen Tagesgeschäft nicht eignen.

Es ist zu wünschen, daß die Stiftungen sich verstärkt ihrer gesellschaftspolitischen Relevanz und ihrer Stärke wieder bewußt werden und ihre Möglichkeiten zu gesellschaftspolitischen Aussagen voll ausschöpfen. Die Öffentlichkeit hat an solchen Aussagen, die spontan sachorientiert, aber auch auf einem soliden Erfahrungshintergrund getroffen werden, Bedarf.

Anhang

Anhang 1: Auszug aus dem Bürgerlichen Gesetzbuch

II. Stiftungen

§ 80. [Entstehung einer rechtsfähigen Stiftung] Zur Entstehung einer rechtsfähigen Stiftung ist außer dem Stiftungsgeschäfte die Genehmigung des *Bundesstaats* erforderlich, in dessen Gebiete die Stiftung ihren Sitz haben soll. Soll die Stiftung ihren Sitz nicht in einem *Bundesstaate* haben, so ist die Genehmigung des *Bundesrats* erforderlich. Als Sitz der Stiftung gilt, wenn nicht ein anderes bestimmt ist, der Ort, an welchem die Verwaltung geführt wird.

§ 81. [Stiftungsgeschäft unter Lebenden; Form; Widerruf] (1) Das Stiftungsgeschäft unter Lebenden bedarf der schriftlichen Form.

(2) Bis zur Erteilung der Genehmigung ist der Stifter zum Widerrufe berechtigt. Ist die Genehmigung bei der zuständigen Behörde nachgesucht, so kann der Widerruf nur dieser gegenüber erklärt werden. Der Erbe des Stifters ist zum Widerrufe nicht berechtigt, wenn der Stifter das Gesuch bei der zuständigen Behörde eingereicht oder im Falle der notariellen Beurkundung des Stiftungsgeschäfts den Notar bei oder nach der Beurkundung mit der Einreichung betraut hat.

§ 82. [Übergang des Stiftungsvermögens] Wird die Stiftung genehmigt, so ist der Stifter verpflichtet, das in dem Stiftungsgeschäfte zugesicherte Vermögen auf die Stiftung zu übertragen. Rechte, zu deren Übertragung der Abtretungsvertrag genügt, gehen mit der Genehmigung auf die Stiftung über, sofern nicht aus dem Stiftungsgeschäfte sich ein anderer Wille des Stifters ergibt.

§ 83. [Stiftung von Todes wegen] Besteht das Stiftungsgeschäft in einer Verfügung von Todes wegen, so hat das Nachlaßgericht die Genehmigung einzuholen, sofern sie nicht von dem Erben oder dem Testamentsvollstrecker nachgesucht wird.

§ 84. [Genehmigung nach Tod des Stifters] Wird die Stiftung erst nach dem Tode des Stifters genehmigt, so gilt sie für die Zuwendungen des Stifters als schon vor dessen Tode entstanden.

§ 85. [Verfassung] Die Verfassung einer Stiftung wird, soweit sie nicht auf *Reichs-* oder Landesgesetz beruht, durch das Stiftungsgeschäft bestimmt.

§ 86. [Anwendung des Vereinsrechts] Die Vorschriften des § 26, des § 27 Abs. 3 und der §§ 28 bis 31, 42 finden auf Stiftungen entsprechende Anwendung, die Vorschriften des § 27 Abs. 3 und des § 28 Abs. 1 jedoch nur insoweit, als sich nicht aus der Verfassung, insbesondere daraus, daß die Verwaltung der Stiftung von einer öffentlichen Behörde geführt wird, ein anderes ergibt. Die Vorschriften des § 28 Abs. 2 und des § 29 finden auf Stiftungen, deren Verwaltung von einer öffentlichen Behörde geführt wird, keine Anwendung.

§ 87. [Zweckänderung; Aufhebung] (1) Ist die Erfüllung des Stiftungszwecks unmöglich geworden oder gefährdet sie das Gemeinwohl, so kann die zuständige Behörde der Stiftung eine andere Zweckbestimmung geben oder sie aufheben.

(2) Bei der Umwandlung des Zweckes ist die Absicht des Stifters tunlichst zu berücksichtigen, insbesondere dafür Sorge zu tragen, daß die Erträge des Stiftungsvermögens dem Personenkreise, dem sie zustatten kommen sollten, im Sinne des Stifters tunlichst erhalten bleiben.

Die Behörde kann die Verfassung der Stiftung ändern, soweit die Umwandlung des Zweckes es erfordert.

(3) Vor der Umwandlung des Zweckes und der Änderung der Verfassung soll der Vorstand der Stiftung gehört werden.

§ 88. [Vermögensanfall] Mit dem Erlöschen der Stiftung fällt das Vermögen an die in der Verfassung bestimmten Personen. Die Vorschriften der §§ 46 bis 53 finden entsprechende Anwendung.

Anhang 2: Beispiel eines Landesstiftungsgesetzes: das in Brandenburg, Sachsen, Sachsen-Anhalt und Thüringen gültige Stiftungsgesetz

1483

GESETZBLATT

der Deutschen Demokratischen Republik

1990	Berlin, den 19. September 1990	Teil I Nr. 61

Gesetz
über die Bildung und Tätigkeit von Stiftungen
– Stiftungsgesetz –

vom 13. September 1990

I.
Allgemeine Bestimmungen

§ 1
Geltungsbereich

(1) Dieses Gesetz gilt für die rechtsfähigen Stiftungen des Privatrechts und des öffentlichen Rechts, einschließlich kirchlicher Stiftungen, die in der Deutschen Demokratischen Republik bzw. in den Ländern Brandenburg, Mecklenburg-Vorpommern, Sachsen, Sachsen/Anhalt, Thüringen und der ihnen gleichgestellten Stadt Berlin ihren Sitz haben.

(2) Dieses Gesetz gilt in den in Absatz 1 aufgeführten Ländern sowie der ihnen gleichgestellten Stadt Berlin solange, bis dort ein anderes Stiftungsgesetz zur Geltung gelangt.

§ 2
Auslegungsgrundsatz

Bei der Anwendung dieses Gesetzes ist in erster Linie der Wille des Stifters zu berücksichtigen.

§ 3
Stiftungsbehörde

(1) Die Landesregierung legt die nach diesem Gesetz zuständigen Stiftungsbehörden fest.

(2) Örtlich zuständig ist die Stiftungsbehörde, in deren Bereich die Stiftung ihren Sitz hat oder haben wird. Als Sitz der Stiftung gilt, wenn nichts anderes bestimmt ist, der Ort, an dem die Verwaltung geführt wird.

II.
Stiftungen des Privatrechts

§ 4
Stiftungserfordernisse

Zur Entstehung einer rechtsfähigen Stiftung des Privatrechts bedarf es außer eines Stiftungsgeschäfts der Genehmigung durch die Stiftungsbehörde.

Stiftungsgeschäft

§ 5

(1) Das Stiftungsgeschäft unter Lebenden bedarf der schriftlichen Form.

(2) Bis zur Erteilung der Genehmigung ist der Stifter zum Widerruf berechtigt. Ist die Genehmigung bei der zuständigen Behörde nachgesucht, so kann der Widerruf nur dieser gegenüber erklärt werden. Der Erbe des Stifters ist zum Widerrufe nicht berechtigt, wenn der Stifter das Gesuch bei der zuständigen Behörde eingereicht oder im Falle der gerichtlichen oder notariellen Beurkundung des Stiftungsgeschäfts das Gericht oder den Notar bei oder nach der Beurkundung mit der Einreichung betraut hat.

§ 6

Wird die Stiftung genehmigt, so ist der Stifter verpflichtet, das in dem Stiftungsgeschäft zugesicherte Vermögen auf die Stiftung zu übertragen. Rechte, zu deren Übertragung der Abtretungsvertrag genügt, gehen mit der Genehmigung auf die Stiftung über, sofern nicht aus dem Stiftungsgeschäft sich ein anderer Wille des Stifters ergibt.

§ 7

Besteht das Stiftungsgeschäft in einer Verfügung von Todes wegen, so hat das Nachlaßgericht die Genehmigung einzuholen, sofern sie nicht von dem Erben oder dem Testamentsvollstrecker nachgesucht wird.

§ 8

Wird die Stiftung erst nach dem Tode des Stifters genehmigt, so gilt sie für die Zuwendungen des Stifters als schon vor dessen Tode entstanden.

§ 9

Satzung

Die Satzung einer Stiftung wird, soweit sie nicht auf den Bestimmungen dieses Gesetzes beruht, durch das Stiftungsgeschäft bestimmt.

§ 10

Inhalt der Satzung

(1) Die Satzung einer Stiftung muß Bestimmungen enthalten über den Namen, den Sitz, den Zweck, das Vermögen und die Organe der Stiftung.

(2) Die Satzung soll ferner Regelungen enthalten über die Anzahl der Mitglieder der Stiftungsorgane, ihre Bestellung, Amtsdauer und Abberufung, ihren Geschäftsbereich und ihre Vertretungsvollmacht sowie die Einberufung, Beschlußfähigkeit und Beschlußfassung der Stiftungsorgane, die Rechtsstellung der durch die Stiftung Begünstigten, die Änderung der Stiftungssatzung oder die Aufhebung der Stiftung und den Vermögensanfall nach dem Erlöschen der Stiftung.

(3) Fehlen Satzungsbestimmungen, kann die Stiftungsbehörde den Stifter oder Antragsteller zu einer entsprechenden Ergänzung der Satzung auffordern. Ist der Stifter dazu nicht mehr in der Lage, kann die Stiftungsbehörde die Satzung bei der Genehmigung der Stiftung ergänzen; das gilt nicht für Bestimmungen über Zweck und Vermögen der Stiftung.

§ 11

Vorstand

(1) Die Stiftung muß einen Vorstand haben. Der Vorstand kann aus mehreren Personen bestehen.

(2) Der Vorstand vertritt die Stiftung gerichtlich und außergerichtlich; er hat die Stellung eines gesetzlichen Vertreters. Der Umfang seiner Vertretungsmacht kann durch die Satzung mit Wirkung gegen Dritte beschränkt werden.

(3) Für die Geschäftsführung des Vorstandes gelten die Bestimmungen des Vereinsrechts entsprechend.

§ 12

Haftung

(1) Verletzen Mitglieder des Vorstandes oder eines anderen Organs der Stiftung schuldhaft ihre Obliegenheiten, so sind sie der Stiftung zum Ersatz des daraus entstehenden Schadens als Gesamtschuldner verpflichtet.

(2) Mitglieder von Organen der Stiftung, die ohne Entgelt tätig sind, haften nur bei vorsätzlicher oder grob fahrlässiger Verletzung ihrer Pflichten.

§ 13

Stiftungsvermögen

(1) In eine Stiftung können alle Arten von Vermögenswerten und Gegenstände eingebracht werden. Insbesondere können finanzielle Mittel, Rechte an beweglichen und unbeweglichen Sachen, Forderungen, Kunstwerke und Beteiligungen an Wirtschaftsunternehmen Stiftungseigentum darstellen.

(2) Die Erträgnisse der Stiftungen können sich aus den Anlagen des Stiftungsvermögens, daneben aus Spenden, Zuwendungen sowie aus Leistungsentgelten ergeben.

§ 14

Vermögensverwaltung

(1) Die Stiftung ist nach den Gesetzen, dem Stiftungsgeschäft und der Stiftungssatzung sparsam und wirtschaftlich zu verwalten. Die Verwaltung dient der dauernden und nachhaltigen Erfüllung des Stiftungszwecks.

(2) Das Stiftungsvermögen ist in seinem Bestand zu erhalten; es sei denn, daß die Satzung eine Ausnahme zuläßt und der Stiftungszweck nicht anders zu verwirklichen ist. Das Stiftungsvermögen ist von anderem Vermögen getrennt zu halten.

(3) Bei der Verwaltung von Stiftungen sind die Regeln ordentlicher Wirtschaftsführung einzuhalten.

III.

Genehmigung und Stiftungsaufsicht

§ 15

Genehmigung

(1) Die Genehmigung einer Stiftung wird durch die Stiftungsbehörde erteilt.

(2) Die Genehmigung darf nicht unter Auflagen oder Bedingungen erteilt werden.

(3) Eine Ausfertigung der Stiftungsurkunde, der Satzung und Genehmigung sind bei der Stiftungsbehörde zu hinterlegen.

§ 16

Versagung der Genehmigung

(1) Die Genehmigung ist zu versagen:

a) wenn die Stiftung das Gemeinwohl gefährden würde;

b) wenn die dauernde und nachhaltige Erfüllung des Stiftungszweckes insbesondere wegen unzureichender Mittel nicht gewährleistet ist und auch weitere ausreichende Zuwendungen nicht mit Sicherheit zu erwarten sind.

(2) Die Genehmigung kann versagt werden, wenn das Stiftungsgeschäft oder die Satzung keine ausreichenden Bestimmungen über Zweck und Vermögen der Stiftung enthält.

§ 17

Bekanntgabe der Entscheidung und Widerruf

(1) Die Entscheidung ist dem Antragsteller schriftlich mitzuteilen. Die Versagung der Genehmigung ist zu begründen. Die Genehmigung, der Zeitpunkt der Entstehung der Stiftung und der Stiftungszweck sind in das Stiftungsverzeichnis einzutragen.

(2) Die Genehmigung ist zu widerrufen, wenn das Stiftungsgeschäft unwirksam ist oder mit Erfolg angefochten wird. Der Widerruf ist dem Antragsteller schriftlich mitzuteilen und öffentlich bekanntzumachen.

§ 18

Rechtsaufsicht

Die Stiftungen stehen unter der Rechtsaufsicht des Landes, in dem sie ihren Sitz haben. Sie beschränkt sich darauf, zu überwachen, daß die Organe der Stiftung die Gesetze, das Stiftungsgeschäft und die Stiftungssatzung beachten.

§ 19

Tätigkeit der Stiftungsbehörde

(1) Die Stiftungsbehörde ist befugt, sich über alle Angelegenheiten der Stiftung zu unterrichten. Sie kann insbesondere Anstalten und Einrichtungen der Stiftung besichtigen, die Geschäfts- und Kassenführung prüfen oder auf Kosten der Stiftung prüfen lassen und Berichte und Akten anfordern.

(2) Die Stiftungsbehörde kann Maßnahmen der Stiftungsorgane, die den Gesetzen, dem Stiftungsgeschäft oder der Stiftungssatzung widersprechen, beanstanden und verlangen, daß sie innerhalb einer bestimmten Frist aufgehoben oder rückgängig gemacht werden. Unterlassen die Stiftungsorgane vorgesehene Maßnahmen, so kann die Stiftungsbehörde für die Durchsetzung der Maßnahmen eine Frist setzen und nach deren erfolglosen Ablauf selbst die erforderlichen Maßnahmen durchführen oder durchführen lassen.

(3) Hat ein Mitglied des Stiftungsorgans sich einer groben Pflichtverletzung schuldig gemacht oder ist es zu einer ordnungsgemäßen Geschäftsführung unfähig, so kann die Stiftungsbehörde die Abberufung eines Mitglieds und die Berufung eines anderen verlangen. Sie kann dem Mitglied die Geschäftsführung einstweilen untersagen.

(4) Ist die Stiftung zur Abberufung des Mitglieds nicht in der Lage oder kommt sie innerhalb einer bestimmten Frist dem Verlangen der Stiftungsbehörde nach Absatz 3 Satz 1 nicht nach, so kann die Stiftungsbehörde das Mitglied abberufen und ein anderes an seiner Stelle berufen.

§ 20

Stiftungsverzeichnis

(1) Bei der Stiftungsbehörde ist ein Verzeichnis der in ihrem Zuständigkeitsbereich bestehenden und neu entstehenden Stiftungen (Stiftungsverzeichnis) zu führen. In das Stiftungsverzeichnis sind Name, Sitz, Zweck, Vertretungsberechtigung und Zusammensetzung der Organe der Stiftung und der Tag der Erteilung der Genehmigung einzutragen; die Satzung ist zur Eintragung beizufügen. Änderungen der Satzung sowie die Auflösung der Stiftung sind einzutragen.

(2) Sämtliche Stiftungen sind verpflichtet, dem Stiftungsverzeichnis gegenüber die erforderlichen Angaben und Änderungen von erheblichen Tatsachen innerhalb einer Frist von 1 Monat nach Eintritt der Wirksamkeit der Änderung mitzuteilen.

(3) Eintragungen im Stiftungsverzeichnis begründen nicht die Vermutung ihrer Richtigkeit. Die Einsicht in das Stiftungsverzeichnis ist jedem gestattet, der ein berechtigtes Interesse geltend macht.

(4) Entstehung und Aufhebung einer Stiftung sowie der Stifter und der Stiftungszweck sind öffentlich bekannt zu machen.

IV.

Satzungsänderung und Beendigung der Stiftungen

§ 21

Satzungsänderung

(1) Wenn die Satzung dies vorsieht oder wenn sich die Verhältnisse seit der Errichtung der Stiftung wesentlich geändert haben, kann die Satzung geändert oder die Stiftung mit einer anderen Stiftung zusammengelegt werden.

(2) Zu Lebzeiten des Stifters ist dessen Zustimmung erforderlich. In Rechte derer, die durch die Stiftung begünstigt sind, darf nicht eingegriffen werden.

(3) Maßnahmen nach Absatz 1 werden von den zur Verwaltung der Stiftung berufenen Organen getroffen. Die Maßnahmen bedürfen der Genehmigung der Stiftungsbehörde.

(4) Eine Sitzverlegung in das oder aus dem Land bedarf auch dann der Genehmigung durch die Stiftungsbehörde, wenn die Sitzverlegung nach dem Recht des bisherigen oder des zukünftigen Sitzes von der dort zuständigen Behörde zu genehmigen ist.

(5) Mit der Genehmigung der Zusammenlegung wird die neue Stiftung rechtsfähig.

§ 22

Zweckänderung und Aufhebung

(1) Ist die Erfüllung des Stiftungszweckes unmöglich geworden oder gefährdet sie das Gemeinwohl, so kann die Stiftungsbehörde der Stiftung eine andere Zweckbestimmung geben oder sie aufheben.

(2) Bei der Umwandlung des Zweckes ist die Absicht des Stifters zu berücksichtigen, insbesondere dafür Sorge zu tragen, daß die Erträge des Stiftungsvermögens dem Personenkreis, dem sie zustatten kommen sollten, im Sinne des Stifters tunlichst erhalten bleiben. Die Behörde kann die Satzung der Stiftung ändern, soweit die Umwandlung des Zweckes es erfordert.

(3) Vor der Umwandlung des Zweckes und der Änderung der Satzung soll der Vorstand der Stiftung gehört werden.

(4) Die Aufhebung der Stiftung durch den Vorstand bedarf der Genehmigung der Stiftungsbehörde.

§ 23

Vermögensanfall

(1) Ist für den Fall des Erlöschens einer Stiftung in der Satzung weder ein Anfallberechtigter bestimmt noch einem

Stiftungsorgan die Bestimmung des Anfallberechtigten übertragen, so fällt das Vermögen

1. einer kommunalen Stiftung an die kommunale Körperschaft,
2. einer kirchlichen Stiftung an die aufsichtsführende Kirche,
3. aller anderen Stiftungen an das Land.

(2) Die Anfallberechtigten haben das Vermögen tunlichst in einer den Zwecken der Stiftung entsprechenden Weise zu verwenden.

(3) Fällt das Vermögen nicht an ein staatliches Organ, findet eine Liquidation in entsprechender Anwendung der Bestimmungen über das Vereinsrecht statt.

V.
Stiftungen öffentlichen Rechts

§ 24

(1) Stiftungen des öffentlichen Rechts sind Stiftungen, die ausschließlich öffentliche Zwecke verfolgen und mit dem Land ihres Sitzes oder einer anderen öffentlich-rechtlichen Gebiets-Körperschaft oder einer sonstigen Körperschaft oder Anstalt des öffentlichen Rechts in einem organischen Zusammenhang stehen.

(2) Eine Stiftung des öffentlichen Rechts entsteht durch den Stiftungsakt eines Trägers hoheitlicher Gewalt oder durch Rechtsvorschrift. Ihre Bildung ist der Stiftungsbehörde zur Eintragung in das Stiftungsverzeichnis mitzuteilen.

VI.
Kommunale Stiftungen

§ 25

(1) Kommunale Stiftungen sind solche, deren Zweck im Rahmen der jeweiligen kommunalen Aufgaben liegt und nicht wesentlich über den räumlichen Bereich der Gebietskörperschaft hinauswirkt.

(2) Die Vertretung und Verwaltung der kommunalen Stiftungen obliegt, soweit nicht durch Satzung anderes bestimmt ist, den für die Vertretung und Verwaltung der Kommunen zuständigen Organen.

(3) Die Stiftungsaufsicht wird durch die kommunale Aufsichtsbehörde wahrgenommen, soweit durch die Landesregierung nichts anderes bestimmt wird.

VII.
Kirchliche Stiftungen

§ 26

(1) Kirchliche Stiftungen im Sinne dieses Gesetzes sind Stiftungen, die ausschließlich oder überwiegend dazu bestimmt sind, kirchliche Aufgaben zu erfüllen und von einer Kirche errichtet oder organisatorisch mit einer Kirche verbunden oder in der Stiftungssatzung der kirchlichen Aufsicht unterstellt oder deren Zwecke nur sinnvoll in Verbindung mit einer Kirche zu erfüllen sind.

(2) Die Bestimmungen über kirchliche Stiftungen gelten entsprechend für Stiftungen der jüdischen Religionsgemeinschaft und anderer Religionsgemeinschaften, die Körperschaften des öffentlichen Rechts sind.

§ 27

(1) Eine kirchliche Stiftung ist auf Antrag der zuständigen Kirchenbehörde zu genehmigen, wenn die Verwirklichung des Stiftungszwecks aus dem Ertrag des Stiftungsvermögens gesichert erscheint oder von der Kirche gewährleistet wird.

(2) Eine Stiftung darf nicht ohne Zustimmung der zuständigen Kirchenbehörde als kirchliche Stiftung genehmigt werden. Das gleiche gilt für die Aufhebung oder Umwandlung einer kirchlichen Stiftung.

(3) Kirchliche Stiftungen unterliegen nicht der Staatsaufsicht, wenn sie kirchlichen Vorschriften entsprechend von der zuständigen Kirchenbehörde beaufsichtigt werden. Der Erlaß allgemeiner Vorschriften über Namen, Sitz, Zweck, Vertretung, Verwaltung und Beaufsichtigung kirchlicher Stiftungen ist Aufgabe der Kirche.

VIII.
Nichtrechtsfähige Stiftungen

§ 28

(1) Eine nichtrechtsfähige Stiftung ist eine Vermögensmasse, die einem bestimmten Zweck gewidmet ist aber keine Rechtsperson darstellt, sondern nach dem Willen des Stifters auf eine juristische Person des Privatrechts oder öffentlichen Rechts zur treuhänderischen Verwaltung übertragen worden ist. Ihre gesetzliche Vertretung erfolgt durch die juristische Person, der die Stiftung zugeordnet ist. Diese hat Stifter und Stiftungszweck der Stiftungsbehörde mitzuteilen.

(2) Im übrigen gelten die Bestimmungen über die privatrechtliche Stiftung entsprechend.

IX.
Übergangs- und Schlußbestimmungen

§ 29

Die bei Inkrafttreten dieses Gesetzes bestehenden Stiftungen bestehen fort. Für ihre künftigen Rechtsverhältnisse sind die Vorschriften dieses Gesetzes anzuwenden.

§ 30

(1) Bestehende Stiftungen haben der zuständigen Stiftungsbehörde innerhalb eines Jahres nach Inkrafttreten dieses Gesetzes Name, Sitz, Zweck, Vertretungsberechtigung und Zusammensetzung der Organe und, soweit möglich, den Tag der Erteilung der Genehmigung und die erteilende Stelle mitzuteilen sowie ihre Satzung vorzulegen.

(2) Stiftungen, die keine Satzung oder eine den zwingenden Vorschriften dieses Gesetzes nicht entsprechende Satzung haben, sind verpflichtet, der zuständigen Stiftungsbehörde innerhalb der in Absatz 1 genannten Frist eine Satzung vorzulegen, die mit den zwingenden Vorschriften dieses Gesetzes übereinstimmt. Zuständig sind hierfür die in der Satzung oder dem Stiftungsgeschäft für den Erlaß oder die Änderung der Satzung bestimmten Organe. Fehlt eine solche Bestimmung, ist das oberste Beschlußorgan der Stiftung zuständig. Die Satzung bedarf der Genehmigung der Stiftungsbehörde. Die Genehmigung gilt als erteilt, wenn die Stiftungsbehörde die Satzung nicht innerhalb von sechs Monaten, nachdem ihr die Satzung vorgelegt wurde, beanstandet.

§ 31

Bestehen Zweifel über die Rechtsnatur einer Stiftung, die für sie geltende Satzung oder die Stiftungsverwaltung, so entscheidet darüber die Stiftungsbehörde. Sie kann der Stiftung eine andere Zweckbestimmung geben oder die Stiftung auflösen. Bei der Umwandlung des Stiftungszwecks ist die Absicht des Stifters tunlichst zu berücksichtigen; die Stiftungsbehörde kann in diesem Fall, soweit erforderlich, die Satzung der Stiftung ändern. Der Vorstand der Stiftung soll gehört werden.

§ 32

(1) Dieses Gesetz tritt am 24. September 1990 in Kraft.

(2) § 9 des Einführungsgesetzes zum Zivilgesetzbuch vom 19. Juni 1975 (GBl. I Nr. 27 S. 517) wird aufgehoben.

Das vorstehende, von der Volkskammer der Deutschen Demokratischen Republik am dreizehnten September neunzehnhundertneunzig beschlossene Gesetz wird hiermit verkündet.

Berlin, den dreizehnten September neunzehnhundertneunzig

Die Präsidentin der Volkskammer
der Deutschen Demokratischen Republik
Bergmann-Pohl

Anhang 3: Auszug aus der Abgabenordnung

»Steuerbegünstigte Zwecke

§ 51 Allgemeines

Gewährt das Gesetz eine Steuervergünstigung, weil eine Körperschaft ausschließlich und unmittelbar gemeinnützige, mildtätige oder kirchliche Zwecke (steuerbegünstigte Zwecke) verfolgt, so gelten die folgenden Vorschriften. Unter Körperschaften sind die Körperschaften, Personenvereinigungen und Vermögensmassen im Sinne des Körperschaftssteuergesetzes zu verstehen.

§ 52 Gemeinnützige Zwecke

(1) Eine Körperschaft verfolgt gemeinnützige Zwecke, wenn ihre Tätigkeit darauf gerichtet ist, die Allgemeinheit auf materiellem, geistigem oder sittlichem Gebiet selbstlos zu fördern. Eine Förderung der Allgemeinheit ist nicht gegeben, wenn der Kreis der Personen, dem die Förderung zugute kommt, fest abgeschlossen ist, z.B. Zugehörigkeit zu einer Familie oder zur Belegschaft eines Unternehmens, oder infolge seiner Abgrenzung, insbesondere nach räumlichen oder beruflichen Merkmalen, dauernd nur klein sein kann. Eine Förderung der Allgemeinheit liegt nicht allein deswegen vor, weil eine Körperschaft ihre Mittel einer Körperschaft des öffentlichen Rechts zuführt.

(2) Unter den Voraussetzungen des (1) sind als Förderung der Allgemeinheit anzuerkennen insbesondere:

1. Die Förderung von Wissenschaft und Forschung, Bildung und Erziehung, Kunst und Kultur, der Religion, der Völkerverständigung, der Entwicklungshilfe, des Umwelt-, Landschaft- und Denkmalschutzes, des Heimatgedankens.
2. Die Förderung der Jugendhilfe, der Altenhilfe, des öffentlichen Gesundheitswesens, des Wohlfahrtswesens und des Sports. Schach gilt als Sport.

§ 53 Mildtätige Zwecke

Eine Körperschaft verfolgt mildtätige Zwecke, wenn ihre Tätigkeit darauf gerichtet ist, Personen selbstlos zu unterstützen,

1. die in Folge ihres körperlichen, geistigen oder seelischen Zustandes auf die Hilfe anderer angewiesen sind oder
2. deren Bezüge nicht höher sind als das 4fache des Regelsatzes der Sozialhilfe im Sinne des § 22 des Bundessozialhilfegesetzes; beim Alleinstehenden oder Haushaltsvorstand tritt an die Stelle des 4fachen das 5fache des Regelsatzes. Dies gilt nicht für Personen, deren Vermögen zur nachhaltigen Verbesserung ihres Unterhalts ausreicht und denen zugemutet werden kann, es dafür zu verwenden. Bei Personen, deren wirtschaftliche Lage aus besonderen Gründen zu einer Notlage geworden ist, dürfen die Bezüge oder das Vermögen die genannten Grenzen übersteigen, Bezüge im Sinne dieser Vorschrift sind

a) Einkünfte im Sinne des § 2 1 EStG und
b) andere zur Bestreitung des Unterhalts bestimmte oder geeignete Bezüge, die der Alleinstehende oder der Haushaltsvorstand und die sonstigen Haushaltsangehörigen haben. Zu den Bezügen zählen nicht Leistungen der Sozialhilfe und bis zur Höhe der Leistungen der Sozialhilfe Unterhaltsleistungen an Personen, die ohne die Unterhaltsleistungen sozialhilfeberechtigt werden. Unterhaltsansprüche sind zu berücksichtigen.

§ 54 Kirchliche Zwecke

(1) Eine Körperschaft verfolgt kirchliche Zwecke, wenn ihre Tätigkeit darauf gerichtet ist, eine Religionsgemeinschaft, die Körperschaft des öffentlichen Rechts ist, selbstlos zu fördern.
(2) Zu diesen Zwecken gehören insbesondere die Errichtung, Ausschmückung und Unterhaltung von Gotteshäusern und kirchlichen Gemeindehäusern, die Abhaltung von Gottesdiensten, die Ausbildung von Geistlichen, die Erteilung von Religionsunterricht, die Beerdigung und die Pflege des Andenkens der Toten, ferner die Verwaltung des Kirchenvermögens, die Besoldung der geistlichen Kirchenbeamten und Kirchendiener, die Alters- und Behindertenversorgung für diese Personen und die Versorgung ihrer Witwen und Waisen.

§ 55 Selbstlosigkeit

(1) Eine Förderung oder Unterstützung geschieht selbstlos, wenn dadurch nicht in erster Linie eigenwirtschaftliche Zwecke, z.B. gewerbliche Zwecke oder sonstige Erwerbszwecke, verfolgt werden und wenn die folgenden Voraussetzungen gegeben sind:
1. Mittel der Körperschaft dürfen nur für die satzungsmäßigen Zwecke verwendet werden . . .
2. . .
3. Die Körperschaft darf keine Person durch Ausgaben, die dem Zweck der Körperschaft fremd sind, oder durch unverhältnismäßig hohe Vergütungen begünstigen.
4. Bei Auflösung oder Aufhebung der Körperschaft oder bei Wegfall ihres bisherigen Zwecks darf das Vermögen der Körperschaft . . . nur für steuerbegünstigte Zwecke verwendet werden (Grundsatz der Vermögensbindung). Diese Voraussetzung ist auch erfüllt, wenn das Vermögen einer anderen steuerbegünstigten Körperschaft oder einer Körperschaft des öffentlichen Rechts für steuerbegünstigte Zwecke übertragen werden soll.
(2) . . .
(3) . . .

§ 56 Ausschließlichkeit

Ausschließlichkeit liegt vor, wenn eine Körperschaft nur ihre steuerbegünstigten satzungsmäßigen Zwecke verfolgt.

§ 57 Unmittelbarkeit

(1) Eine Körperschaft verfolgt unmittelbar ihre steuerbegünstigten satzungsmäßigen Zwecke, wenn sie selbst diese Zwecke verwirklicht. Das kann auch durch Hilfsperso-

nen geschehen, wenn nach den Umständen des Falles, insbesondere nach den rechtlichen und tatsächlichen Beziehungen, die zwischen der Körperschaft und der Hilfsperson bestehen, das Wirken der Hilfsperson wie eigenes Wirken der Körperschaft anzusehen ist.
(2) . . .

§ 58 Steuerlich unschädliche Betätigungen

Die Steuervergünstigung wird nicht dadurch ausgeschlossen, daß
1. eine Körperschaft Mittel für die Verwirklichung der steuerbegünstigten Zwecke einer anderen Körperschaft oder für die Verwirklichung steuerbegünstigter Zwecke durch eine Körperschaft des öffentlichen Rechts beschafft,
2. eine Körperschaft ihre Mittel teilweise einer anderen, ebenfalls steuerbegünstigen Körperschaft oder einer Körperschaft des öffentlichen Rechts zur Verwendung zu steuerbegünstigten Zwecken zuwendet,
3. eine Körperschaft ihre Arbeitskräfte anderen Personen, Unternehmen oder Einrichtungen für steuerbegünstigte Zwecke zur Verfügung stellt,
4. eine Körperschaft ihr gehörende Räume einer anderen steuerbegünstigten Körperschaft zur Benutzung für deren steuerbegünstigte Zwecke überläßt,
5. eine Stiftung einen Teil, jedoch höchstens 1/4 ihres Einkommens, dazu verwendet, um in angemessener Weise den Stifter und seinen nächsten Angehörigen zu erhalten, ihre Gräber zu pflegen und ihr Andenken zu ehren,
6. eine Körperschaft ihre Mittel ganz oder teilweise einer Rücklage zuführt, soweit dies erforderlich ist, um ihre steuerbegünstigten, satzungsmäßigen Zwecke nachhaltig erfüllen zu können,
7. eine Körperschaft gesellige Zusammenkünfte veranstaltet, die im Vergleich zu ihrer steuerbegünstigten Tätigkeit von untergeordneter Bedeutung sind,
8. . .

§ 59 Voraussetzung der Steuerbegünstigung

Die Steuerbegünstigung wird gewährt, wenn sich aus der Satzung, dem Stiftungsgeschäft oder der sonstigen Verfassung (Satzung im Sinne dieser Vorschriften) ergibt, welchen Zweck die Körperschaft verfolgt, daß dieser Zweck den Anforderungen der §§ 52 bis 55 AO entspricht und daß er ausschließlich und unmittelbar verfolgt wird. Die tatsächliche Geschäftsführung muß diesen Satzungsbestimmungen entsprechen.

§ 60 Anforderungen an die Satzung

(1) Die Satzungszwecke und die Art ihrer Verwirklichung müssen so genau bestimmt sein, daß aufgrund der Satzung geprüft werden kann, ob die satzungsmäßigen Voraussetzungen für Steuerbegünstigungen gegeben sind.
(2) Die Satzung muß den vorgeschriebenen Erfordernissen bei der Körperschaftssteuer und bei der Gewerbesteuer während des ganzen Veranlagungs- und Bemessungszeitraums bei den anderen Steuern im Zeitpunkt der Entstehung der Steuer entsprechen.«

Anhang 4: Zwei Stiftungssatzungen im Vergleich

Satzung
der ********-Stiftung**

§ 1
Name, Rechtsform, Sitz der Stiftung

(1) Die Stiftung führt den Namen ************-Stiftung.

(2) Sie ist eine rechtsfähige öffentliche Stiftung des bürgerlichen Rechts mit Sitz in Schaufling.

§ 2
Stiftungszweck

(1) Zweck der Stiftung ist die Förderung des Gesundheitswesens, insbesondere durch Hilfen für Schädel-Hirn-Verletzte, zumal Schädel-Hirn-verletzte Kinder und Jugendliche.

(2) Der Stiftungszweck wird verwirklicht durch die Errichtung und den Betrieb von Einrichtungen für den in Absatz 1 genannten Personenkreis, sowie durch die Förderung von entsprechenden Maßnahmen Dritter.

§ 3
Gemeinnützigkeit, Einschränkungen

(1) Die Stiftung verfolgt ausschließlich und unmittelbar gemeinnützige und mildtätige steuerbegünstigte Zwecke im Sinne der Abgabenordnung.

(2) Die Stiftung ist selbstlos tätig. Sie verfolgt nicht in erster Linie eigenwirtschaftliche Zwecke. Sie darf keine juristische oder natürliche Person durch Ausgaben, die dem Zweck der Stiftung fremd sind, oder durch unverhältnismäßig hohe Unterstützungen, Zuwendungen oder Vergütungen begünstigen.

§ 4
Grundstockvermögen

(1) Das Grundstockvermögen besteht im Zeitpunkt der Genehmigung der Stiftung aus einer Million Deutschen Mark in bar.

(2) Das Grundstockvermögen ist ertragbringend anzulegen und in seinem Bestand dauernd und ungeschmälert zu erhalten.

(3) Zuwendungen des Stifters und Dritter, die hierfür bestimmt sind, wachsen dem Grundstockvermögen zu. Die Stiftung ist berechtigt, solche Zustiftungen anzunehmen.

(4) Zur Erhaltung der Leistungskraft der Stiftung sind aus den Erträgen des Grundstockvermögens Rücklagen in der gesetzlich zulässigen Höhe zu bilden. Diese Rücklagen können frühestens im Jahr nach ihrer Bildung in das Grundstockvermögen überführt werden.

§ 5
Stiftungsmittel

(1) Die Stiftung erfüllt ihre Aufgaben aus

- den Erträgen des Stiftungsvermögens,
- Zuwendungen, soweit diese keine Zustiftungen zum Stiftungsvermögen darstellen,
- öffentlichen Zuschüssen,
- sonstigen Einnahmen.

(2) Sämtliche Mittel dürfen nach Abzug der zur Verwaltung der Stiftung notwendigen Kosten ausschließlich für die satzungsgemäßen Aufgaben der Stiftung verwendet werden.

(3) Ein Anspruch auf Leistungen der Stiftung besteht nicht. Die Organe sind bei der Zuteilung von Stiftungsmitteln nur an die gesetzlichen Bestimmungen und an die Bestimmungen dieser Satzung gebunden.

§ 6
Stiftungsorganisation

(1) Organe der Stiftung sind

1. der Vorstand,
2. das Kuratorium.

(2) Die Stiftung kann zur Erfüllung ihrer Aufgaben Hilfspersonen, auch gegen Entgelt, beschäftigen oder Aufgaben ganz oder teilweise auf Dritte übertragen.

(3) Die Stiftung hat über ihr Vermögen und ihre Einnahmen und Ausgaben nach kaufmännischen Grundsätzen Buch zu führen, vor Beginn jedes Geschäftsjahres einen Haushaltsplan und nach Ende des Geschäftsjahres binnen sechs Monaten einen Jahresabschluß zu erstellen.

(4) Die Stiftung kann, wenn dies in Verfolgung des Stiftungszwecks notwendig erscheint, durch Beschluß des Stiftungsrates Zweckbetriebe oder Betriebsgesellschaften gründen oder sich an solchen beteiligen.

(5) Das Geschäftsjahr ist das Kalenderjahr.

§ 7
Vorstand

(1) Der Vorstand besteht aus zwei natürlichen Personen.

(2) Die Mitglieder des Vorstandes werden, soweit nicht in § 10 anders geregelt, vom Kuratorium berufen und abberufen. Eines der Mitglieder ist zum Vorsitzenden, das andere zum stellvertretenden Vorsitzenden zu berufen. Mitglieder des Kuratoriums können nicht gleichzeitig zu Mitgliedern des Vorstandes berufen werden.

(3) Die Amtszeit des Vorstandes beträgt grundsätzlich drei Jahre. Das Kuratorium kann Mitglieder des Vorstandes für eine Amtszeit von bis zu sechs Jahren berufen. Wiederberufung ist zulässig. Im Falle des Ausscheidens eines Mitgliedes während der Amtszeit wird ein Nachfolger nur für die verbleibende Amtszeit des anderen Mitgliedes berufen. Nach Ablauf der Amtszeit bleibt der Vorstand bis zur Berufung des neuen Vorstandes im Amt. Die Mitglieder dürfen bei der Berufung das 60. Lebensjahr nicht vollendet haben.

(4) Der Vorstand vertritt die Stiftung gerichtlich und außergerichtlich. Ob und inwieweit die Mitglieder des Vorstandes allein oder gemeinsam vertretungsberechtigt sind, regelt das Kuratorium bei der Berufung. Der Beschluß ist der Stiftungsaufsicht anzuzeigen.

(5) Der Vorstand führt die Geschäfte der Stiftung. Er sorgt für die Erhaltung des Stiftungsvermögens und für die Verwendung der Stiftungsmittel zugunsten der in § 2 genannten Zwecke.

(6) Die Mitglieder des Vorstandes können eine angemessene Entschädigung für ihre Tätigkeit erhalten oder hauptamtlich für die Stiftung tätig sein. Die Entscheidung, auch über die Höhe der Entschädigung, trifft das Kuratorium.

§ 8
Kuratorium

(1) Das Kuratorium besteht aus fünf natürlichen Personen.

(2) Die Mitglieder des Kuratoriums werden, soweit nicht in § 10 anders geregelt, im Kooptationsverfahren gewählt.

(3) Bei der Wahl neuer Kuratoriumsmitglieder sollen, wenn möglich, unter anderen ein Mitglied der Familie ********, ein Arzt und ein Mitglied des Vorstandes oder Direktor einer Bank in das Kuratorium gewählt werden.

(4) Die Amtszeit des Kuratoriums beträgt fünf Jahre. Rechtzeitig vor Ablauf der Amtszeit haben die Mitglieder die neuen Mitglieder des Kuratoriums zu wählen. Wiederwahl ist zulässig. Es können nur Persönlichkeiten in das Kuratorium berufen bzw. gewählt werden, die zu diesem Zeitpunkt das 65. Lebensjahr nicht vollendet haben.

(5) Im Falle, daß alle Mitglieder des Kuratoriums gleichzeitig aus dem Amt ausscheiden und keine neuen Mitglieder für die folgende Amtszeit gewählt haben, verlängert sich die Amtszeit bis zu dem Zeitpunkt, zu dem neue Mitglieder gewählt wurden. Während dieser Übergangszeit darf das Kuratorium keine anderen Beschlüsse fassen. Im Falle, daß ein Mitglied des Kuratoriums während der Amtszeit ausscheidet, wählen die verbleibenden Mitglieder ein neues Mitglied nur für den Rest der Amtszeit hinzu.

(6) Das Kuratorium wählt aus seiner Mitte einen Vorsitzenden und einen stellvertretenden Vorsitzenden.

(7) Das Kuratorium wacht über die Einhaltung des Stifterwillens und beschließt in Angelegenheiten von grundsätzlicher Bedeutung.

(8) Der Beschlußfassung durch das Kuratorium unterliegen insbesondere:

1. die Berufung, Abberufung und Entlastung des Vorstandes,
2. die Genehmigung des Haushaltsplanes und des Jahresabschlusses,
3. die Zustimmung zu Rechtsgeschäften, die der Genehmigung der Stiftungsaufsicht bedürfen,
4. Änderungen dieser Satzung.

(9) Das Kuratorium beschließt über die Verwendung der Stiftungsmittel, kann jedoch Einzelentscheidungen auf den Vorstand übertragen.

(10) Der Vorsitzende des Kuratoriums vertritt die Stiftung gegenüber dem Vorstand.

§ 9
Geschäftsgang des Kuratoriums

(1) Das Kuratorium faßt seine Beschlüsse in der Regel in Sitzungen. Wenn kein Mitglied widerspricht, können Beschlüsse auch im schriftlichen Umlaufverfahren gefaßt werden.

(2) Das Kuratorium wird vom Vorsitzenden nach Bedarf, mindestens jedoch einmal jährlich, unter Angabe der Tagesordnung und unter Einhaltung einer Frist von zwei Wochen zu einer Sitzung einberufen. Sitzungen sind ferner einzuberufen, wenn zwei Mitglieder des Kuratoriums oder der Vorstand dies verlangen. Die Sitzungen werden vom Vorsitzenden geleitet.

(3) Das Kuratorium ist beschlußfähig, wenn form- und fristgerecht geladen wurde und mindestens die Hälfte seiner Mitglieder, unter ihnen der Vorsitzende anwesend ist. Mit Zustimmung aller Mitglieder kann auf Form und Frist der Einladung verzichtet werden.

(4) Jede Vorlage mit Ausnahme solcher zu § 11, gilt im Kuratorium als angenommen, wenn mindestens die Hälfte der anwesenden Mitglieder ihr zustimmt.

(5) Über die Ergebnisse der Sitzungen sind Niederschriften zu fertigen, vom Vorsitzenden und vom Protokollführer zu unterzeichnen und allen Mitgliedern des Kuratoriums und des Vorstandes zuzuleiten.

(6) Der Vorsitzende des Kuratoriums wird bei Bedarf vom stellvertretenden Vorsitzenden vertreten. Im Innenverhältnis ist der stellvertretende Vorsitzende gehalten, nur im Auftrag oder bei Verhinderung des Vorsitzenden tätig zu werden.

(7) Die Mitglieder des Kuratoriums sind ehrenamtlich für die Stiftung tätig. Das Kuratorium kann, sofern die wirtschaftlichen Verhältnisse der Stiftung dies zulassen, beschließen, daß den Mitgliedern bare Auslagen ersetzt werden, oder daß ihnen eine angemessene Entschädigung für den Zeit- und Kostenaufwand gewährt wird.

§ 10
Sonderrechte des Stifters

(1) Dem Stifter, ************, stehen folgende Sonderrechte zu:

1. Er beruft allein die Mitglieder des Kuratoriums.

2. Er beruft allein die Mitglieder des Vorstandes.

3. Er kann gegen alle Entscheidungen des Kuratoriums wirksam Einspruch erheben, solange er Mitglied des Kuratoriums ist.

(2) Der Stifter ist von den Altersbeschränkungen dieser Satzung ausgenommen.

(3) Diese Sonderrechte haben Vorrang vor anderen Bestimmungen dieser Satzung. Sie sind nicht übertragbar und gelten auf Lebenszeit des Stifters oder so lange, bis er ganz oder teilweise, auf Dauer oder vorübergehend, auf ihre Ausübung verzichtet.

§ 11
Änderungen der Satzung, Umwandlung und Aufhebung der Stiftung

(1) Beschlüsse über Änderungen der Satzung und Anträge auf Umwandlung (Änderung des Stiftungszwecks) bedürfen der Zustimmung von mindestens zwei Dritteln der Mitglieder des Kuratoriums. Sie dürfen die Gemeinnützigkeit der Stiftung nicht beeinträchtigen oder aufheben. Sie sind mit einer Stellungnahme der Finanzbehörde der Stiftungsaufsicht zuzuleiten, die die Genehmigung oder Entscheidung der Genehmigungsbehörde einholt.

(2) Falls auch durch eine Änderung der Satzung die Fortführung der Stiftung nicht möglich oder infolge wesentlicher Veränderungen der Verhältnisse nicht sinnvoll erscheint, ist die Aufhebung der Stiftung zu beantragen. Der Beschluß über den Antrag auf Aufhebung der Stiftung bedarf der Zustimmung von mindestens zwei Dritteln der Mitglieder des Kuratoriums.

(3) Im Falle der Aufhebung der Stiftung fällt das Stiftungsvermögen an eine gemeinnützige Körperschaft, die es im Sinne des Zwecks dieser Stiftung zu verwenden hat. Der Beschluß über die Verwendung des Vermögens ist vom Kuratorium gleichzeitig mit dem Beschluß, die Aufhebung zu beantragen, mit einfacher Mehrheit zu fassen. Er bedarf zu seiner Wirksamkeit der Zustimmung der Finanzbehörde.

§ 12
Stiftungsaufsicht, Inkrafttreten

(1) Die Stiftung untersteht der Aufsicht durch die Regierung von Niederbayern.

(2) Diese Satzung tritt mit Genehmigung durch das Bayerische Staatsministerium des Innern in Kraft.

Satzung
der ++++++++++-Stiftung

§ 1
Name, Rechtsform, Sitz der Stiftung

(1) Die Stiftung führt den Namen ++++++++++++-Stiftung.

(2) Sie ist eine rechtsfähige Stiftung des bürgerlichen Rechts mit Sitz in Kreischa.

§ 2
Stiftungszweck

(1) Zweck der Stiftung ist die Förderung des Gesundheitswesens, insbesondere durch Hilfen für Schädel-Hirn-Verletzte, zumal Schädel-Hirn-verletzte Kinder und Jugendliche sowie für Patienten mit Querschnittlähmungen.

(2) Der Stiftungszweck wird verwirklicht durch die Errichtung und den Betrieb von Einrichtungen für den in Absatz 1 genannten Personenkreis, sowie durch die Förderung von entsprechenden Maßnahmen Dritter.

§ 3
Gemeinnützigkeit

(1) Die Stiftung verfolgt ausschließlich und unmittelbar gemeinnützige und mildtätige steuerbegünstigte Zwecke im Sinne der Abgabenordnung.

(2) Die Stiftung ist selbstlos tätig. Sie verfolgt nicht in erster Linie eigenwirtschaftliche Zwecke. Sie darf keine juristische oder natürliche Person durch Ausgaben, die dem Zweck der Stiftung fremd sind, oder durch unverhältnismäßig hohe Unterstützungen, Zuwendungen oder Vergütungen begünstigen.

§ 4
Stiftungsvermögen

(1) Das Stiftungsvermögen besteht im Zeitpunkt der Genehmigung der Stiftung aus einer Million Deutschen Mark in bar.

(2) Das Stiftungsvermögen ist ertragbringend anzulegen und in seinem Bestand dauernd und ungeschmälert zu erhalten.

(3) Zuwendungen des Stifters und Dritter, die hierfür bestimmt sind, wachsen dem Stiftungsvermögen zu. Die Stiftung ist berechtigt, solche Zustiftungen anzunehmen.

(4) Zur Erhaltung der Leistungskraft der Stiftung sind aus den Erträgen des Stiftungsvermögens Rücklagen in der gesetzlich zulässigen Höhe zu bilden. Diese Rücklagen können frühestens im Jahr nach ihrer Bildung in das Stiftungsvermögen überführt werden.

§ 5
Stiftungsmittel

(1) Die Stiftung erfüllt ihre Aufgaben aus

- den Erträgen des Stiftungsvermögens,
- Zuwendungen, soweit diese keine Zustiftungen zum Stiftungsvermögen darstellen,
- öffentlichen Zuschüssen,
- sonstigen Einnahmen.

(2) Sämtliche Mittel dürfen nach Abzug der zur Verwaltung der Stiftung notwendigen Kosten ausschließlich für die satzungsgemäßen Aufgaben der Stiftung verwendet werden.

(3) Ein Anspruch auf Leistungen der Stiftung besteht nicht. Die Organe sind bei der Zuteilung von Stiftungsmitteln nur an die gesetzlichen Bestimmungen und an die Bestimmungen dieser Satzung gebunden.

§ 6
Stiftungsorganisation

(1) Organe der Stiftung sind

1. der Vorstand,
2. das Kuratorium.

(2) Die Stiftung kann zur Erledigung ihrer Aufgaben Hilfspersonen, auch gegen Entgelt, beschäftigen oder Aufgaben ganz oder teilweise auf Dritte übertragen.

(3) Die Stiftung hat über ihr Vermögen und ihre Einnahmen und Ausgaben nach kaufmännischen Grundsätzen Buch zu führen, vor Beginn jedes Geschäftsjahres einen Haushaltsplan und nach Ende des Geschäftsjahres binnen sechs Monaten einen Jahresabschluß zu erstellen. Der Jahresabschluß istvon einem berufsmäßig hierzu befugten Fachmann zu prüfen.

(4) Die Stiftung kann, wenn dies in Verfolgung des Stiftungszwecks notwendig erscheint, mit Zustimmung des Stiftungsrates Zweckbetriebe oder Betriebsgesellschaften gründen oder sich an solchen beteiligen.

(5) Das Geschäftsjahr ist das Kalenderjahr.

§ 7
Vorstand

(1) Der Vorstand besteht aus zwei natürlichen Personen.

(2) Die Mitglieder des Vorstandes werden, soweit nicht in § 10 anders geregelt, vom Kuratorium berufen und abberufen. Eines der Mitglieder ist zum Vorsitzenden, das andere zum stellvertretenden Vorsitzenden zu berufen. Mitglieder des Kuratoriums können nicht gleichzeitig zu Mitgliedern des Vorstandes berufen werden.

(3) Die Amtszeit des Vorstandes beträgt grundsätzlich drei Jahre. Das Kuratorium kann Mitglieder des Vorstandes für eine Amtszeit von bis zu sechs Jahren berufen. Wiederberufung ist zulässig. Im Falle des Ausscheidens eines Mitgliedes während der Amtszeit wird ein Nachfolger nur für die verbleibende Amtszeit des anderen Mitgliedes berufen. Nach Ablauf der Amtszeit bleibt der Vorstand bis zur Berufung des neuen Vorstandes im Amt. Die Mitglieder dürfen bei der Berufung das 60. Lebensjahr nicht vollendet haben.

(4) Der Vorstand vertritt die Stiftung gerichtlich und außergerichtlich. Ob und inwieweit die Mitglieder des Vorstandes allein oder gemeinsam vertretungsberechtigt sind, regelt das Kuratorium bei der Berufung. Der Beschluß ist der Stiftungsaufsicht anzuzeigen.

(5) Der Vorstand führt die Geschäfte der Stiftung. Er sorgt für die Erhaltung des Stiftungsvermögens und für die Verwendung der Stiftungsmittel zugunsten der in § 2 genannten Zwecke.

(6) Die Mitglieder des Vorstandes können eine angemessene Entschädigung für ihre Tätigkeit erhalten oder hauptamtlich für die Stiftung tätig sein. Die Entscheidung, auch über die Höhe der Entschädigung, trifft das Kuratorium.

(7) Das Kuratorium kann eine Geschäftsordnung für den Vorstand erlassen.

§ 8
Kuratorium

(1) Das Kuratorium besteht aus fünf natürlichen Personen.

(2) Die Mitglieder des Kuratoriums werden, soweit nicht in § 10 anders geregelt, im Kooptationsverfahren gewählt.

(3) Bei der Wahl neuer Kuratoriumsmitglieder sollen, wenn möglich, unter anderen ein Mitglied der Familie + + + +, ein Arzt und ein Mitglied des Vorstandes oder Direktor einer Bank in das Kuratorium gewählt werden.

(4) Die Amtszeit des Kuratoriums beträgt fünf Jahre. Rechtzeitig vor Ablauf der Amtszeit haben die Mitglieder die neuen Mitglieder des Kuratoriums zu wählen. Wiederwahl ist zulässig. Es können nur Persönlichkeiten in das Kuratorium berufen bzw. gewählt werden, die zu diesem Zeitpunkt das 65. Lebensjahr nicht vollendet haben.

(5) Im Falle, daß alle Mitglieder des Kuratoriums gleichzeitig aus dem Amt ausscheiden und keine neuen Mitglieder für die folgende Amtszeit gewählt haben, verlängert sich die Amtszeit bis zu dem Zeitpunkt, zu dem neue Mitglieder gewählt wurden. Während dieser Übergangszeit darf das Kuratorium keine anderen Beschlüsse fassen. Im Falle, daß ein Mitglied des Kuratoriums während der Amtszeit ausscheidet, wählen die verbleibenden Mitglieder ein neues Mitglied nur für den Rest der Amtszeit hinzu.

(6) Das Kuratorium wählt aus seiner Mitte einen Vorsitzenden und einen stellvertretenden Vorsitzenden.

(7) Das Kuratorium wacht über die Einhaltung des Stifterwillens und beschließt in Angelegenheiten von grundsätzlicher Bedeutung.

(8) Der Beschlußfassung durch das Kuratorium unterliegen insbesondere:

1. die Berufung, Abberufung und Entlastung des Vorstandes,

2. die Genehmigung des Haushaltsplanes und des Jahresabschlusses,

3. die Zustimmung zur Veräußerung oder zum Ankauf von Immobilien sowie zu Rechtsgeschäften mit einem Volumen von mehr als 100.000 DM,

4. Änderungen dieser Satzung.

(9) Das Kuratorium beschließt über die Verwendung der Stiftungsmittel, kann jedoch Einzelentscheidungen auf den Vorstand übertragen.

(10) Der Vorsitzende des Kuratoriums vertritt die Stiftung gegenüber dem Vorstand.

§ 9
Geschäftsgang des Kuratoriums

(1) Das Kuratorium faßt seine Beschlüsse in der Regel in Sitzungen. Wenn kein Mitglied widerspricht, können Beschlüsse auch im schriftlichen Umlaufverfahren gefaßt werden.

(2) Das Kuratorium wird vom Vorsitzenden nach Bedarf, mindestens jedoch einmal jährlich, unter Angabe der Tagesordnung und unter Einhaltung einer Frist von zwei Wochen zu einer Sitzung einberufen. Sitzungen sind ferner einzuberufen, wenn zwei Mitglieder des Kuratoriums oder der Vorstand dies verlangen. Die Sitzungen werden vom Vorsitzenden geleitet.

(3) Das Kuratorium ist beschlußfähig, wenn form- und fristgerecht geladen wurde und mindestens die Hälfte seiner Mitglieder, unter ihnen der Vorsitzende anwesend ist. Mit Zustimmung aller Mitglieder kann auf Form und Frist der Einladung verzichtet werden.

(4) Jede Vorlage mit Ausnahme solcher zu § 11, gilt im Kuratorium als angenommen, wenn mindestens die Hälfte der anwesenden Mitglieder ihr zustimmt.

(5) Über die Ergebnisse der Sitzungen sind Niederschriften zu fertigen, vom Vorsitzenden und vom Protokollführer zu unterzeichnen und allen Mitgliedern des Kuratoriums und des Vorstandes zuzuleiten.

(6) Der Vorsitzende des Kuratoriums wird bei Bedarf vom stellvertretenden Vorsitzenden vertreten. Im Innenverhältnis ist der stellvertretende Vorsitzende gehalten, nur im Auftrag oder bei Verhinderung des Vorsitzenden tätig zu werden.

(7) Die Mitglieder des Kuratoriums sind ehrenamtlich für die Stiftung tätig. Das Kuratorium kann, sofern die wirtschaftlichen Verhältnisse der Stiftung dies zulassen, beschließen, daß den Mitgliedern bare Auslagen ersetzt werden, oder daß ihnen eine angemessene Entschädigung für den Zeit- und Kostenaufwand gewährt wird.

§ 10
Sonderrechte des Stifters

(1) Dem Stifter, + + + + + + + + + + + +, stehen folgende Sonderrechte zu:

1. Er beruft allein die Mitglieder des Kuratoriums.
2. Er beruft allein die Mitglieder des Vorstandes.
3. Er kann gegen alle Entscheidungen des Kuratoriums wirksam Einspruch erheben, solange er Mitglied des Kuratoriums ist.

(2) Der Stifter ist von den Altersbeschränkungen dieser Satzung ausgenommen.

(3) Diese Sonderrechte haben Vorrang vor anderen Bestimmungen dieser Satzung. Sie sind nicht übertragbar und gelten auf Lebenszeit des Stifters oder so lange, bis er ganz oder teilweise, auf Dauer oder vorübergehend, auf ihre Ausübung verzichtet.

§ 11
Änderungen der Satzung, Umwandlung und Aufhebung der Stiftung

(1) Beschlüsse über Änderungen der Satzung und Anträge auf Umwandlung (Änderung des Stiftungszwecks) bedürfen der Zustimmung von mindestens zwei Dritteln der Mitglieder des Kuratoriums. Sie dürfen die Gemeinnützigkeit der Stiftung nicht beeinträchtigen oder aufheben. Sie bedürfen der Zustimmung der zuständigen Finanzbehörde.

(2) Falls auch durch eine Änderung der Satzung die Fortführung der Stiftung nicht möglich oder infolge wesentlicher Veränderungen der Verhältnisse nicht sinnvoll erscheint, ist die Stiftung aufzuheben. Der Beschluß über den Antrag auf Aufhebung der Stiftung bedarf der Zustimmung von mindestens zwei Dritteln der Mitglieder des Kuratoriums.

(3) Im Falle der Aufhebung der Stiftung fällt das Stiftungsvermögen an eine gemeinnützige Körperschaft, die es im Sinne des Zwecks dieser Stiftung zu verwenden hat. Der Beschluß über die Verwendung des Vermögens ist vom Kuratorium gleichzeitig mit dem Beschluß, die Aufhebung zu beantragen, mit einfacher Mehrheit zu fassen. Er bedarf zu seiner Wirksamkeit der Zustimmung der Finanzbehörde.

§ 12
Stiftungsaufsicht, Inkrafttreten

(1) Die Stiftung untersteht der Rechtsaufsicht des Freistaates Sachsen nach Maßgabe der gesetzlichen Bestimmungen.

(2) Die Stiftung hat der Stiftungsaufsichtsbehörde binnen sechs Monaten nach Ende des Geschäftsjahres einen Tätigkeitsbericht, den Jahresabschluß, den Prüfbericht sowie den Feststellungsbeschluß des Kuratoriums vorzulegen.

(3) Diese Satzung tritt mit Genehmigung durch die Stiftungsbehörde in Kraft.

Anhang 5: Muster eines Fragebogens zur Datenbank (1990)

1\. GRUNDDATEN

1.1 Name der Stiftung

Vollständiger Name der Stiftung	Kulturstiftung Haus Europa
Kurzname der Stiftung	Kulturstiftung Haus Europa

1.2 Sitz der Stiftung

Ort	Potsdam
Regierungsbezirk/Bundesland	______ Brandenburg / NBL
Nur für GmbH/e.V.:	
Register	______
Behörde	______
Nummer	______
Nur für kirchliche Stiftungen:	
Konfession:	______
Diözese/Bistum:	______
Landeskirche:	______

1.3 Anschrift der Verwaltung oder der Geschäftsführung der Stiftung (z.B. extern)

Name	Maecenata Management GmbH
Straße/Hausnummer	Asternplatz 2a
Land/Postleitzahl/Ort	D-12203 Berlin
Telefon 030.8324593	Ansprechpartner Rupert Graf Strachwitz
Telefon 089.284452	Ansprechpartner Rupert Graf Strachwitz
Telefax 030.8324593	Telex ______

1.4 Rechtsform

X Rechtsfähige Stiftung des bürgerlichen Rechts
O Stiftung des öffentlichen Rechts
O Stiftung GmbH
O Stiftung e.V.
O Nicht rechtsfähige Stiftung in privatrechtlicher Trägerschaft
O Nicht rechtsfähige Stiftung in öffentlicher Trägerschaft
O Nicht rechtsfähige Stiftung in kirchlicher Trägerschaft
O Kirchliche Stiftung des öffentlichen Rechts
O Kirchliche Stiftung des privaten Rechts
O Stiftung in anderer Rechtsform

1.5 Stiftungsorganisation

Bezeichnung des Organs/Gremiums	Mitgl. Anzahl	Name des/der Vorsitzenden	gf	kd	vb	bd
Stiftungsrat	5	Gabriele Muschter	O	X	O	X
Vorstand	3	Rupert Graf Strachwitz	X	O	X	O
____	____	____	O	O	O	O
____	____	____	O	O	O	O
____	____	____	O	O	O	O

gf = geschäftsführend

kd = kontrollierend/letztentscheidend

vb = vertretungsberechtigt

bd = beratend

Bemerkungen: ____

____

1.6 Anzahl der Mitarbeiter:

Stiftungsverwaltung/Projektarbeit		Anstalten/Institute	
Ehrenamtlich:	0	Ehrenamtlich:	0
Nebenberuflich:	0	Nebenberuflich:	0
Hauptberuflich:	0	Hauptberuflich:	0

1.7 Mitgliedschaften

X Bundesverband deutscher Stiftungen e.V. - Arbeitsgemeinschaft

CEREC (Comite'Europeén pour le rapprochement de l'économie

EUROPA NOSTRA; Den Haag

____

2. GESCHICHTE

2.1 Errichtungsjahr ___ 1990

2.2 Stifter Deutsche Demokratische Republik

2.3 Bemerkungen - (Wiedererrichtung, Fusion, usw.):

____

____

____

____

2.4 Beziehung zwischen Stifter und Stiftung:

O Personelle Verflechtung O Verwaltung O Finanzierung

3. STIFTUNGSZWECK

3.1 X gemeinnützig, Grundlage: AO 51 ff , Abs. ______ , Nr. ______

O nicht gemeinnützig

3.2 Wortlaut des Zwecks (gem. Satzung)

Kulturarbeit im Sinne des gemeinsamen europäischen Hauses, insbesondere aus dem Blickwinkel des wieder vereinigten Deutschlands und des Standorts Berlin.

3.3 Zweckbestimmung

O Soziale Aufgaben	O Politik	O Wirtschaft und Verbraucher
O Bildung/Ausbildung/Erziehung	O Religion	O Familie/Unternehmen
O Wissenschaft und Forschung	O Gesundheit	O Umwelt/Landschaftsschutz/Naturschutz
O Völkerverständigung	X Kunst/Kultur	O Sonstiges

4. VERFOLGUNG DER STIFTUNGSZWECKE

4.1 O Fördernd (s. Ziffer 4.2 - 4.6) X Operativ (s. Ziffer 4.7)

4.2 Fördermaßnahmen:

Art	Durchschnittliche Zahl der Projekte p.a.	Fördervolumen pro Einzelmaßnahme mindestens	höchstens
O Projektförderung	______	______	______
O Institutionelle Förderung	______	______	______
O Personenförderung	______	______	______
O Preis	______	______	______

Bemerkung: ______

______

4.3 Antragsverfahren

O schriftlich formlos	O schriftlich förmlich/Formular	O mündlich
O Begutachtung - extern/intern	O keine Antragsmöglichkeit	O Merkblatt

4.4 Wirkungsbereich

X Inland X Ausland

Beschränkungen:

Örtlich: ______

Zeitlich: ______

Personenkreis: ______

Sonstiges: ______

4.5 Pflichten der Destinatäre

O Berichte O Rechnungslegung

Sonstiges: ______________________

4.6 Rechte der Destinatäre

O Leistungsrechte O Verwaltungsrechte

Sonstiges: ______________________

4.7 Operative Maßnahmen:

O Institutionell:

Zahl: _____ Für jede Institution 1 Beiblatt

Art:

O Krankenhaus O Altenheim O Wissenschaftliche Einrichtung

O Museum O Bibliothek/Archiv O Behinderteneinrichtung

O Bildungseinrichtung O Jugendeinrichtung O Schulen

O Kindergarten O Sonstiges ______________________

Finanzvolumen(Budget): ____________

X Projektbezogen:

Zahl der Projekte: 10

4.8 Preis/Auszeichnungen

Name ______________________

____

Zweck ______________________

____

Dotation ______________________

4.9 Stipendien

Name ______________________

____

Zweck ______________________

____

Dotation ______________________

5. FINANZEN

5.1 Stiftungskapital/Stammkapital

	Nominal-/Buchwert	geschätzter Marktwert
Stammkapital bei Errichtung:	DM 500.000	DM 500.000
Stammkapital Stand 1. Jan. 1992:	DM 516.278	DM 516.278

5.2 Vermögen (Stand 1. Januar 1992)

Finanzanlagen:	O nein/ X ja	DM 516.278	DM ____
Immobilienanlagen:	O nein/ O ja	DM ____	DM ____
Land- und Forstwirtschaft:	O nein/ O ja	DM ____	DM ____
Unternehmensbeteiligungen:	O nein/ O ja	DM ____	DM ____
Betriebsnotwendiges Vermögen:	O nein/ O ja	DM ____	DM ____
Kunstgegenstände:	O nein/ O ja	DM ____	DM ____
Tochtergesellschaften (s.u.)	O nein/ O ja	DM ____	DM ____
Sonstiges:	O nein/ O ja	DM ____	DM ____

5.3 Budget (1992)

EINNAHMEN:		
Gesamteinnahmen		DM 93.526
Stiftungsvermögen	O nein/ X ja	DM 34.102
Spenden	O nein/ X ja	DM 7.000
Gewerbliche Einkünfte	O nein/ X ja	DM 17.321
Öffentliche Zuschüsse	O nein/ X ja	DM 35.103
AUSGABEN:		
Gesamtausgaben		DM 61.806
Anstalten	X nein/ O ja	DM ____
Projekte/Förderungen/Zuwendungen	O nein/ X ja	DM 50.767
Preise und Stipendien	X nein/ O ja	DM ____
Sonstiges	O nein/ X ja	DM 2.421
Rücklagen	O nein/ X ja	DM 3.644
Verwaltung/Betriebskosten	O nein/ X ja	DM 8.617

6. TOCHTERGESELLSCHAFTEN

6.1 Nicht kommerzielle Tochterinstitutionen

Name: ____________________

O e.V. O gGmbH O Stiftung

Tätigkeit: ____________________

Art der Verbindung zur "Mutterstiftung"

O Organverflechtung O personell O finanziell

6.2 Kommerzielle Tochtergesellschaften

Name: ____________________

Tätigkeit/Geschäftszweck: ____________________

O GDBR O oHG O GmbH

O KG O AG O Partenreederei

O EWIV O unselbständige Unternehmen (einzelkaufmännisch geführt)

Beteiligungsverhältnis

O 100 % O Mehrheit O Sperrminorität

7. ÖFFENTLICHKEITSARBEIT

Selbstdarstellung
X vorhanden
O vorgesehen
O nicht vorhanden

Jahresbericht
O vorhanden
X vorgesehen
O nicht vorhanden

Fachpublikationen
X vorhanden
O vorgesehen
O nicht vorhanden

Presseinformationen
X vorhanden
O vorgesehen
O nicht vorhanden

Sonstiges
X vorhanden
O vorgesehen
O nicht vorhanden
welche: Tagungsbuch

Anhang 6: Anschriften der Stiftungsaufsichtsbehörden*

Baden-Württemberg

Regierungspräsidium Freiburg
– Stiftungsaufsicht –
Kaiser-Joseph-Straße 167
D-79098 Freiburg

Regierungspräsidium Karlsruhe
– Stiftungsaufsicht –
Schloßstraße 1-3
D-76131 Karlsruhe

Regierungspräsidium Stuttgart
– Stiftungsaufsicht –
Breitscheidstraße 4
D-70174 Stuttgart

Regierungspräsidium Tübingen
– Stiftungsaufsicht –
Nauklerstraße 47
D-72074 Tübingen

Bayern

Bayerisches Staatsministerium
des Innern
Odeonsplatz 3
D-80539 München

Bayerisches Staatsministerium
für Unterricht und Kultus,
Wissenschaft und Kunst
Salvatorstraße 2
D-80333 München

Regierung von Mittelfranken
– Stiftungsreferat –
Promenade 27
D-91522 Ansbach

Regierung von Niederbayern
– Stiftungsreferat –
Regierungsplatz 540
D-84028 Landshut

Regierung von Oberbayern
– Stiftungsreferat –
Maximilianstraße 39
D-80538 München

Regierung von Oberfranken
– Stiftungsreferat –
Ludwigstraße 20
D-95444 Bayreuth

Regierung der Oberpfalz
– Stiftungsreferat –
Emmeransplatz 8
D-93047 Regensburg

Regierung von Schwaben
– Stiftungsreferat –
Fronhof 10
D-86152 Augsburg

Regierung von Unterfranken
– Stiftungsreferat –
Peterplatz 9
D-97070 Würzburg

---

* Die zur Stiftungsaufsicht eingerichteten Behörden wurden hier der Einfachheit halber durchgängig als Stiftungsaufsichtsbehörden bezeichnet. Infolge landesrechtlicher Vorschriften weichen die tatsächlichen Bezeichnungen oft ab (z.B. Stiftungsbehörde, Stiftungsaufsicht usw.).

Berlin

Senatsverwaltung für Justiz
– Stiftungsaufsicht –
Salzburger Straße 21-25
D-10825 Berlin

Brandenburg

Ministerium des Innern des Landes Brandenburg
– Stiftungsaufsicht –
Henning-von-Tresckow-Straße 9-13
D-14467 Potsdam

Bremen

Der Senator für Inneres
– Stiftungsaufsicht –
Contrescape 22-24
D-28203 Bremen

Hamburg

Freie und Hansestadt Hamburg
Senatskanzlei
– Stiftungsaufsicht –
Rathaus
Markt 1
D-20095 Hamburg

Hessen

Regierungspräsidium Darmstadt
– Stiftungsreferat –
Luisenplatz 2
D-64283 Darmstadt

Regierungspräsidium Gießen
– Stiftungsreferat –
Landgraf-Philipp-Platz 3-7
D-35390 Gießen

Regierungspräsidium Kassel
– Stiftungsreferat –
Steinweg 6
D-34117 Kassel

Magistrat der Stadt Frankfurt/Main
– Rechtsamt –
Postfach
D-60021 Frankfurt/Main

Mecklenburg-Vorpommern

Innenministerium des Landes Mecklenburg-Vorpommern
– Stiftungsaufsicht –
Karl-Marx-Straße 1
D-19055 Schwerin

Niedersachsen

Bezirksregierung Braunschweig
– Stiftungsreferat –
Bohlweg 38
D-38100 Braunschweig

Bezirksregierung Hannover
– Stiftungsreferat –
Am Waterlooplatz 11
D-30169 Hannover

Bezirksregierung Lüneburg
– Stiftungsreferat –
Auf der Hude 2
D-21339 Lüneburg

Bezirksregierung Weser-Ems
– Stiftungsreferat –
Theodor-Tantzen-Platz 8
D-26122 Oldenburg

Bezirksregierung Weser-Ems
Außenstelle Osnabrück
– Stiftungsreferat –
Heger-Tor-Wall 18
D-49078 Osnabrück

Bezirksregierung Weser-Ems
Außenstelle Aurich
– Stiftungsreferat –
Schloßplatz 3
D-26603 Aurich

Nordrhein-Westfalen

Der Regierungspräsident Arnsberg
– Stiftungsreferat –
Seibertzstraße 1
D-59821 Arnsberg

Der Regierungspräsident Detmold
– Stiftungsreferat –
Leopoldstraße 15
D-32756 Detmold

Der Regierungspräsident Düsseldorf
– Stiftungsreferat –
Cecilienallee 2
D-40474 Düsseldorf

Der Regierungspräsident Köln
– Stiftungsreferat –
Zeughausstraße 4-8
D-50667 Köln

Der Regierungspräsident Münster
– Stiftungsreferat –
Domplatz 1-3
D-48143 Münster

Rheinland-Pfalz

Bezirksregierung Koblenz
– Stiftungsreferat –
Stresemannstraße 3-5
D-56068 Koblenz

Bezirksregierung Rheinhessen-Pfalz
– Stiftungsreferat –
Friedrich-Ebert-Straße 14
D-67433 Neustadt

Bezirksregierung Trier
– Stiftungsreferat –
Kurfürstliches Palais
D-54290 Trier

Saarland

Innenministerium des Saarlandes
– Stiftungsaufsicht –
Franz-Josef-Röder-Straße 21
D-66119 Saarbrücken

Sachsen

Sächsisches Staatsministerium
des Innern
– Stiftungsaufsicht –
Archivstraße 1
D-01097 Dresden

Regierungspräsidium Chemnitz
– Stiftungsaufsicht –
Brückenstraße 10/11
D-09111 Chemnitz

Regierungspräsdium Dresden
– Stiftungsaufsicht –
August-Bebel-Straße 19
D-01219 Dresden

Regierungspräsidium Leipzig
– Stiftungsaufsicht –
Karl-Liebknecht-Straße 145
D-04277 Leipzig

Sachsen-Anhalt

Ministerium des Innern
– Stiftungsaufsicht –
Halberstädter Straße 2
D-39010 Magdeburg

Bezirksregierung Dessau
– Stiftungsaufsicht –
Wolfgangstraße 25
D-06844 Dessau

Bezirksregierung Halle
– Stiftungsaufsicht –
Willy-Lohmann-Straße 7
D-06114 Halle

Bezirksregierung Magdeburg
– Stiftungsaufsicht –
Olvenstedter Straße 1-2
D-39108 Magdeburg

Schleswig-Holstein

Der Innenminister
des Landes Schleswig-Holstein
– Stiftungsaufsicht –
Düsternbrooker Weg 92
D-24105 Kiel

Kreis Dithmarschen
Der Landrat
Ordnungsamt – Stiftungsaufsicht
Postfach 11 40
D-25746 Heide

Kreis Nordfriesland
Der Landrat
– Stiftungsaufsicht –
D-25813 Husum

Kreis Ostholstein
Der Landrat
Amt für Kommunalaufsicht
– Stiftungsaufsicht –
Lübecker Straße 41
D-23701 Eutin

Kreis Pinneberg
Der Landrat
– Stiftungsaufsicht –
Moltkestraße 10
D-25421 Pinneberg

Kreis Plön
Der Landrat
– Stiftungsaufsicht –
D-24306 Plön

Kreis Rendsburg-Eckernförde
Der Landrat
Kreisordnungsbehörde
– Stiftungsaufsicht –
Kaiserstraße 8
D-24768 Rendsburg

Kreis Schleswig-Flensburg
Der Landrat
Kommunalaufsicht
– Stiftungsaufsicht –
Flensburger Straße 7
D-24837 Schleswig

Kreis Stormarn
Der Landrat
– Stiftungsaufsicht –
Mommsenstraße
D-23843 Bad Oldesloe

Landeshaupstadt Kiel
Der Oberbürgermeister
Kämmerei- und Steueramt
– Stiftungsaufsicht –
Rathaus
Postfach
D-24099 Kiel

Thüringen

Thüringer Innenministerium
– Stiftungsreferat –
Schillerstraße 27
D-99006 Erfurt

Bibliographie

Diese Bibliographie soll einen Überblick über relevante und erhältliche deutsche und ausländische veröffentlichte Titel bieten. Nicht alle Werke sind bei der Vorbereitung des vorliegenden Bandes herangezogen worden.

Achilles, Wilhelm-Albrecht, Zur Aufsicht über kirchliche Stiftungen, in: Zeitschrift für evangelisches Kirchenrecht, 33. Band, 2. Heft, Tübingen, 1988
Anheier, Helmut, Knapp, Martin (Hrsg.), VOLUNTAS, International Journal of Voluntary and Non-Profit Organizations, Fachzeitschrift, halbjährlich, seit 1990*
Anheier, Helmut, Seibel, Wolfgang (Hrsg.), The Third Sector, Comparative Studies of Nonprofit Organizations, Berlin, 1990

Bayerisches Landesamt für Statistik und Datenverarbeitung (Hrsg.), Verzeichnis der rechtsfähigen öffentlichen Stiftungen in Bayern, München, 1992
Becker, Bettina M., Unternehmen zwischen Sponsoring und Mäzenatentum, Frankfurt/New York, 1994
Behrens, Eckhard, Anstöße für das Stiftungswesen, in: Fragen der Freiheit, Heft 201, Bad Boll, 1989
Berkel, Ute, Neuhoff, Klaus, Schindler, Ambros, Steinsdörfer, Erich (Hrsg.), Stiftungshandbuch, Baden-Baden, 3. Aufl., 1989
Binz, Mark, Sorg, Martin, Die Stiftung, Heidelberger Musterverträge, Band 72, Heidelberg, 1988
Binz, Mark, Die Familienstiftung, in: Steuerberater-Jahrbuch 1987/88, Köln, 1988
Braun, Günter und Waltraut, Mäzenatentum in Berlin, Berlin/New York, 1993

Anmerkung: Im Oktober 1993 veranstaltete die Zeitschrift VOLUNTAS in Zusammenarbeit mit dem Institute for Policy Studies der Johns Hopkins University, Baltimore, Md., und dem Laboratoire d'Economie Sociale der Université Paris I (Sorbonne) erstmalig ein internationales Forschungssymposion zum Thema ›Stiftungswesen‹ in Paris. Die dort gehaltenen Referate liegen zur Zeit in Manuskriptform vor. Eine Herausgabe der überarbeiteten Manuskripte in Buchform ist beabsichtigt.

Bundesministerium der Finanzen (Hrsg.), Gutachten der Unabhängigen Sachverständigenkomission zur Prüfung des Gemeinnützigkeits- und Spendenrechts, Bonn, 1988
Bundesverband Deutscher Stiftungen (Hrsg.), Verzeichnis der Deutschen Stiftungen (Redaktion: Maecenata Management GmbH), Darmstadt, 1991 (Nachtrag 1992)
Bundesverband Deutscher Stiftungen (Hrsg.), Lebensbilder deutscher Stiftungen aus Vergangenheit und Gegenwart, Band 1-5, Tübingen, 1971-1986; Band 6, Bonn, 1993
Bundesverband Deutscher Stiftungen (Hrsg.), Stiftungen in der Rechtsprechung, Band 1-3, Tübingen, 1980-1985; Band 4, Düsseldorf, 1993
Bundesverband Deutscher Stiftungen und Verband Deutscher Wohltätigkeitsstiftungen (Hrsg.), Die Verwaltung einer Stiftung – Ratgeber für Stiftungsverwalter, Augsburg/Bonn, 1993
Burens, Peter-Claus, Stifter als Anstifter, Vom Nutzen privater Initiativen, Zürich/Osnabrück, 1987
Burhenne, Wolfgang E. (Hrsg.), Recht der gemeinnützigen Organisationen und Einrichtungen (Ergänzbares Handbuch der Rechtsvorschriften und Materialien), Berlin, 1975

Chandler Derrickson, Margaret (Hrsg.), The Literature of The Non Profit Sector, The Foundation Center, New York, 1989
Charities Aid Foundation (Hrsg.), Charity Trends 1992, Tonbridge, 15. Aufl., 1992
Charities Aid Foundation (Hrsg.), Directory of Grant Making Trusts, Tonbridge, 1989

Daweke, Klaus, Schneider, Michael, Die Mission des Mäzens, Opladen, 1986
Delsol, Xavier, Le Mécenat et le Parrainage, Guide Juridique et Fiscal, Lyon, 1990
Deutsche Treuhand-Gesellschaft, Auswertung der Umfrage unter den Mitgliedern der Arbeitsgemeinschaft Deutscher Stiftungen in Sachen Quellensteuer auf Kapitalerträge, Frankfurt, 1988
Directory of Social Change (Hrsg.), Associations and Foundations in the European Community: Legal, Structural, and Fiscal Issues, London, 1993
v. Dohnanyi, Klaus, Arnecke, Kay, v. Meding, Werner, Stiftungen und die Privatisierung Volkseigener Betriebe, Gutachten für die Körber-Stiftung, Hamburg, 1990
Drucker, Peter F., Managing the Non-profit-Organization, Practices and Principles, New York, 1990

European Foundation Centre (Hrsg.), International Guide to Funders Interested in Central and Eastern Europe, Brüssel, 1993
European Foundation Centre (Hrsg.), Directory of Foundations and Corporate Members of the European Foundation Centre, Brüssel, 1993

Family Business Review, Special Issue, Family Foundations, San Francisco, 1990
Flitner, Hugbert, Verantwortlicher Reichtum: Stadtbürgerliches Mäzenatentum im

Wandel – das Beispiel Hamburg, in Hans Werner Dannowski et al. (Hrsg.), Die Armen und die Reichen – Soziale Gerechtigkeit in der Stadt, Rissen, 1993
Fohrbeck, Karla, Renaissance der Mäzene?, Köln, 1989
Fondation de France (Hrsg.), Repères à travers le monde des fondations, Paris, 1992
Fondation de France (Hrsg.), Histoires des Cœurs, Portraits de 31 Fondations, Paris, 1992
The Foundation Center (Hrsg.), Foundation Fundamentals, New York, 4. Aufl., 1991
The Foundation Center (Hrsg.), National Directory of Corporate Giving, New York, 1993
The Foundation Center (Hrsg.), Guide to US Foundations, 2 Bände, New York, 1993
The Foundation Center (Hrsg.), The Foundation Directory, 2 Bände, New York, 15. Aufl., 1993
The Foundation Center (Hrsg.), The Literature of The Non-Profit Sector, 5 Bände, New York, 1989-1993
The Foundation Center (Hrsg.), The Foundation 1000, 1993/1994 Edition, New York, 1993*
Frick, Tobias, Aufgabe, Struktur und Bedeutung von Stiftungen in Deutschland, Diplomarbeit, Kreuzlingen, 1992

Griffiths, John (Hrsg.), Promoting Corporate Community Investment in Europe, A Directory of Intermediary and Partnership Organisations in the European Community, European Foundation Centre/Directory of Social Change, London, 1993

Haaß, Dieter (Hrsg.), Gemeinnützige Stiftungen als unternehmerische Aufgabe, Karlsruhe, 1981
Härtl, Peter, Ist das Stiftungsrecht reformbedürftig?, Baden-Baden, 1990
The Hague Club, Foundation Profiles, 's-Gravenhage, 1988
Hahn, Ottokar, Schindler, Ambros, Die Besteuerung der Stiftungen, Baden-Baden, 2. Aufl., 1977
Hahnloser, Bernhard, Die Stiftungsaufsicht, Nr. 1 der Schriftenreihe der Arbeitsgemeinschaft für gemeinnützige Stiftungen, Basel, 1989
Hauer, Rolf, Goerdeler, Reinhard, Kreuser, Kurt, Freiherr v. Pölnitz-Egloffstein, Winfried (Hrsg.), Deutsches Stiftungswesen – Wissenschaft und Praxis, 1948-1966, Tübingen, 1968; 1966-1976, Tübingen, 1977; 1976-1988, Bonn, 1989
Hessische Kulturstiftung (Hrsg.), Europäischer Kulturföderalismus – Positionen und Aufgaben der Kulturstiftungen, Wiesbaden, 1991
Hodson, H. V. (Hrsg.), The International Foundation Directory 1991, Europa Publications, London, 5. Aufl., 1991
Hondius, Frits W., The Law on Foundations: An International Status Report, Strasbourg, 1989
Horak, Christian, Controlling in Nonprofit-Organisationen, Wiesbaden, 1993

* Das Foundation Center, New York, gibt laufend eine Vielzahl von Spezialverzeichnissen und anderen Fachbüchern heraus.

Hungarian Foundation Centre (Hrsg.), Hungarian Foundation Directory, 2 Bände, Budapest, 1992

Initiativen Wirtschaft für Kunst (Hrsg.), Steuersymposium – Tagungsband, Wien, 1993

Juris Service (Hrsg.), Les Associations et Fondations en Europe: Régime Juridique et Fiscal, Lyon, 1990

Juris Service (Hrsg.), Guide Annuaire des Fondations et Associations, Paris, 1992

Kiger, Joseph C. (Hrsg.), International Enyclopedia of Foundations, New York/London, 1990

Kimminich, Otto (Hrsg.), Subsidiarität und Demokratie, Düsseldorf, 1981

Kotler, Philip, Andreasen, Alan, Strategic Marketing for Non Profit Organizations, Englewood Cliffs, NJ, 1991

Kreuser, Kurt, Stiftungen in der Bundesrepublik Deutschland, in: Bildung in sozioökonomischer Sicht, Festschrift für Hasso v. Recum, o. O., 1989

Kulturstiftung Haus Europa (Hrsg.), Patronage of The Arts by Foundations and Non Government Organizations in Europe, Berlin, 1992

Ludwig-Erhard-Stiftung (Hrsg.), Markt, Staat und Stiftungen, Tagungsprotokoll, Stuttgart/New York, 1989

Mai, Ekkehard und Paret, Peter (Hrsg.), Sammler, Stifter und Museen, Kunstförderung in Deutschland im 19. und 20. Jahrhundert, Köln/Weimar/Wien, 1993

Maissen, Sandra, Die Steuerbefreiung gemeinnütziger Stiftungen, Nr. 3 der Schriftenreihe der Arbeitsgemeinschaft für gemeinnützige Stiftungen, Basel, 1992

Muschter, Gabriele, Graf Strachwitz, Rupert (Hrsg.), Privatinitiative für Kultur, Protokolle der Tagungen der Kulturstiftung Haus Europa und der Stiftung Neue Kultur 1991/1992, Berlin, 1992

Oberle, Clemens (Hrsg.), Verzeichnis der rechtsfähigen Stiftungen in Baden-Württemberg, Tübingen, 1989

Riehmer, Klaus, Körperschaften als Stiftungsorganisationen, Eine Untersuchung stiftungsartiger Körperschaften in Deutschland, England und den USA, Baden-Baden, 1993

Riemer, Hans Michael, Aktuelle Revisionsbestrebungen im schweizerischen Stiftungsrecht, Nr. 2 der Schriftenreihe der Arbeitsgemeinschaft für gemeinnützige Stiftungen, Basel, 1991

Römer, Matthias, Die Eignung der GmbH als Rechtsform für Stiftungszwecke (Dissertation), Gießen, 1990

Rosso, Henry A. u. a. (Hrsg.), Achieving Excellence in Fund Raising, San Francisco, 1991

Freiherr v. Rotberg, Konrad, Stiftungsgesetz für Baden-Württemberg (Kommentar), Stifterverband für die deutsche Wissenschaft, Essen, 1992

Salamon, Lester M., Partners in Public Service: The Scope and Theory of Government – Nonprofit Relations; in: W.W. Powell, The Nonprofit Sector, a Research Handbook, New Haven, 1987
Salamon, Lester M., America's Nonprofit Sector, New York, 1993
Salamon, Lester M., Anheier, Helmut, Toward an Understanding of The International Nonprofit Sector (The Johns Hopkins Comparative Nonprofit Sector Project, Working Paper No. 1), Baltimore, Md., 1992
Salamon, Lester M., Anheier, Helmut, In Search of The Nonprofit Sector I: The Question of Definitions (The Johns Hopkins Comparative Nonprofit Sector Project, Working Paper No. 2), Baltimore, Md., 1992
Schatz, Roland (Hrsg.), Unternehmen Stiftung, Bonn, 1992
Schindhelm, Malte, Die Stiftung & Co. KG, Unveröffentlichtes Vorlesungsmanuskript, Osnabrück, 1988
Schwarz, Peter, Management in Non Profit Organisationen, Bern, 1992
Schweizerische Arbeitsgemeinschaft kultureller Stiftungen (Hrsg.), Handbuch der öffentlichen und privaten Kulturförderung, Zürich, 2. Aufl., 1991
Seifart, Werner (Hrsg.), Handbuch des Stiftungsrechts, München, 1987
Siegmund-Schultze, Gerhard, Niedersächsisches Stiftungsgesetz (Kommentar), Stifterverband für die deutsche Wissenschaft, Essen, 3. Aufl., 1993
Soergel-Neuhoff, Stiftungen: §§ 80-88 BGB (Kommentar), Sonderdruck – Stifterverband für die deutsche Wissenschaft, Essen, 1988
Stengel, Arndt, Stiftung und Personengesellschaft, Baden-Baden, 1993
Graf Strachwitz, Rupert, Wie Stiftungen wirklich Nutzen stiften können, in: Blick durch die Wirtschaft – Frankfurter Allgemeine Zeitung v. 30. Oktober 1991
Graf Strachwitz, Rupert, Vorträge und Beiträge, 1988-1992, Berlin, 1992
Graf Strachwitz, Rupert, Die Schmölders-Stiftung, in: Lebensbilder deutscher Stiftungen, Band 6, Bonn, 1993
Graf Strachwitz, Rupert, Toepler, Stefan (Hrsg.), Kulturförderung, Wiesbaden, 1993
Graf Strachwitz, Rupert, Die Stiftung als Alternative zum Sponsoring, in: Jahrbuch Sponsoring 1993, Düsseldorf, 1993
Stüttgen, Johannes, Der erweiterte Kunstbegriff und Joseph Beuys' Idee der Stiftung, Schriftenreihe der Heinrich-Böll-Stiftung, Köln, 1991

Troll, Max, Besteuerung von Verein, Stiftung und Körperschaft des öffentlichen Rechts, München, 3. Aufl., 1983

Wenzel, Örtliche Stiftungen in Nordrhein-Westfalen, Stifterverband für die Deutsche Wissenschaft, Essen, 1993
Westebbe, Achim, Die Stiftungstreuhand, Baden-Baden, 1993